AF561308

Metropolitankapitel Paderborn (Hg.)

Der Liborischrein des Hohen Domes zu Paderborn
Geschichte – Beschreibung – Bedeutung

Hans Jürgen Rade

Analecta Liboriana Bd. 1

Metropolitankapitel Paderborn (Hg.)

Der Liborischrein
des Hohen Domes zu Paderborn

Geschichte – Beschreibung – Bedeutung

Hans Jürgen Rade

Bibliografische Information der Deutschen Nationalbibliothek:
Die Deutsche Nationalbibliothek verzeichnet diese Publikation in der Deutschen Nationalbibliografie;
detaillierte bibliografische Daten sind im Internet über
http://dnb.d-nb.de abrufbar.

Klimaneutrale Produktion.
Gedruckt auf umweltfreundlichem, chlorfrei gebleichtem Papier.

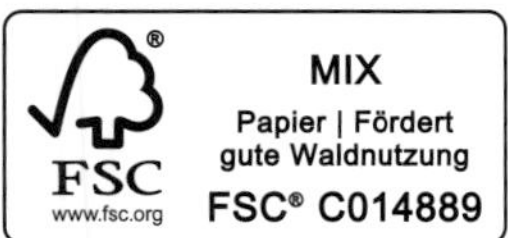

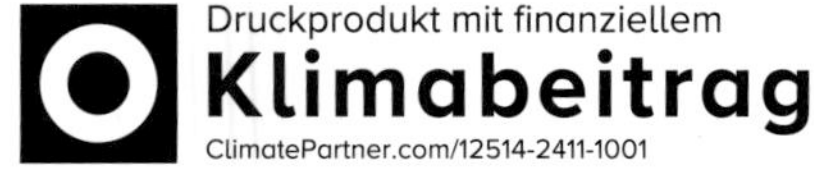

2. Auflage 2024

Covergestaltung und Layout: Melanie Schmidt, Bonifatius GmbH
Umschlagabbildung: Ansgar Hoffmann
Die Abbildungen auf der Titel- und Rückseite sowie im Innenteil stammen, soweit nicht anders in der Bildunterschrift bezeichnet, aus der Inventarisation im Erzbistum Paderborn, Fachstelle Kunst, Fotograf Ansgar Hoffmann. Die Bildnachweise finden Sie im Anhang.
Druck und Bindung: Pustet, Regensburg
Printed in Germany

ISBN 978-3-98790-046-4

Weitere Informationen zum Verlag:
www.bonifatius-verlag.de

Inhalt

Geleitwort

Es gibt kaum einen Menschen, der in Paderborn lebt oder von dort stammt, der nicht für einen kurzen Moment leuchtende Augen bekommt, wenn man das Wort „Libori“ nennt. Viele Erinnerungen an gute Begegnungen, unverhofftes Wiedersehen, durchfeierte Nächte und auch Gottesdienste im Hohen Dom werden sogleich Inhalt des Gesprächs. Viel Kirmes gibt es und viel Kultur – vor allem im Sommer, wenn das eigentliche Namensfest gefeiert wird. Aber sie legen sich doch nur um den Kern des Festes, um diesen noch glänzender, feierlicher und attraktiver zu machen, als er ohnehin schon ist.

Der Kern, beschrieben mit dem „dritten K“, also „Kirche“, wird gebildet von den Feiern im Dom, besonders natürlich von der Erhebung der Reliquien am Samstag, der Prozession durch die Stadt am Sonntag und der Rücksetzung in die Krypta mit Prozession über den Pottmarkt am Dienstag.

Dass sich dieses Kerngeschehen im Zentrum des Festes so einprägt, liegt an vielen Elementen, die sich zusammenspielen zu einem „heiligen Schauspiel“, einem echten „Theatrum Sacrum“. Liturgie in dieser ihr auch innewohnenden Funktion läuft zur Höchstform auf. Und einer der leuchtenden Stars, neben der Musik, den einzigartigen Paramenten, dem leidenschaftlichen Mitfeiern vieler Menschen, - einer der Stars ist der Schrein des heiligen Liborius.

In den Jahren 1625 bis 1628 hergestellt von Hans Krako, Dringenberg, bringt dieser vergoldete Silberschrein den Kern des Festes sinnenhaft vor Augen. Zeigt er auf der einen Seite die Erhebung des Bischofs Liborius zum Heiligen an, für dessen nunmehr himmlischen Glanz er Zeichen und Platzhalter ist, so kann er für die Mitfeiernden noch eine tiefere, persönliche Bedeutung haben.

Schaut man das Jahr über in der Krypta auf das edle und formschöne Ebenholzkästchen von 1917, so kann man sozusagen einen Blick in die eigene Zukunft werfen. So kunstvoll es auch sein mag – letztlich ist es ein Sarg, denn wie jeder Sarg birgt der Kasten die Überreste eines Toten, die Reliquien des heiligen Liborius.

Am Liborifest wird uns vor Augen geführt, dass dieser Sarg für uns alle nicht das Ende, die allerletzte Station ist. Wir alle werden sozusagen Bürgerinnen und Bürger eines „goldenen Hauses", eines glänzenden Tempels (vgl. die Form des Schreins), einer Wohnung, von Gott für uns errichtet. Wir alle werden wieder „erhoben" und kommen „ans Licht" und in das Licht göttlichen Glanzes. Heiliges Schauspiel, das tiefer berührt, besser erklärt und mehr Hoffnung schenken kann als jeder Katechismussatz und jede Predigt.

Die Geschichte und die Gestalt dieses Schreins ausführlich und gewohnt gründlich bis ins Detail ergründet zu haben, ist das Verdienst von Offizial Hans Jürgen Rade. Die vorliegende Veröffentlichung, herausgegeben vom Metropolitankapitel Paderborn, stellt eine wichtige Bereicherung und Ergänzung dar. Nicht nur Kunstinteressierten, allen „Libori-Fans" und Freundinnen und Freunden des Festes sei sie herzlich empfohlen.

Im Namen des Metropolitankapitels danke ich dem Verfasser sowie allen, die am Ende des Buches unter „Dank" genannt werden, sehr herzlich! Für eine gute Begleitung und eine wie gewohnt solide und ansprechende Ausführung geht mein Dank an den Bonifatius Verlag.

Joachim Göbel

Monsignore Joachim Göbel
Dompropst

Einleitung

Zu den herausragenden Kunstschätzen des Hohen Domes zu Paderborn gehört der Schrein des heiligen Liborius.[1] In der Regel verlässt er zwei Mal im Jahr das Erzbischöfliche Diözesanmuseum, in dem er ganzjährig bestaunt werden kann, um im Hohen Dom die Reliquien des heiligen Liborius aufzunehmen, für die er geschaffen wurde. Seit 1917 werden die Reliquien in einer von Bischof Carl Josef Schulte (1871-1941) 1915 gestifteten Ebenholztruhe im Altar der Krypta aufbewahrt.[2] 1926 beschloss das Domkapitel, dass fortan die Reliquien des heiligen Liborius bei ihrer feierlichen Erhebung mit dem Schrein aus der Krypta geholt und bei ihrer Rückführung wieder dorthin zurückgebracht werden sollen.[3]

Jeweils zum Hochfest des heiligen Liborius, dessen äußere Feier nach einer Neuregelung 1829[4] am 23. Juli begangen wird, sofern dieser ein Sonntag ist, ansonsten am Sonntag, der auf den 23. Juli folgt, und an dem Fest der Rückführung der Reliquien des heiligen Liborius, das am letzten Sonntag im Oktober im Hohen Dom gefeiert und Kleinlibori genannt wird,[5] wird der Ebenholzkasten mit den Gebeinen des heiligen Liborius vor Beginn der Feiern in der Krypta in den kostbaren Schrein

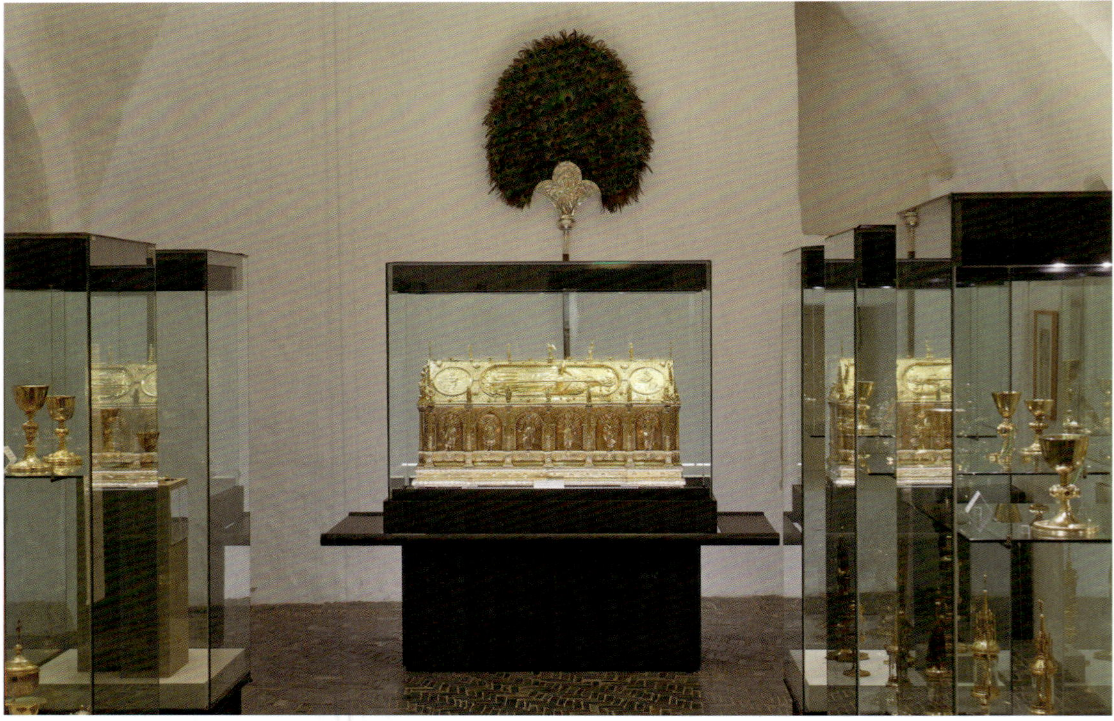

Der Liborischrein wird in der Schatzkammer des Erzbischöflichen Diözesanmuseums Paderborn in einer Glasvitrine gehütet.

1 Domschatz, Inv.-Nr. 1
2 Rade 2023k, S. 114-117.
3 A MK PB, Protokollbuch 1924-1954, S. 22 (22. Juli 1926).
4 Die Verlegung erfolgte auf der Grundlage des päpstlichen Breves Leos XII. *Æterno rerum conditori* und dessen staatlicher Bestätigung durch eine Kabinettsorder König Friedrich Wilhelms III. von Preußen vom 24. März 1829 zur Herbeiführung einer einheitlichen Feiertagsordnung für alle preußischen Diözesen (Mertens 1873, S. 115 u. 280; Linneborn 1931, S. 158-160; Schiepek 2009, S. 342; Freitag 2020, S. 32-33).
5 Rade 2023j, S. 282-287.

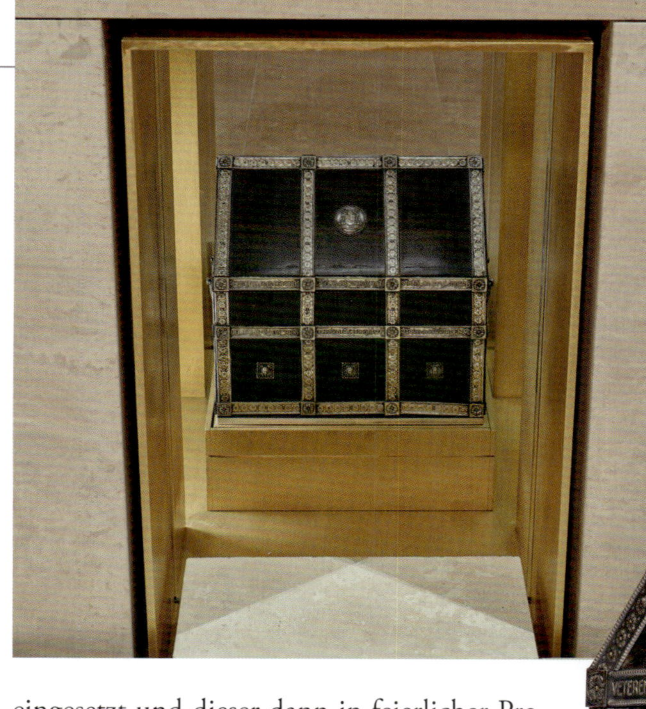

Der Ebenholzschrein ruht während des Jahres im Krypta-Altar, der am 16. Juli 2023 geweiht worden ist.

Der Ebenholzkasten birgt seit 1917 die Reliquien des heiligen Liborius.

eingesetzt und dieser dann in feierlicher Prozession aus der Krypta in den Hochchor des Hohen Domes geleitet. Auf dem Weg ertönt drei Mal der Libori-Tusch, dessen Tonfolge dem Paulus-Oratorium op. 36 (MWV A 14) von 1836 von Felix Mendelssohn-Bartholdy (1809-1847) entnommen ist. Otto Gerke (1807-1878), Dirigent des Paderborner Musikvereins und musikalischer Leiter der 1836 begangenen Millenniumsfeier der Translation der Reliquien des heiligen Liborius von Le Mans nach Paderborn, hatte zu Pfingsten 1836 in Düsseldorf an der Uraufführung des Paulus-Oratoriums teilgenommen und entwickelte die Tonfolge zum Tusch.[6] Im Hochchor angekommen, wird der Schrein mit Applaus von den Gläubigen begrüßt.

Die Liturgie ist von tiefer Symbolik. Die Erhebung der Gebeine aus der Tiefe der Erde zur Höhe des Altares lässt die Auferstehung aus dem Grab anklingen und bestätigt erneut die Heiligsprechung dessen, der von den Glaubenden als himmlischer Patron verehrt wird.[7] Im Hochchor aufgestellt, lädt der Schrein mit den Reliquien zum Lobe Gottes ein, der sich wie zuvor im irdischen Leben,

Vor dem Beginn der Erhebungsvesper wird der Ebenholzschreins durch Domkapitular Prälat Thomas Dornseifer in den goldenen Schrein eingesetzt, 24. Juli 2021. (EGVT)

6 Gocke 1986; Stambolis 1998, S. 28; Grabe 2023b, S. 88-91; Grabe 2023c.
7 Rade 2023k, S. 108-109.

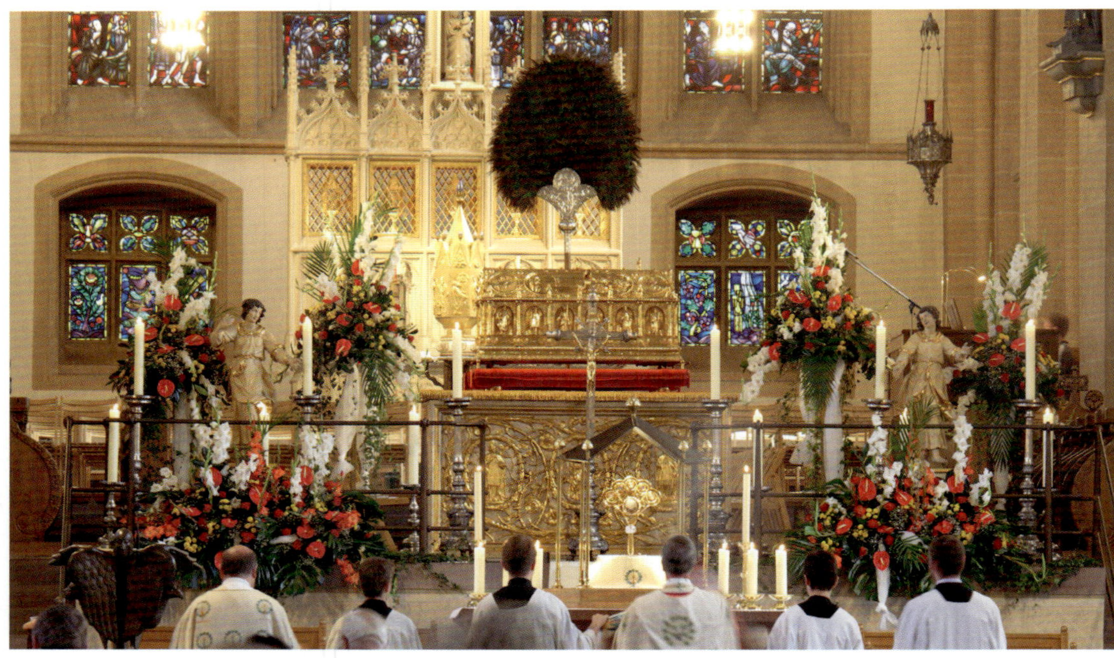

Während des Liborifestes steht der Schrein im Hochchor des Hohen Domes.

jetzt im himmlischen Wirken des heiligen Liborius machtvoll bezeugt.[8]

Derzeit verlässt der Schrein – in der Regel – während des Sommer-Liborifestes zwei Mal den Dom. Am Liborisonntag wird er in einer Sakramentsprozession mitgetragen, die am Rathaus Station macht, wo der Segen Gottes auf die Stadt und ihre Einwohnerinnen und Einwohner herabgerufen wird.[9] Am Liboridienstag erfolgt – in der Regel – die

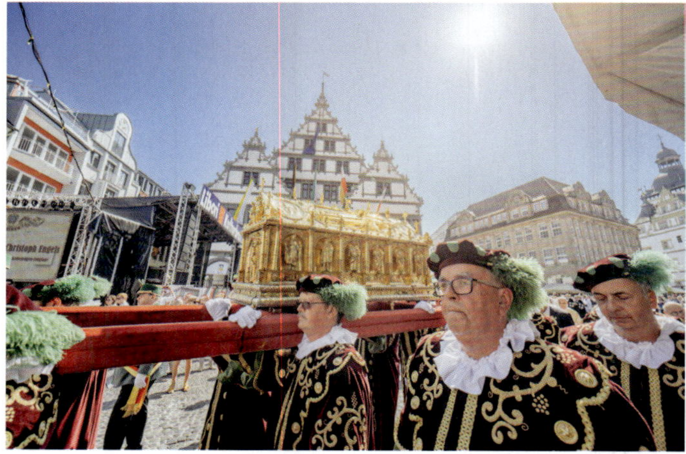

Am Liborisonntag wird der Schrein in einer Prozession zum Rathaus getragen, 24. Juli 2022. (EGVT)

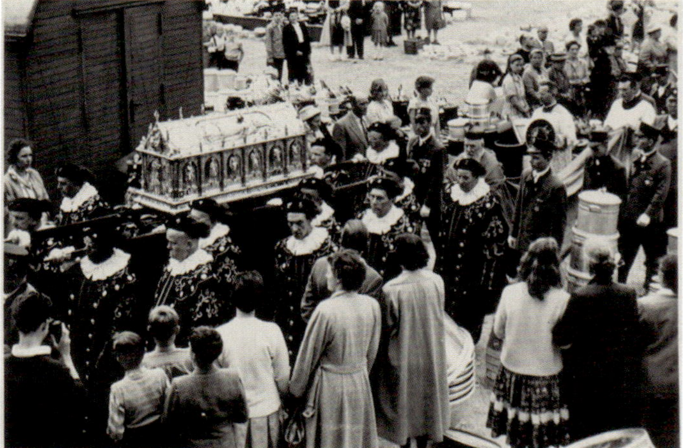

Die Prozession zur Rückführung der Reliquien in die Krypta am Liboridienstag 1958, an der der römische Kardinal Eugène Tisserant teilnahm, führte auf seine Anregung hin erstmals über der Pottmarkt. EBAP, Fotosammlung, Libori 1958. (EBAP)

8 Rade 2023a, S. 84-87.
9 Rade 2023d, S. 140-143.

Rückführung der Reliquien in die Krypta.[10] Seit 1958 nimmt die Prozession den Weg durch das Markttreiben auf dem Großen und dem Kleinen Domplatz. Den Anstoß hierzu gab der römische Kardinal Eugène Tisserant (1884-1972), der in diesem Jahr Gast beim Liborifest war.[11]

Auch zu außerordentlichen Anlässen wird der Schrein außerhalb des engeren Domumfeldes präsentiert. Als 1927 des 300-jährigen Jubiläums der Rückkehr der Reliquien des heiligen Liborius gedacht wurde, setzte sich der im Schatten des Paderborner Domes geborene und aufgewachsene Schloß Neuhäuser Pfarrer Dr. phil. Hermann Joseph Wurm (1862-1941)[12] dafür ein, den Liborischrein in feierlicher Prozession von Schloß Neuhaus nach Paderborn zu übertragen, wie die Reliquien 1627 von Schloß Neuhaus nach Paderborn geleitet worden waren. 1927 war noch unbekannt, dass der neue Schrein 1627 noch nicht fertig war und somit auch nicht Teil der Einholungsfeierlichkeiten sein konnte.

Anlässlich des Besuchs des 2014 heiliggesprochenen Papstes Johannes Paul II. (1920-2005) in Paderborn 1996 war der Liborischrein bei der Eucharistiefeier in der Senne dabei, 2016 beim Zwischenstopp von Jugendlichen aus der Diözese Le Mans auf dem Weg zum Weltjugendtag in Krakau während der Messfeier auf dem Paderborner Schützenplatz.

Der goldglänzende Liborischrein zieht unwillkürlich alle Blicke auf sich. Doch gerade während der feierlichen Gottesdienste und der Prozessionen bleibt er einer eingehenden Betrachtungsmöglichkeit entzogen.

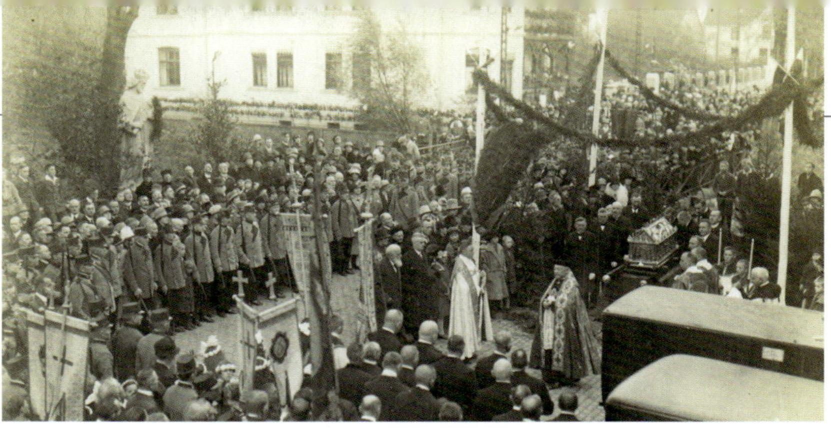

Anlässlich des 300-jährigen Jubiläums der Rückkehr der Reliquien des heiligen Liborius nach Paderborn 1927 wurde sein Schrein in einer Prozession von Schloß Neuhaus nach Paderborn überführt. SKAP-S1-95-999-AK-78. (SKAP)

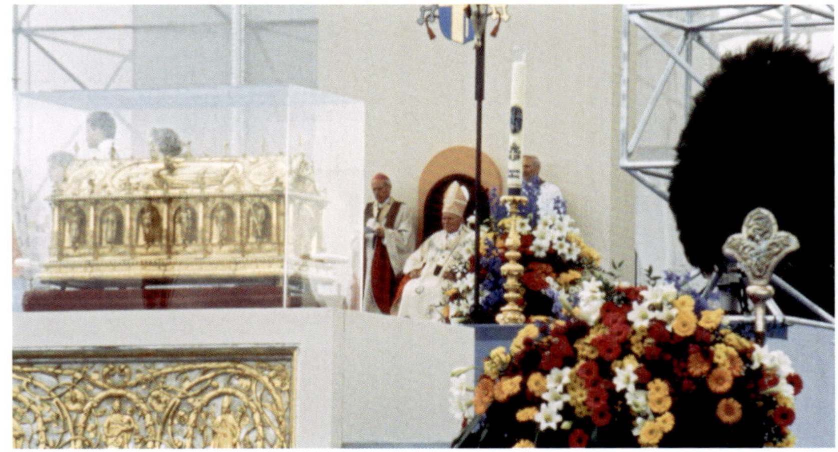

1996 fand in Anwesenheit der Reliquien des Paderborner Diözesanpatrons Liborius in der Senne eine Freiluftmessfeier mit dem heiligen Papst Johannes Paul II. statt. (EGV)

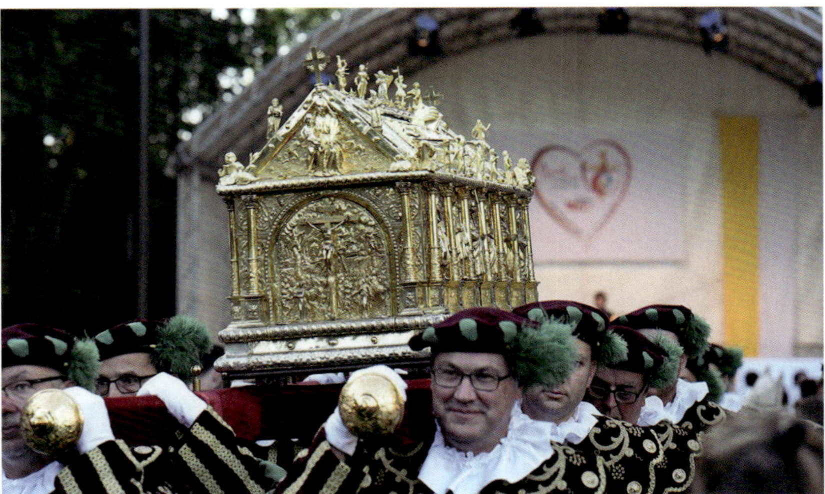

2016 machten französische Jugendliche, u. a. aus der Diözese Le Mans, auf dem Weg zum Weltjugendtag in Krakau Station in Paderborn. Sie feierten eine heilige Messe auf dem Schützenplatz, an der auch die Reliquien des heiligen Liborius, des Garanten des „Liebesbundes ewiger Bruderschaft“ zwischen den Diözesen Le Mans und Paderborn, teilnahmen. (EGVT)

10 Rade 2023h, S. 230-231.
11 Kleineidam 2000.
12 Rade 2023l, S. 275-279; ders. 2023m.

Die älteste erhaltene detailgetreue, aber unvollendet gebliebene Zeichnung des Schreins[13] stammt von dem Paderborner Gymnasiallehrer Franz Joseph Brand (1790-1869)[14]. 1873 wurde erstmals eine Zeichnung des Schreins publiziert, deren Urheber unbekannt ist.[15] Aus dem Jahr 1897 stammt die bislang älteste bekannte Fotografie. Sie entstand im Hochchor des Hohen Domes vor dem Grabmal Fürstbischofs Dietrich von Fürstenberg und stammt vom Paderborner Fotografen Alex Köppelmann (1851-1914)[16].

Im Folgenden werden die Entstehungsgeschichte des Schreins, sein Aufbau und sein Figurenschmuck im Detail vorgestellt, um seine Bedeutung in kunstgeschichtlicher, theologischer und frömmigkeitsgeschichtlicher Hinsicht zu erschließen. Zuvor ist jedoch jener Heilige ins Blickfeld zu rücken, für dessen Reliquien der Schrein geschaffen wurde: der heilige Liborius.

Die älteste Zeichnung des Liborischreins stammt vom Paderborner Zeichenlehrer Franz Joseph Brand. EAB PB, AV, Acta 694, Abb. 12. (Repro AH)

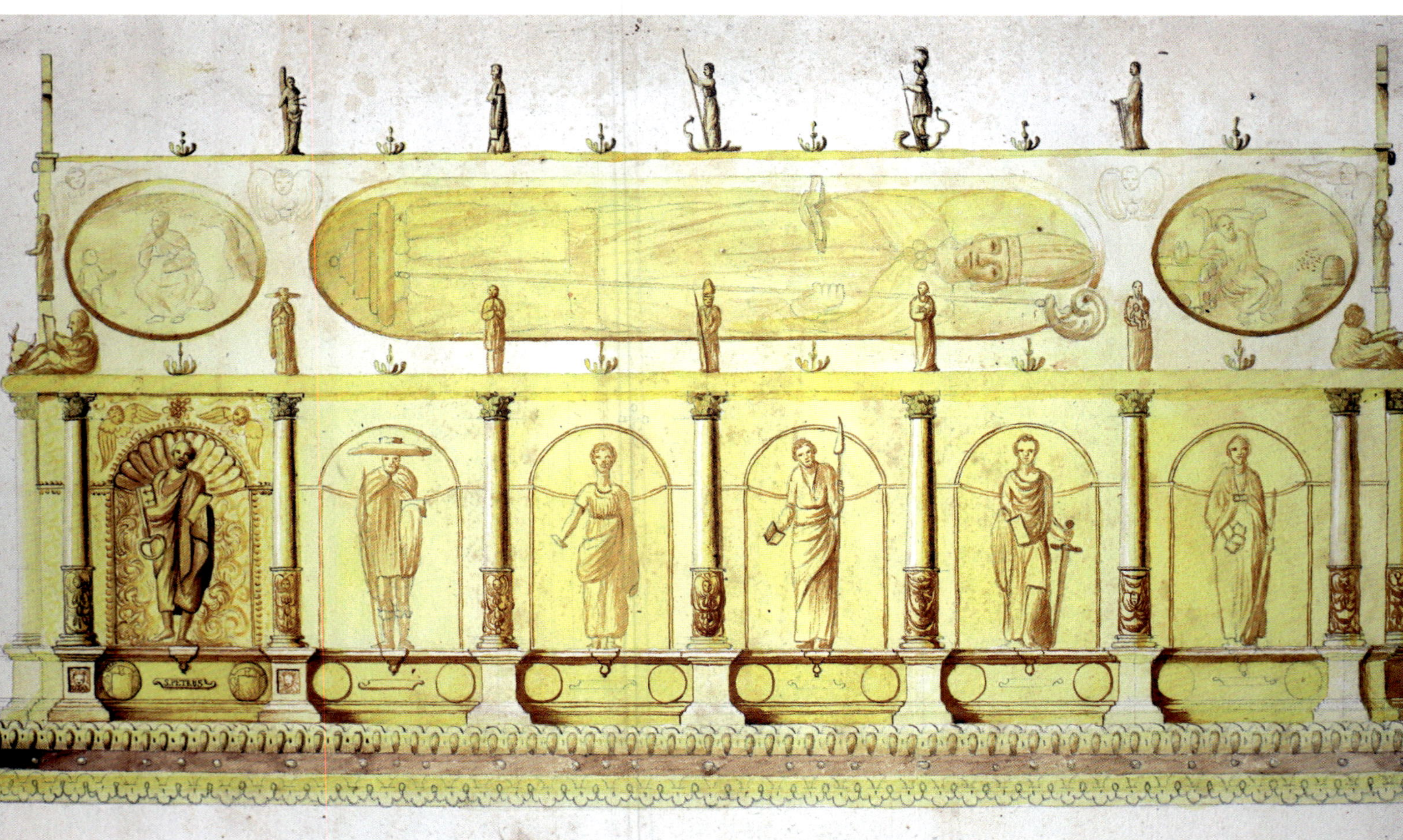

13 EAB PB, AV PB, Acta 694, Bl. 12.
14 Schmalor 2008.
15 Mertens 1873, Vorsatzblatt.
16 Gaidt 2006, S. 332-336.

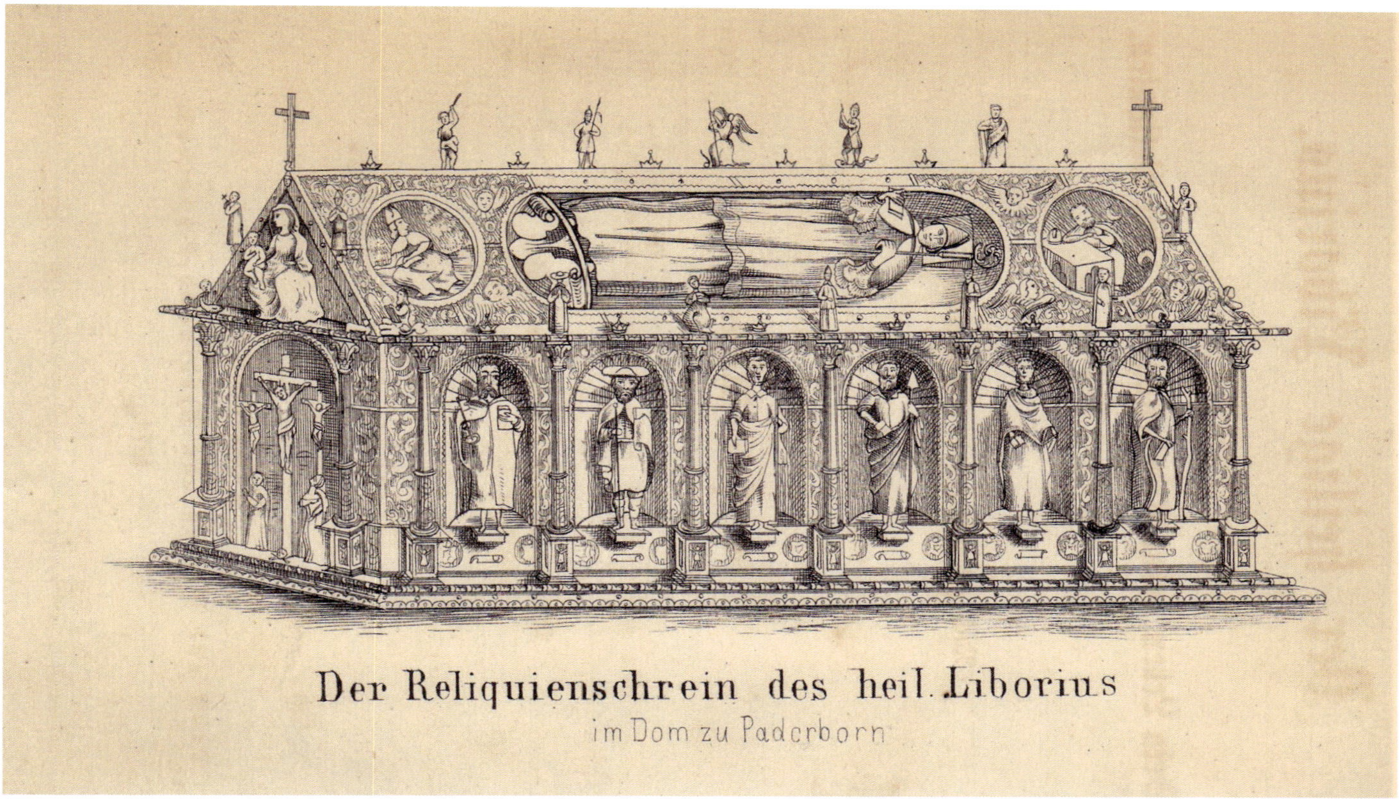

Der Reliquienschrein des heil. Liborius
im Dom zu Paderborn

Conrad Mertens schmückte sein 1873 erschienenes Buch über den heiligen Liborius mit einer Zeichnung des Schreins. Der Zeichner ist unbekannt. (HJR)

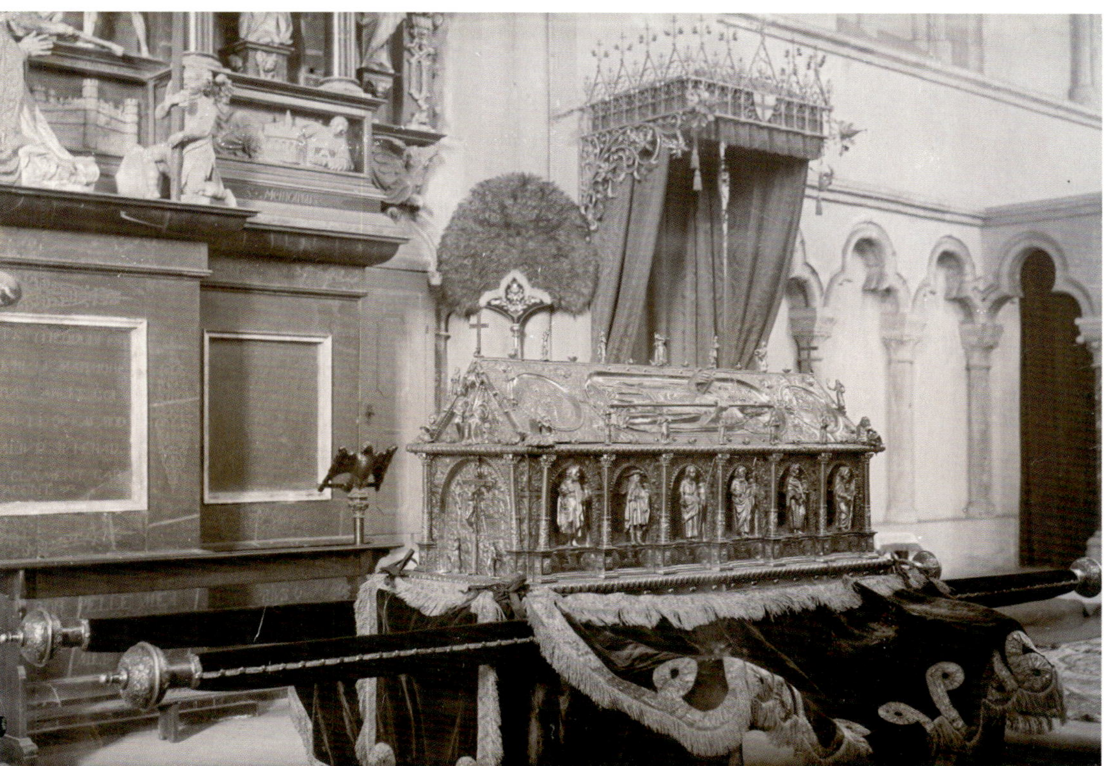

Anlässlich der Feiern zum 1500. Todestag des heiligen Liborius 1897 erstellte der Paderborner Fotograf Alex Köppelmann die älteste bekannte Aufnahme des Liborischreins im Hochchor des Paderborner Domes. (EAB PB)

Der heilige Bischof Liborius von Le Mans

Bereits 1794 schrieb der Baden-Badener Gymnasialprofessor Alois Wilhelm Schreiber (1763-1841) in seiner Reisebeschreibung von Straßburg bis an die Ostsee: „Bevor ich meinen Brief über Paderborn schließe, muß ich dir billig noch ein Wort über den Schutzpatron dieser Stadt, den Bischoff Liborius sagen, dessen Gebeine in dem hiesigen Dome in einem schön gearbeiteten Kasten aufbewahrt und jährlich einmal dem von allen Gegenden des rechtgläubigen Westphalen herbeifluthenden Volke gezeigt werden."[17]

Liborius lebte wahrscheinlich in der zweiten Hälfte des vierten Jahrhunderts in der heutigen Stadt Le Mans, die damals unter den Namen Cenomanum zur römischen Provinz Gallien gehörte. Primäre Quellen sind über Liborius nicht überliefert. Erst nachdem seine Gebeine 836 aus Le Mans nach Paderborn überführt worden waren, entstanden noch im 9. Jahrhundert Berichte, die sein Leben und seine Taten rühmen sowie die Translatio seiner Reliquien von Le Mans nach Paderborn beschreiben.[18] Das

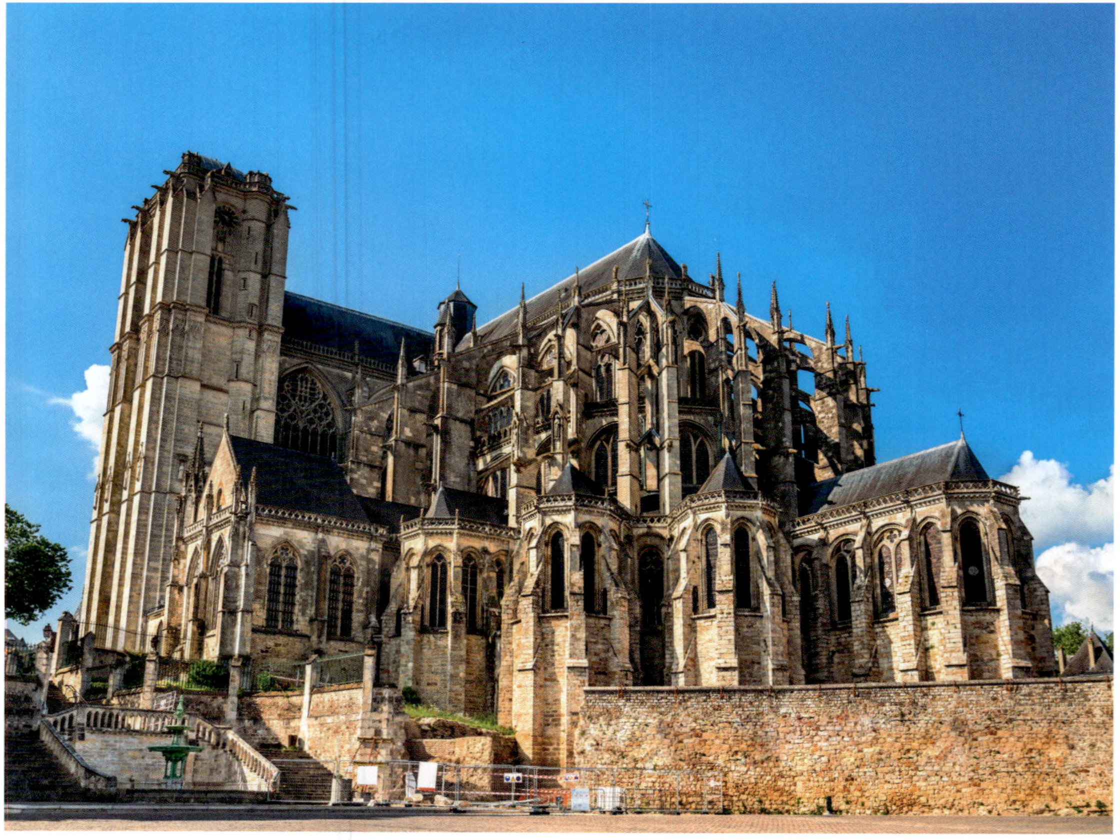

Die Außenansicht der hochgotischen Kathedrale von Le Mans (LA)

17 Heggen 1983, S. 83.
18 de Vry 1997.

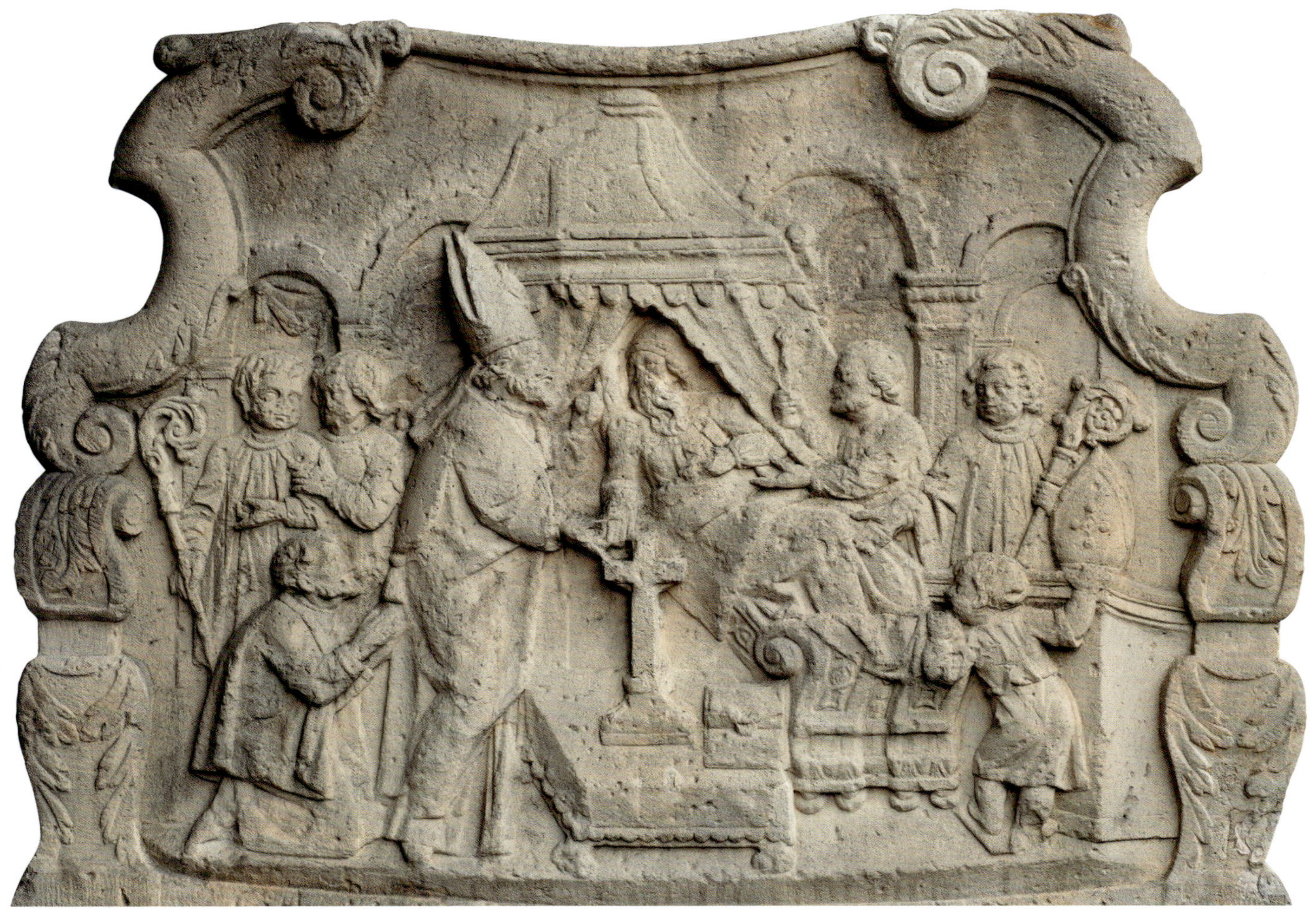

Der Überlieferung nach stand Bischof Martin von Tour seinem bischöflichen Mitbruder Liborius in seiner Sterbestunde bei. Das Relief von 1741 am westlichen Bildstock der Paderborner Liborikapelle wird dem Bildhauer Johann Philipp Pütt zugeschrieben.

Christentum wurde nach zahlreichen Verfolgungswellen von der Mitte des dritten bis zum Beginn des vierten Jahrhunderts 313 zunächst offiziell geduldet und 380 zur Staatsreligion erklärt. Mit diesem Epochenschritt wurden die Bewohnerinnen und Bewohner der Provinzen des römischen Reichs aber nicht automatisch zu Christinnen und Christen. Es bedurfte weiterhin des intensiven Bemühens, Menschen mit dem Gott Jesu Christi bekannt zu machen, um sie vom christlichen Glauben zu überzeugen. Liborius lebte demnach in einer Missionszeit. Er soll einer vornehmen galloromanischen Familie entstammen und 49 Jahre als Bischof von Le Mans gewirkt haben. Während seiner langen Amtszeit soll er sich durch eine vorbildliche Lebens- und Amtsführung ausgezeichnet haben. Er habe zahlreiche Missionskirchen in den Landgebieten seiner Diözese gebaut und Priester sowie Diakone geweiht, die er zum Dienst in den Kirchen bestellte. An seinem Lebensende sei sein Freund und Mitbruder, Bischof Martin von Tours, an sein Sterbebett geeilt und habe ihm beim Heimgang beigestanden. Liborius wurde in der Kirche der heiligen Apostel vor den Toren Le Mans begraben. Da der heilige Martin am 8. November 397 verstarb, müsste Liborius spätestens im selben Jahr gestorben sein. Zumeist werden der 9. Juni oder der 23. Juli als sein Sterbetag tradiert.[19]

19 Mertens 1873, S. 1-19; Grabe 2023a, S. 8-31.

Die Reliquientranslation von Le Mans nach Paderborn 836

Am 4. März 835 begegneten – wohl nicht zum ersten und zum letzten Mal – einander Bischof Alderich (amt. 832-857) von Le Mans, dessen Vater Sino zum altsächsischen Hochadel zählte und Besitz im Sintfeld bei Paderborn hatte, und Badurad (amt. 815-862), der aus Sachsen stammende zweite Bischof des jungen Missionsbistums Paderborn, während einer Synode in Diedenhofen in Lothringen (heute: Thionville, Département Moselle, Frankreich).[20] Möglicherweise waren beide schon länger miteinander bekannt und befreundet, zumal Alderichs alemannischer Großvater Gerold († 799), dessen Schwester Hildegard mit Karl dem Großen verheiratet war, als Stifter der nach ihm benannten Gerold-Kapelle innerhalb des Paderborner Pfalzbezirks gilt.[21] Im Sterbejahr Gerolds 799 waren in Paderborn, das damals den östlichen Vorposten des fränkischen Herrschaftsgebietes im Sachsenland bildete, der fränkische Herrscher Karl der Große (748-814) und der aus Rom geflüchtete Papst Leo III. (amt. 795-816) zusammengetroffen. Karl der Große hatte

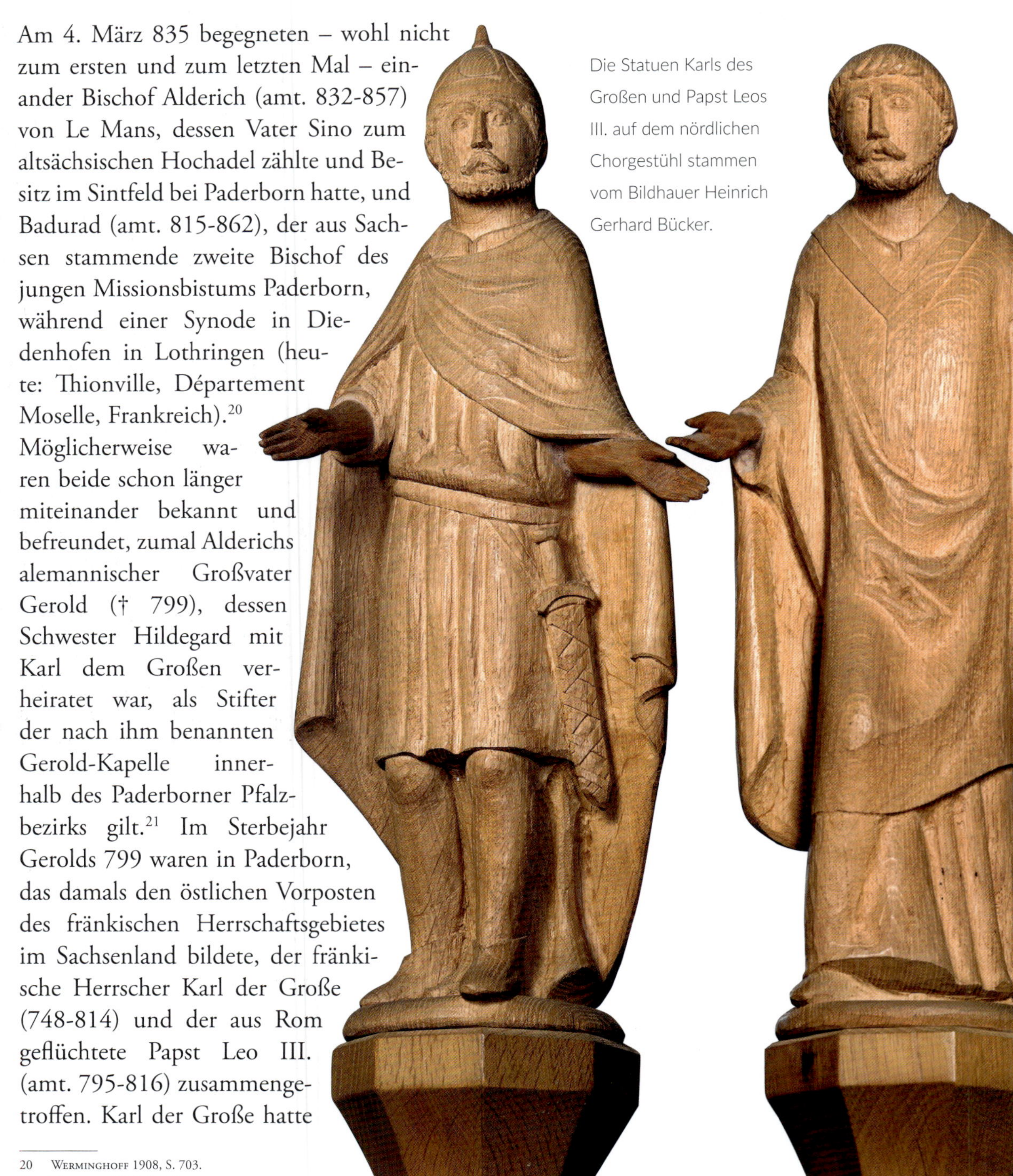

Die Statuen Karls des Großen und Papst Leos III. auf dem nördlichen Chorgestühl stammen vom Bildhauer Heinrich Gerhard Bücker.

20 Werminghoff 1908, S. 703.
21 Tönsmeyer 2017, S. 8-9.

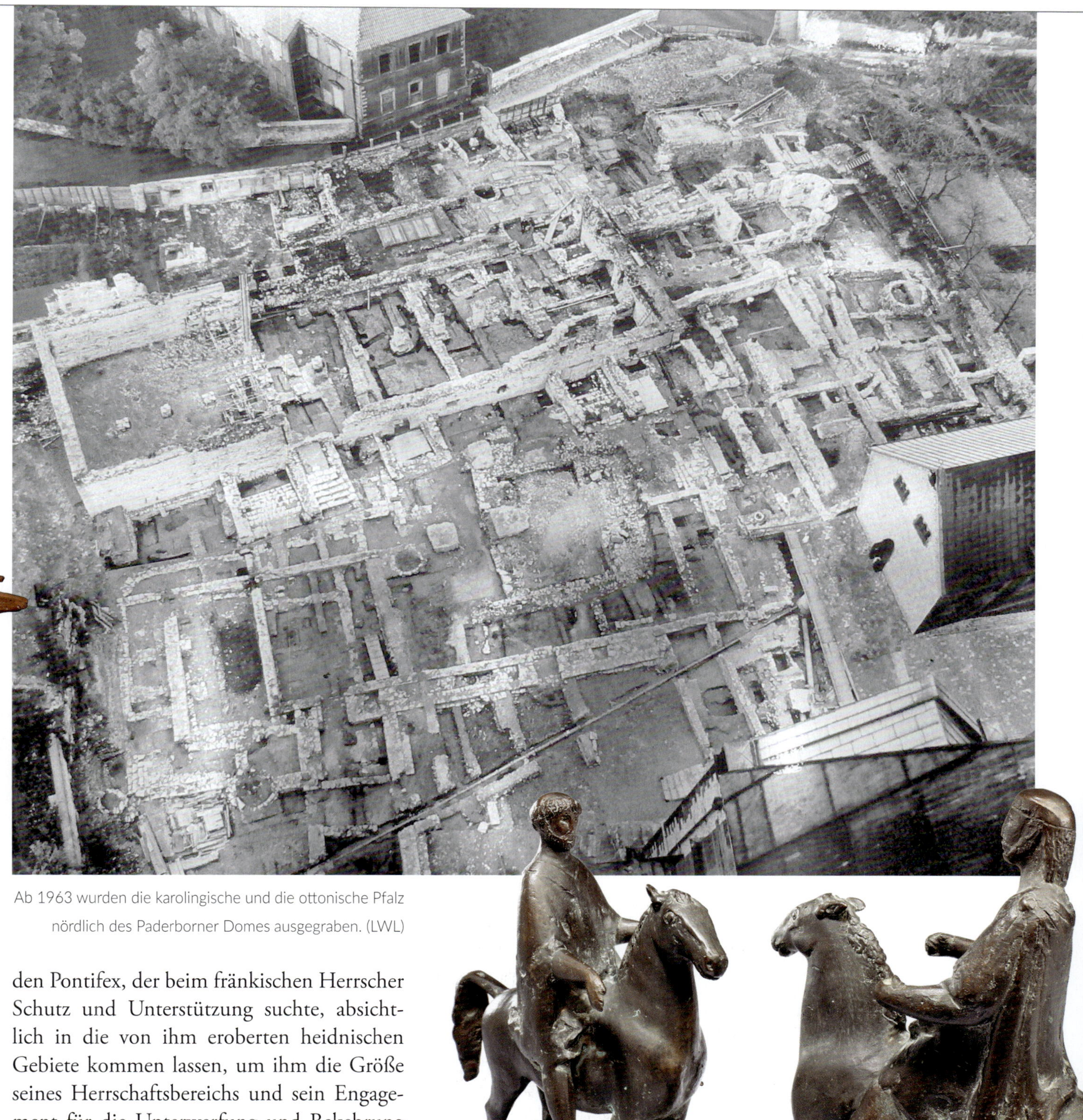

Ab 1963 wurden die karolingische und die ottonische Pfalz nördlich des Paderborner Domes ausgegraben. (LWL)

den Pontifex, der beim fränkischen Herrscher Schutz und Unterstützung suchte, absichtlich in die von ihm eroberten heidnischen Gebiete kommen lassen, um ihm die Größe seines Herrschaftsbereichs und sein Engagement für die Unterwerfung und Bekehrung der heidnischen Sachsen zu demonstrieren. In der Paderborner Kaiserpfalz, die 1963 bis 1977 ausgegraben und somit archäologisch nachgewiesen werden konnte, kam es zu einer Vereinbarung, welche die folgenden tausend

799 kam es in Paderborn zur historisch bedeutsamen Begegnung zwischen Karl dem Großen und Papst Leo. Die Bronzeplastik schuf der Bildhauer Heinrich Gerhard Bücker.

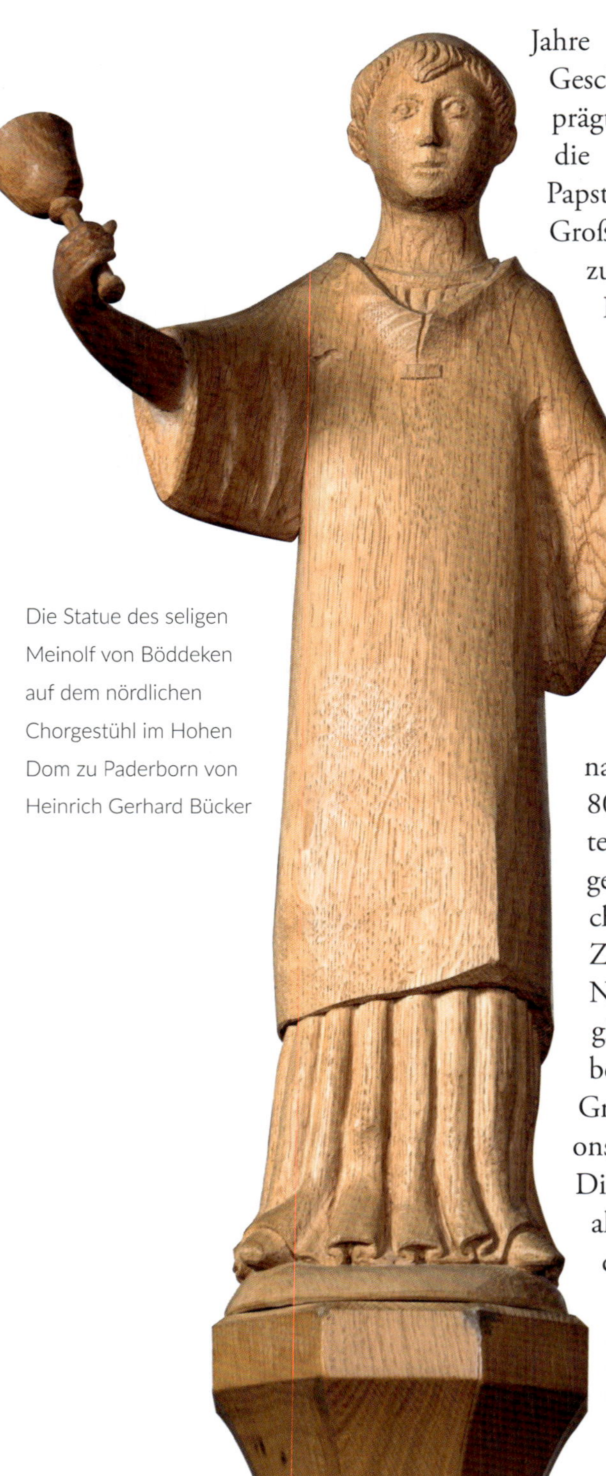

Die Statue des seligen Meinolf von Böddeken auf dem nördlichen Chorgestühl im Hohen Dom zu Paderborn von Heinrich Gerhard Bücker

Jahre der europäischen Geschichte maßgeblich prägte. Im Gegenzug für die Unterstützung des Papstes durch Karl den Großen, der dem Papst zur Rückkehr nach Rom und zur Wiederergreifung der päpstlichen Kathedra verhalf, salbte und krönte ihn Papst Leo III. am Weihnachtstag des Jahres 800 in Rom zum ersten Kaiser des Heiligen Römischen Reiches, das später den Zusatz „Deutscher Nation" erhielt. Zugleich vereinbarten beide wohl 799 die Gründung des Missionsbistums Paderborn. Dieses blieb zunächst als Missionsgebiet dem Bistum Würzburg unterstellt, bis es 806 in Hathumar den ersten Bischof erhielt und zu einem eigenständigen Bistum wurde. Als Badurad 815 die Nachfolge Hathumars antrat, war die Bevölkerung im Umfeld Paderborns noch längst nicht christianisiert. Um die Arbeit der Paderborner Missionare zu fördern, sollte ein bewährter Heiliger des westfränkischen Reichs helfen. Die Bischöfe Badurad und Alderich vereinbarten in Aachen mit Zustimmung Kaiser Ludwigs des Frommen (778-840), eines Vetters von Alderichs Mutter Gerhild[22], dass eine Paderborner Delegation sich auf den Weg nach Le Mans machen sollte, um dort den Körper eines in Le Mans verehrten Heiligen zu erhalten und nach Paderborn zu überführen. Badurad maß diesem Unterfangen eine hohe Bedeutung bei, denn er begann noch vor dem Aufbruch der Gesandten, im Westwerk seiner Domkirche eine Ringkrypta als würdigen Ruhe- und Verehrungsort anzulegen, der die Gebeine des aus Westfranken zu überführenden Heiligen aufnehmen sollte[23]. Über die Reise der Paderborner Delegation, zu der der Archidiakon Meinolf aus Böddeken (um 795-857), ein Priester namens Ivo wie auch hochgestellte Laien gehörten, sind wir durch die noch im 9. Jahrhundert erstellten Translationsberichte gut informiert. Die Paderborner Delegation kam am 28. April 836 in Le Mans an.[24] Am 29. April 836 wurde das Grab des heiligen Liborius im Beisein Bischofs Alderichs geöffnet. Sein Körper wurde geborgen und in die Kathedrale von Le Mans übertragen. Am 30. April 836 wollte die Abordnung mit dem Heiligen aus Le Mans aufbrechen. Zuvor schloss Bischof Alderich mit der Paderborner Delegation einen „Liebesbund ewiger Bruderschaft", der bis heute durch Laien und Kleriker der Diözesen Le Mans und Paderborn treu gepflegt wird

22 Tönsmeyer 2017, S. 8-9.
23 Lobbedey 1986, S. 208-211.
24 Die Angabe der Daten folgt der *Translatio sancti Liborii* des Paderborner Anonymus (de Vry 1997, S. 198).

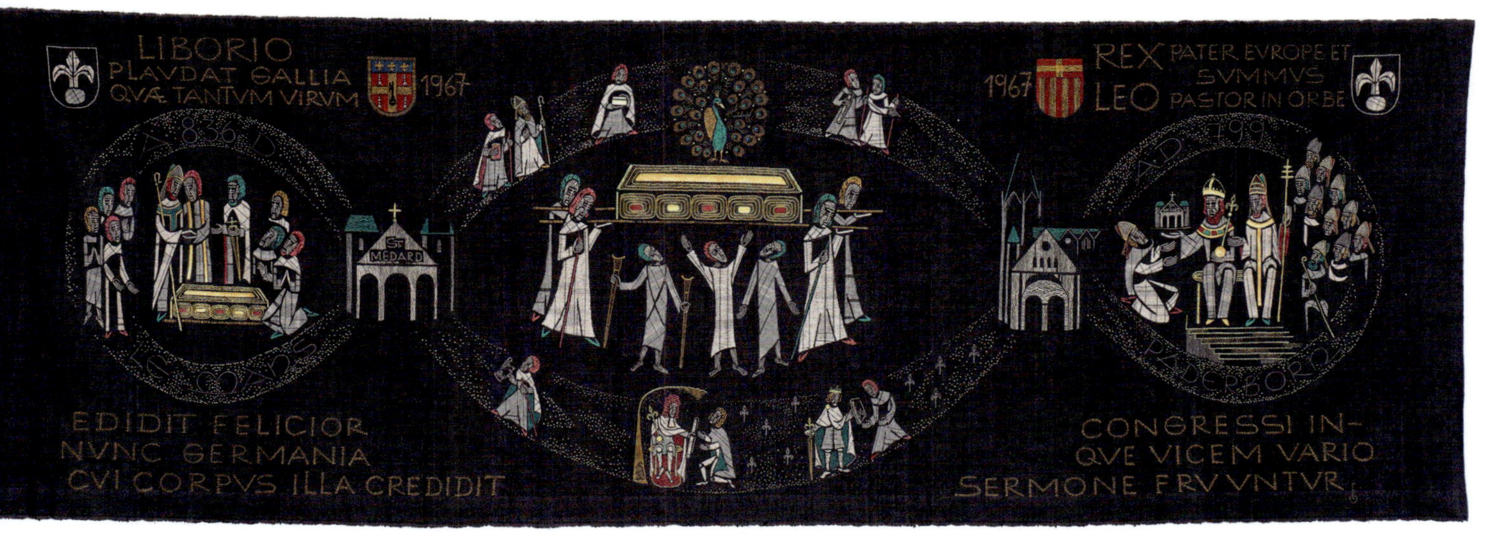

Die Textilkünstlerin Edith Ostendorf schuf einen Wandbehang mit der Translation der Reliquien des heiligen Liborius 836 von Le Mans nach Paderborn. (AH)

und sich in für beide Bistümer schwierigen Zeiten als äußerst hilfreich und tragfähig erwiesen hat. Mit der Öffnung des Grabes, der Erhebung der Gebeine und dem Beginn der Reise am 1. Mai 836 ereigneten sich, so vermelden die Translationsberichte, zahlreiche auffällige Heilungen, die der Fürbitte des heiligen Liborius zugeschrieben wurden, der sich hierdurch als mächtiger Helfer erwies. Am Pfingsttag, 28. Mai 836, kam die Reisegruppe in Paderborn an und hielt mit den Reliquien des heiligen Liborius Einzug in den Dom.[25] Anscheinend erfüllte sich die Hoffnung Bischof Badurads auf die Hilfe des heiligen Liborius bei der Missionierung der heidnischen Sachsen und der Vertiefung des christlichen Glaubens in seinem Sprengel in einem überraschenden Maß. Denn Bischof Badurad oder sein unmittelbarer Nachfolger ließ die für die Gebeine des heiligen Liborius vorbereitete Grablege erheblich vergrößern, damit sie die Pilgerinnen und Pilger fassen konnte, die beim heiligen Liborius Hilfe und göttlichen Beistand suchten.

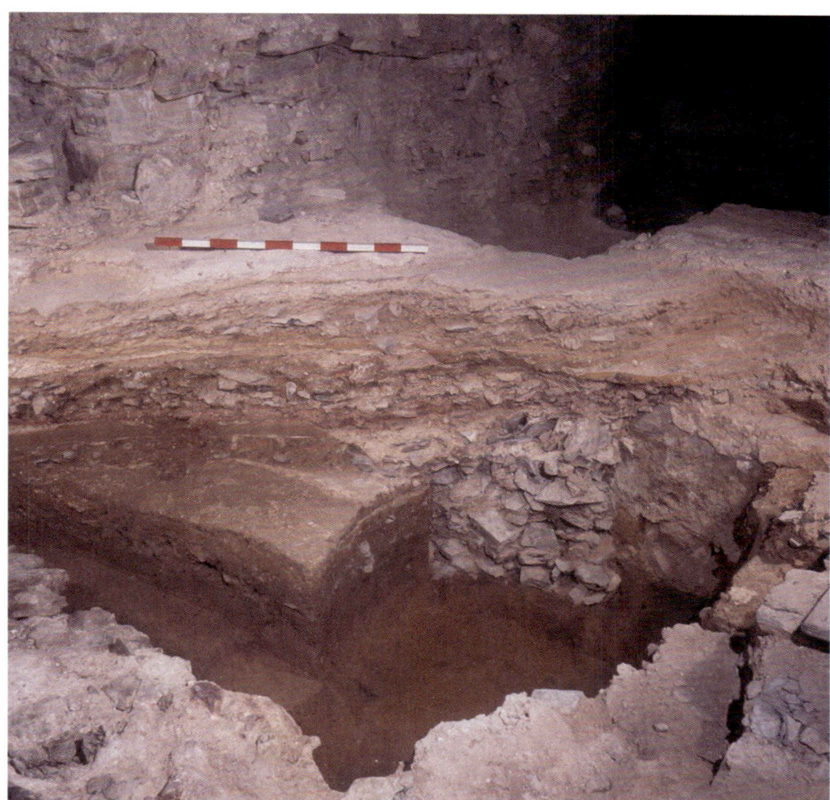

Während der Ausgrabungen von 1978 bis 1980 wurde im Westchor des Domes die für den Korpus des heiligen Liborius angelegte Ringkrypta Bischof Badurads entdeckt. (LWL)

25 Mertens 1873, S. 20-40.

Der heilige Liborius wird Patron des Hohen Domes

Der erste Paderborner Dom war dem Salvator geweiht. Seit dem 9. Jahrhundert erscheint Maria als Patronin des Domes, da Karl der Große der Paderborner Kirche aus seinem Privatbesitz ein Haar der Gottesmunter geschenkt hatte. Der Jungfrau Maria wurde zuerst der heilige Kilian als Zweitpatron beigegeben.[26] Wahrscheinlich geschah dies zu der Zeit, als das Paderborner Missionsgebiet dem Bistum Würzburg unterstellt wurde. Kilian war Missionsbischof in Würzburg und erlitt dort um das Jahr 689 zusammen mit seinen Gefährten Kolonat und Totnan das Martyrium. Der Paderborner Dom erhielt als Geschenk Würzburgs die Hirnschale des heiligen Kilian. Offensichtlich wünschte man sich in Paderborn aber nicht nur einen kleinen, wenn auch bedeutenden Teil, sondern gemäß dem Ideal der Zeit die „unversehrten Gebeine“[27] bzw. den vollständig erhaltenen Leichnam (*corpus incorruptum*) eines Heiligen, weil dieser als Zeichen der Heiligkeit und als stärkerer Garant für seine Wirkmächtigkeit (*virtus*) galt.[28] 1011 wird schließlich der heilige Liborius zum ersten Mal neben der Gottesmutter und dem Märtyrer Kilian als Drittpatron des Domes genannt,[29] 1032 und erneut 1300 sogar als einziger Patron.[30] Letztlich vermochte der heilige Liborius jedoch die Gottesmutter und den heiligen Kilian nicht zu verdrängen, sodass der Dom bis heute unter dem gemeinsamen Patronat der drei Heiligen steht.[31] Der heilige Liborius ist aber nicht nur einer der Patrone des Hohen Domes, sondern zugleich Schutzpatron der Stadt und des Erzbistums Paderborn.

Bereits in den Translationsberichten wird dem heiligen Liborius ein breites Spektrum an Wundern zugeschrieben. In Anknüpfung an die biblische Heilsverheißung (Lk 7,22) werden durch seine Fürsprache Blinde, Taube und Lahme geheilt. Ab dem 13. Jahrhundert gibt es vermehrt Berichte, die ihm insbesondere die Heilung von Stein- und Nierenlei-

Die Statue des heiligen Kilian auf dem nördlichen Chorgestühl des Hohen Domes zu Paderborn von Heinrich Gerhard Bücker

26 Schröder 1936, S. 40.
27 de Vry 1997, S. 198.
28 Zum *corpus incorruptum*: Angenendt 2010, S. 109-143.
29 Schröder 1936, S. 41-42.
30 Schröder 1936, S. 44-46.
31 Rade 2023k, S. 110-111.

den zuschreiben.[32] Seit dem Anfang des 16. Jahrhunderts werden Steine auf einem Buch, das Liborius in seiner linken Hand hält, zum beständigen Erkennungsmerkmal des Heiligen.[33] Seit der Mitte des 19. Jahrhunderts wird er in Darstellungen häufig zusätzlich von einem Pfau als Symboltier begleitet, da gemäß einer seit dem Beginn des 18. Jahrhunderts belegten Tradition ein Pfau dem Translationszug von Le Mans nach Paderborn vorausflog.[34]

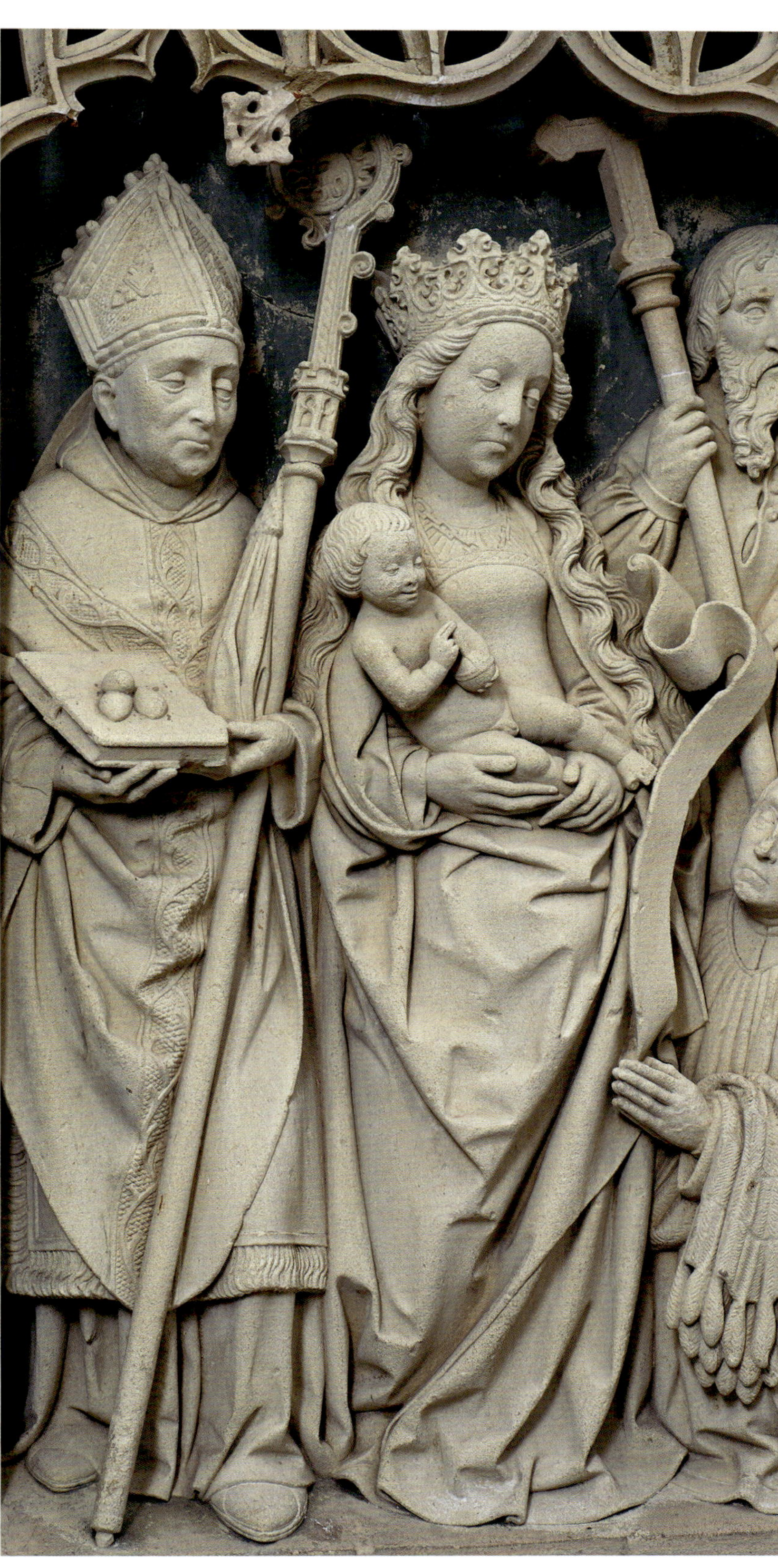

Die erste Liborius-Statue mit Steinen auf einem Buch schuf um 1517 der bedeutende westfälische Bildhauer Heinrich Brabender für das Epitaph des Domherrn Wilhelm von Westphalen in der Westphalenkapelle im Kreuzgang des Hohen Domes.

32 Schröder 1936, S. 46-49.
33 Stiegemann 1986b, S. 94-95.
34 Näheres hierzu in den Kapiteln „Der Pfauenwedel" und „Die Pfauensage und das Pfauenmotiv" in diesem Buch.

Die Vorgänger des Liborischreins

Ersterwähnung des von Bischof Imad gestifteten Liborischreins. Biblioteca Apostolica Vaticana, Codex Palatinus Latinus 482, Bl. 66v (BAV)

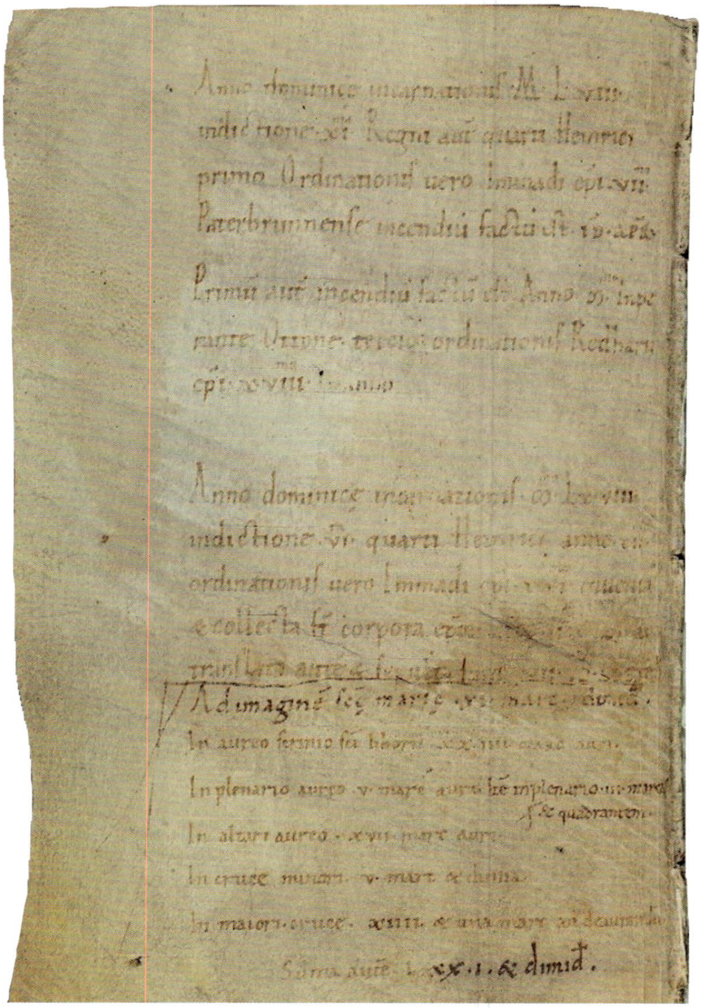

Es ist unbekannt, ob die Gebeine des heiligen Liborius bereits unmittelbar nach ihrer Erhebung in Le Mans in einem Schrein geborgen wurden oder ob dies erst nach der Ankunft in Paderborn geschah. Eine weitere Möglichkeit besteht darin, dass die sterblichen Überreste zunächst in Paderborn in der für sie angelegten Krypta in einem Sarkophag bestattet und zu einem späteren Zeitpunkt in einen kunstvollen und kostbaren Schrein gelegt wurden. Im letzten Drittel des 11. Jahrhunderts wird erstmals in einer Sammelhandschrift des 11./12. Jahrhunderts der Biblioteca Apostolica Vaticana[35] ein goldener Schrein des heiligen Liborius (*aureum scrinium s[an]c[t]i Liborii*) genannt, für den Gold im Wert von 24 Mark (= ca 5,6 kg)[36] aufgewendet worden war. Diese Nachricht weckt die Vermutung, dass der Schrein beim Dombrand 1058 Schaden erlitt und Bischof Imad (amt. 1051-1076) einen neuen Goldschrein anfertigen ließ. Als Bischof Balduin von Steinfurt (amt. 1341-1361) 1343 zu einer Beisteuer für den erneut abgebrannten Dom aufrief, verwies er auf den Schrein (*tumba*) des heiligen Liborius, der seine Gebeine (*ossicula*) enthielte, und rühmte die mannigfaltigen Wunder, die an diesem geschehen.[37] Angeblich soll er ganz aus Silber und mit Gold und Gemmen verziert gewesen sein sowie über sechshundert Jahre die Gebeine des heiligen Liborius enthalten haben.[38] Zeichnungen oder Drucke, die den Schrein zeigen, sind nicht bekannt. Eine Urkunde über die Rekonziliation des Hochaltars des Paderborner Dom 1622, die der Paderborner Weihbischof Johannes Pelcking (1573-1642) vornahm, lässt jedoch erahnen, dass an den Längsseiten des von ihm als gewaltig bezeichneten Silberschreins, wie beim jetzigen, Apostelstatuetten standen, denn er spricht von kleinen eingefügten Bildern aus arabischem Gold.[39] Der Schrein

35 Biblioteca Apostolica Vaticana, Codex Palatinus Latinus 482, Bl. 66v.
36 Stiegemann 2018, S. 354.
37 LAV NRW W, B 401u/Fürstbistum Paderborn, Urkunden, Nr. 667 (1. Februar 1343). Druck: Schaten 1775, S. 218-220.
38 Mertens 1873, S. 104, und Fuchs 1936, S. 313, jeweils unter Verweis auf P. Heinrich Turck SJ, Annales, Tomus IV, p. 242 (EAB PB, SFA PB, Pa 107, Bd. 4).
39 Fuchs 1936, S. 314. Druck: ebd., S. 349-351. Stiegemann 1986c, S. 266. Die Rekonziliation des Hochaltars erfolgte am *XIX. Kalendas Septembris* 1622 (= 14. August 1622).

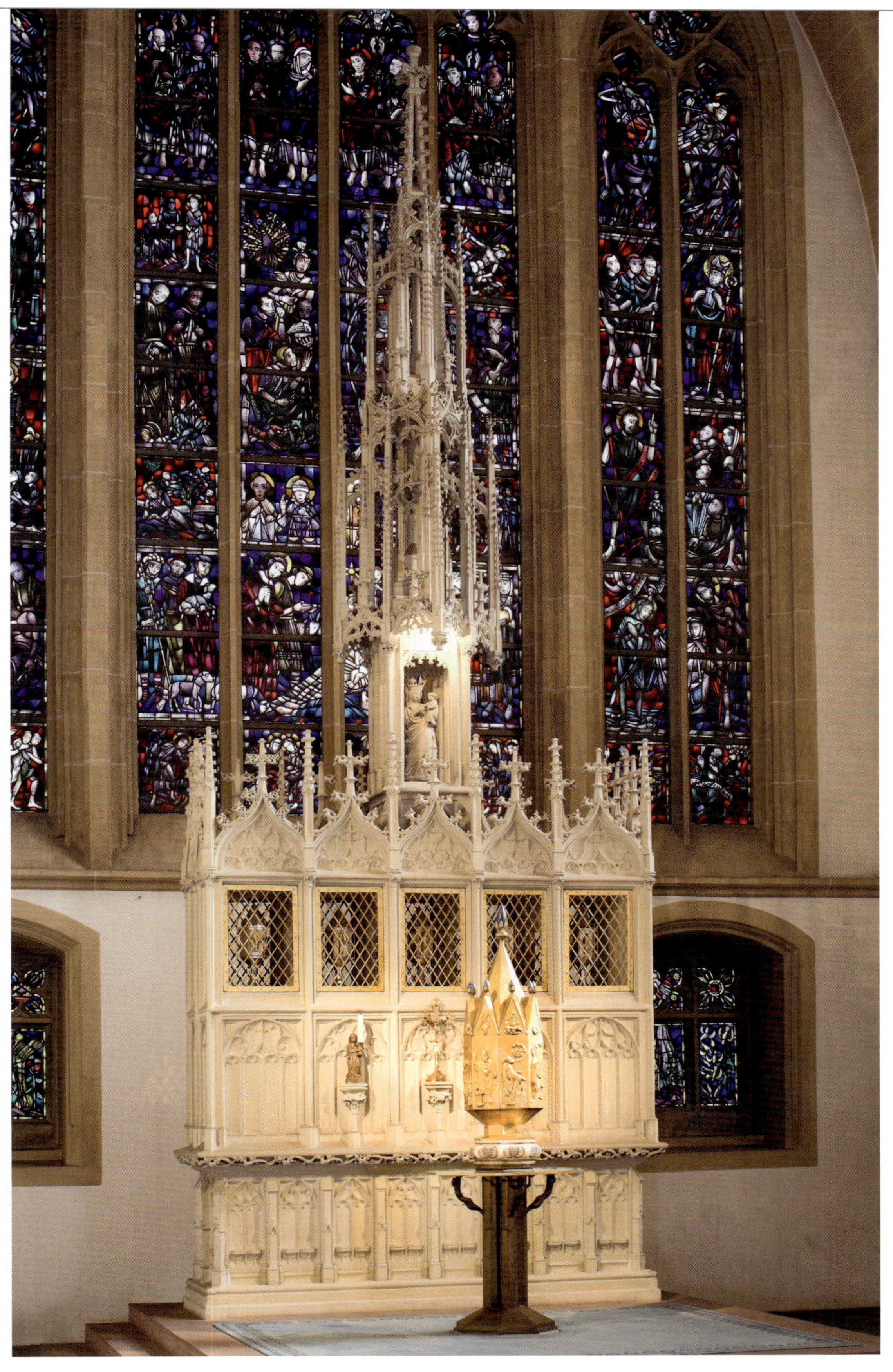

Reliquien-
retabel des
Hohen Domes
aus der Mitte
des 15. Jahr-
hunderts

dürfte deswegen in seiner äußeren Gestalt dem heutigen ähnlich gewesen sein. Seine Maße können 2,99 m Länge, 0,71 m Breite und 0,94 m Höhe nicht überschritten haben, denn er hatte seinen Platz im Mittelgeschoss des aus der ersten Hälfte des 15. Jahrhunderts stammenden Reliquienretabels[40], der bis 1655 frei im Hochchor stand, umschritten werden konnte und jetzt wieder den Abschluss des Hochchores vor dessen Ostwand bildet. Die heute verschlossene Vorderseite des Untergeschosses, das sich über dem Sockel erhebt, war in der ganzen Breite geöffnet, um den Schrein aufnehmen zu können. Auch der jetzige Schrein einschließlich der ursprünglich fest mit ihm verbundenen Tragstangen fand zunächst darin Aufstellung. 1655 wurde der Reliquienretabel abgebaut und an die Ostwand des Hasenkamps versetzt, um einem barocken Hochaltar Platz zu machen, der nach seiner Fertigstellung den Liborischrein bis 1849 aufnahm. Danach wurde er aus Sicherheitsgründen in einem *schweren Eichenschrank mit Eisenbeschlag* in der Sakristei[41] bzw. der Schatzkammer aufbewahrt.[42] Nach der Kriegszerstörung des barocken Hochaltars[43] 1945 kehrte der Reliquienretabel im Frühjahr 1956 in den Hochchor zurück. Dabei wurde das Mittelgeschoss mit der geschlossenen, reich ausgebildeten Rückseite nach vorn aufgestellt, da er den Liborischrein nicht wieder und nur das Obergeschoss eigens neu geschaffene Reliquiare aufnehmen sollte.[44]

40 Tack 1957, S. 16.
41 Handschriftlicher Nachtrag zu: Brand 1827, S. 55, im Exemplar in der Erzbischöflichen Akademischen Bibliothek Paderborn, Sign. 95,1788.
42 Mertens 1873, S. 108.
43 Stiegemann 2018, S. 364-366.
44 Tack 1957, S. 5-11.

Der Raub der Reliquien und des Schreins 1622

1622 wurde der mittelalterliche vergoldete Silberschrein des heiligen Liborius gezielt ein Opfer des von 1618 bis 1648 in Deutschland tobenden dreißigjährigen Krieges.

Zu den überaus grausamen und rücksichtslosen Heerführern des Krieges gehörte Herzog Christian von Braunschweig-Lüneburg-Wolfenbüttel (1599-1626), der seit seinem 17. Lebensjahr den Titel eines Administrators des protestantisch gewordenen Bistums Halberstadt trug, von Zeitgenossen jedoch *der tolle Christian* genannt wurde, nachdem ihm eine Kölner Zeitung schon früh als der *Tolle* bezeichnet hatte.[45] Das Adjektiv *toll* war damals negativ konnotiert und gleichbedeutend mit *verrückt* und *tollwütig*. Er hatte Söldner angeworben, um dem protestantischen Kurfürst Friedrich von der Pfalz (1596-1632), der 1618 nach dem Prager Fenstersturz von den böhmischen Ständen zum König von Böhmen gewählt worden, aber 1620 von der *Katholischen Liga* vernichtend geschlagen wurde und mit seiner Familie in die calvinistischen Niederlande geflüchtet war, zur Rückkehr in seine pfälzischen Erbländer und nach Böhmen zu verhelfen. Im August 1621 hatte Christian von Braunschweig bei einer Begegnung mit Friedrich von der Pfalz und dessen Frau Elisabeth Stuart (1596-1662), seiner Cousine, die er schwärmerisch verehrte, versprochen, nicht eher zu ruhen, bis er dem entmachteten Königspaar die verlorene böhmische Krone zurückgewonnen hätte. Doch bereits am 20. Dezember 1621 wurde Christian von Braunschweig bei Gießen durch kai-

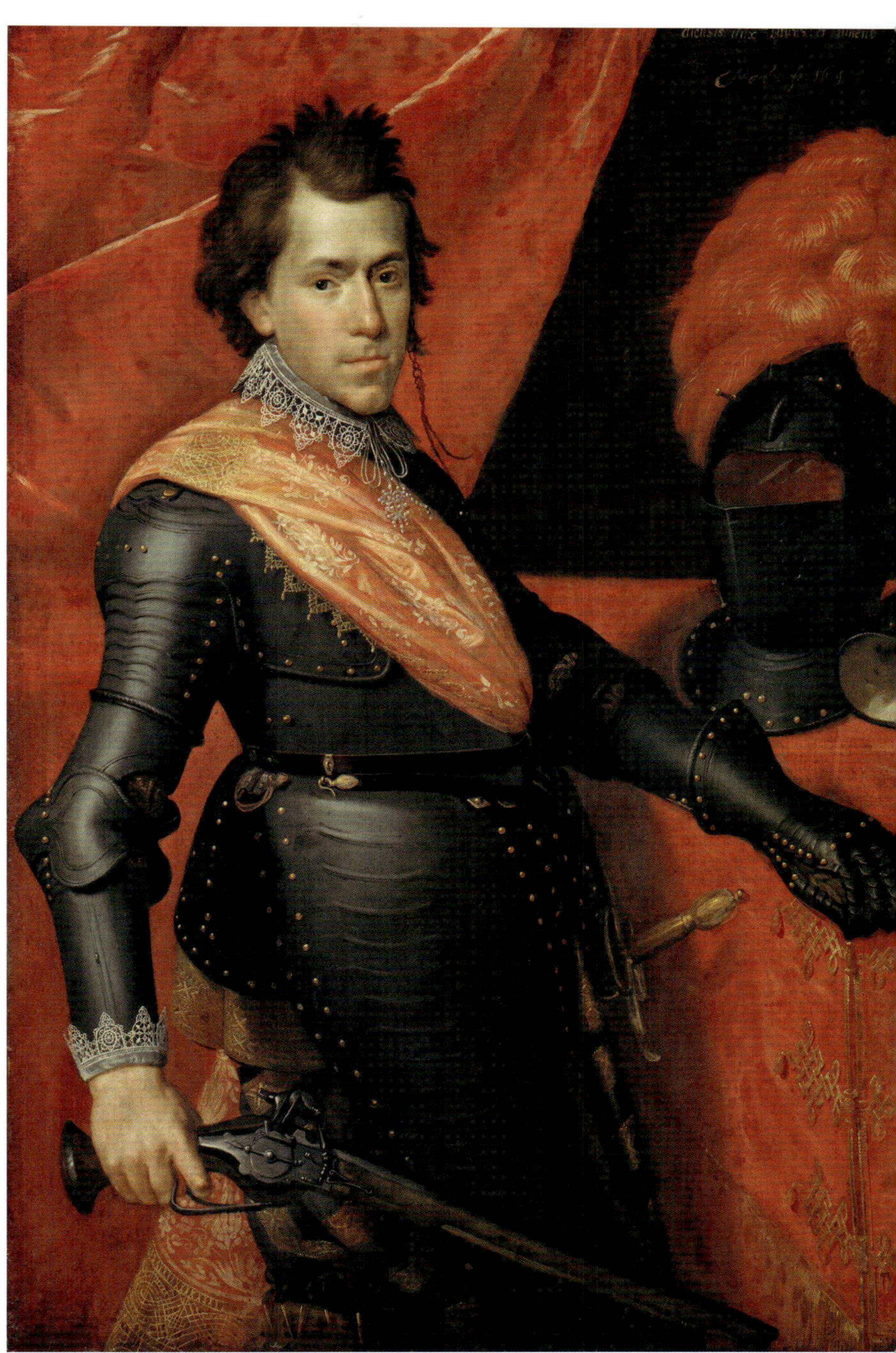

Portrait des „tollen" Herzogs Christian von Braunschweig-Lüneburg von Paulus Moreelse, 1619. Herzog Anton Ulrich-Museum, Braunschweig (Bpk)

45 von Rüden 1997a, S. 73.

Christian von Braunschweig umarmt eine Liborius-Statue. Satirischer Kupferstich aus: Johann Lodewig Gottfried, Historische Kronyk of algemeene historische gedenck-boecken, Bd. 3, Leiden 1702, Sp. 955-956 (EAB PB)

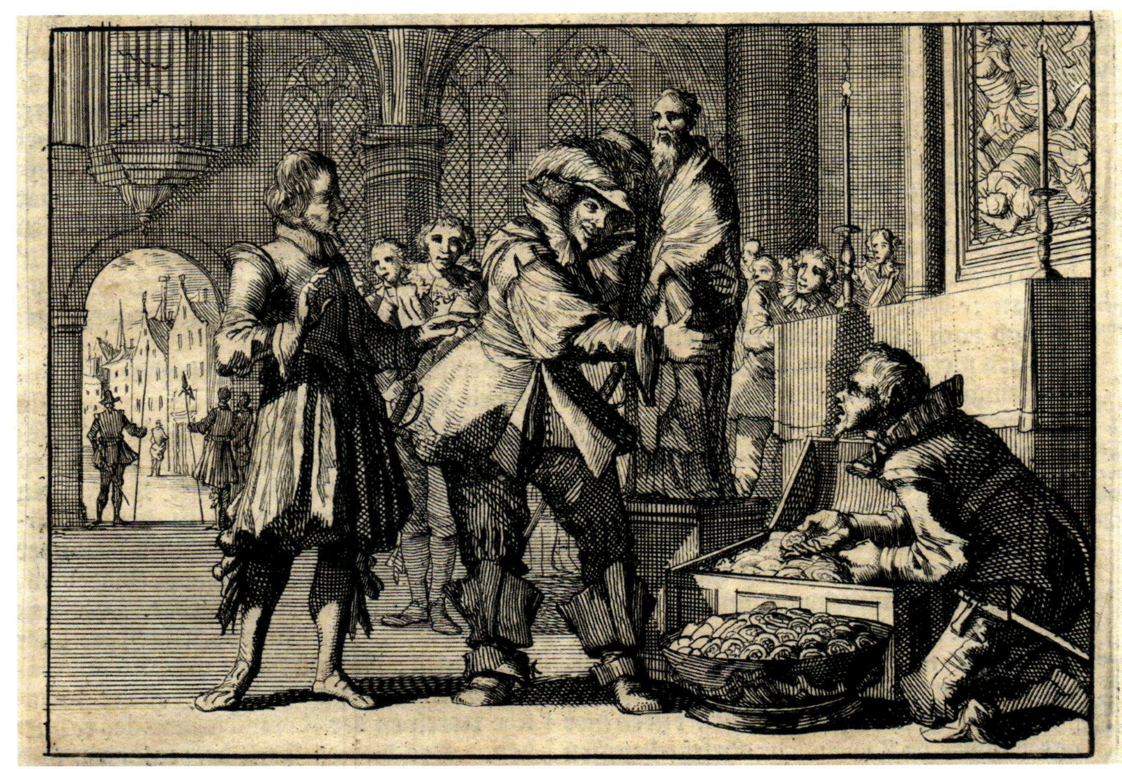

serliche Truppen unter dem Oberbefehl von Johann Jakob von Bronckhorst-Batenburg zu Anholt (1582-1630) geschlagen. Christian von Braunschweig wich daraufhin mit seinen Truppen nach Norden aus, eroberte am 2. Januar 1622 Lippstadt[46] und marschierte schließlich auf Paderborn zu.

Am 31. Januar 1622 traf der erst 22-jährige Herzog Christian von Braunschweig mit seiner Soldateska in Paderborn ein und nahm ab dem folgenden Tag Quartier im Paderborner Jesuitenkolleg. Noch am Abend der Ankunft ließ er seine Soldaten bis spät in die Nacht hinein insbesondere im Dom nach Schätzen suchen. Dabei fiel ihnen auch der Schrein des heiligen Liborius in die Hände, den sie zum Jesuitenkolleg schafften. Christian von Braunschweig erlaubte zwar den im Kolleg verbliebenen Jesuiten, die Reliquien des heiligen Liborius durch einen Kuss zu verehren, ließ jedoch den Schrein nach Lippstadt überführen und in der dortigen Münze mit anderen geraubten Gegenständen einschmelzen. Aus dem gewonnenen Silber befahl er zum Zweck der Selbstdarstellung als protestantisch-antikatholischer Gotteskämpfer, die nach ihrer Aufschrift genannten *Pfaffenfeindtaler* zu prägen.[47] Auf der einen Seite zeigen sie im Mittelfeld einen geharnischten Arm, der aus einer Wolkenwand herausragt und ein erhobenes Schwert trägt. Die Umschrift lautet: TOVT AVEC DIEV 1622 – *alles mit Gott*. Auf der anderen Seite verkünden die Taler im Zentrum die Kampfansage: GOTTES FREVNDT DER PFAFFEN FEINDT. Zugleich wird in der Umschrift der Urheber der Taler benannt: CHRISTIAN: HERTZ: ZV. BRAVNSCHW: V. LVNENB. Zwei Originale dieser Taler aus

46 Fahlbusch 1985, S. 461-463.
47 Meinhardt / Meumann 2021, S. 405-406.

Propaganda-Flugblatt „Paderbornischer Wegweisser". Stadtarchiv Ulm, Einblattdruck, Nr. 169 (Ulm)

Paderborniſcher Wegweiſſer vnd angeſtetter weſtphaliſcher wallfarts tag.

Hertzog Chriſtian. Z:B:

Jch komm itzt in ein frembdes land,
Welchs mir zwar iſt nicht vil bekũt.
Mein Volck wolt in die Pfaltz ich bring
Aber es wolt mir nicht gelingn,
Bin nun gezogn ein ander Straſſn,
Amœneburg hab Jch verlaſſn;
Ettlich Soldaten auch verlorn:
Komm aber itzt nach Paderborn,
Jn ein reich Stifft, ohn alln verdruſ
Scham iſt nicht dort Liborius?
Jch můß gehn vnd ihm gratůlirn,
Ob mirs auch ſchon wolt nicht gebũ
S. Libori, dů heilihr Mann,
Dů haſt farwar gar wol gethan.
Daß dů aůff mich ſo lange Zeit
Gewart haſt, mit Beſcheidenheit
Komm dů nůr her in meine Arm
Jch wil dich halten, daß Gott er barm

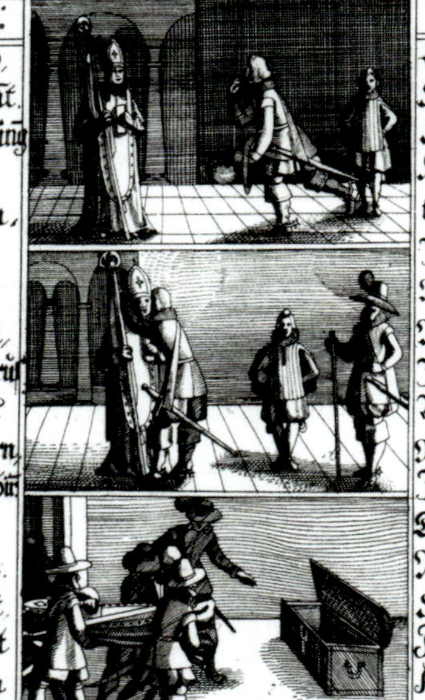

S. Liborius.

Ey thut gemach, m 'n lieber Herr,
Sacht nůr, von wannen kompt ihr her:
Solch ſeltzam vnd trotzige Leütt
Hab Jch nicht vil gſehn wie ihr ſeit.
was wolt ihr machn in Gottes haůß
Jhr bleibt mir lieber gar daraůß.
Wen ihr nichts bringt vnd wolt nůr hol
Wen ich nur heůt wird nicht geſtoln
Jhr ſprecht, ihr wolt nur gratůlirn
Vielleicht wolt ihr mich gar wegfůhr
Rührt mich bei leib vnd lebn nicht an
Jr werd ſonſt all in Bann gethan.
Doch felt mir eins in meinenen Sin
Weil Jch dann ewers ſtands auch bi
So werdet ihr mich gleicher maſſn
Frey, ſicher, durch paſſiren laſſen
Aber was hilft mich vil mein klag
Man thut mich ſchon von hinen tragn

Ste. Liborius Bedevaert/ gehouden int ſtift Paterborn

Hertogh Chriſtiaen
van Bruynſwijck.

IN vreemde Landen koom ick hier/
Met weynigh luſt/ en veel getier/
Men let my na den Pfalts te gaen/
Dies kies ick beſt een ander baen:
Ameneburch ick haeſt verliet/
En ſoeck een Landt met min verdriet/
Dat rijcke Paderbornſche Stift
Dunckt my is lange niet geſift.
Laet ſien of hier te vinden is
Een volle Beurs en vette Dis/
Dit ſou doch weſen 't rechte goet
Dat al mijn volck ſou geven moet:
Wie ſal my nu beſt wyſen an?
Hey/ ſiet hier doch de rechte Man!
Want hy van outs ervaren is/
Hebt goeden dagh mijn lieve Spits
Heylige/ waerde/ lieve Sant!
Libori/ Vriendt/ biedt my de hant/
En wijſt my doch 't verborgen goet
Dat ick ſo noodigh hebben moet/
So ghy hier toe wilt helpen my/
So help ick oock voorſeker dy.

Gedruckt in't jaer

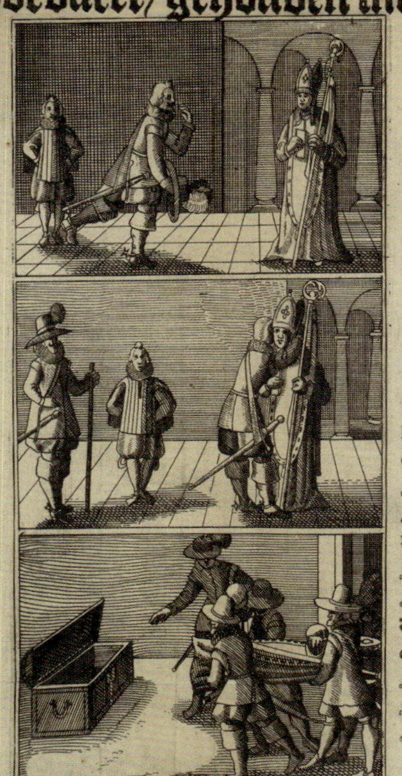

Sinte Liborius.

EY houdt gemack ghy Jongher Heldt/
V courtoſy my ſo ontſtelt;
Dat ick van angſt ſchier ſchud en beef/
En weet nauw of ick ſterf of leef.
Waer henen komt ghy doch ſo haeſt?
En maeckt my ſchielijck ſo verbaeſt/
Daer ick ſtae in mijn Godes huys/
Beſoeckt ghy my met groot gedruys/
En met een ſulck beleeft gelaet/
Dat my (recht uyt) niet aen en ſtaet:
Want al myn vrees en dencken is/
En 't ſal my gaen/ recht als ick gis/
Myn ſchoon verciert en koſtlijck lijf
Sal dienen recht tot u gerijf/
Doch ſo ghy met my qualijck leeft/
Mijn Lijf en Ziel ten beſten geeft/
So raeckt ghy ſelver inden Ban/
Dus weeſt voorſichtigh / Jonger Man
En laet my in myn ouden ſtant/
So laet ick u vry door myn Landt.
Maer 't is te laet/ en na mijn waen/
So moet ick voort/ en hier van daen.

ons Heeren 1622.

Propaganda-Flugblatt „Ste. Liborius Bedevaert, gehouden in stift Paterborn", 1622. The British Library Board T.2424 (32.) (London)

der ersten Prägegruppe[48] sind auf der Stirnseite des jetzigen Schreins links und rechts zu Füßen der Kreuzigungsgruppe angebracht.[49] Sie schlagen sichtbar und sinnbildlich eine Verbindungsbrücke zwischen dem mittelalterlichen und dem derzeitigen Schrein. Weitere *Pfaffenfeindtaler* sollen eingeschmolzen worden sein, um den jetzigen Schrein zu fertigen.

Etliche der 1622 geraubten Ausstattungsstücke (*Kirchen ornamenta*) erhielt der Dom 1623/24 zurück. Sie wurden bei Heinrich Kitzinger aus Leipzig entdeckt, der sich als Hehler betätigte. Er kam im Schloss Neuhaus in Haft, wurde aber gegen Zahlung eines hohen Bußgeldes wieder freigelassen.[50] Wahrscheinlich noch vor dem endgültigen Abzug der Soldateska des *saubern Bischof[s] von Halberstadt* musste das Domkapitel 714 Reichstaler aufwenden, um aus dem Dom geraubte Paramente, Dokumente und Schlüssel von seiner *Maitresse und dem andern Gesindel* zurückzuerwerben.[51]

Gegen Ende des Jahres 1624 wurde in Schloß Neuhaus am Zusammenfluss von Pader und Lippe ein protestantischer Soldat aus der Truppe des *Tollen Christians* aufgegriffen, der als erster mit seinem Pferd in den Dom eingeritten sein und tatkräftig beim Raub des Liborischreins mitgewirkt haben soll. Er wurde im Schloss eingekerkert und gefoltert, um ein Geständnis zu erzielen. Der Jesuitenpater Friedrich Spee von Langenfeld (1591-1635) besuchte ihn im Gefängnis und bekehrte ihn zum katholischen Glauben. Wohl noch vor Jahresende wurde er wegen seines Verbrechens hingerichtet, da auf Kirchenraub gemäß der Peinlichen Halsgerichtsordnung Kaiser Karls V. von 1532 die Todesstrafe stand.[52] Die Rechnung des Amtes Neuhaus von 1624/25 vermeldet diese Exekution nicht, sondern einzig die des von Christian von Braunschweig eingesetzten protestantischen Küsters der Marktkirche,[53] Hieronymus Gröninger, der die braunschweigischen Besatzer aktiv unterstützt hatte.[54]

links: Die Bildseite des Pfaffenfeindtalers von 1622 trägt die Umschrift „Tout avec Dieu" – „Alles mit Gott".

rechts: Die Rückseite des Pfaffenfeindtalers trägt im Zentrum die Kampfansage „Gottes Frevndt, der Pfaffen Feindt"

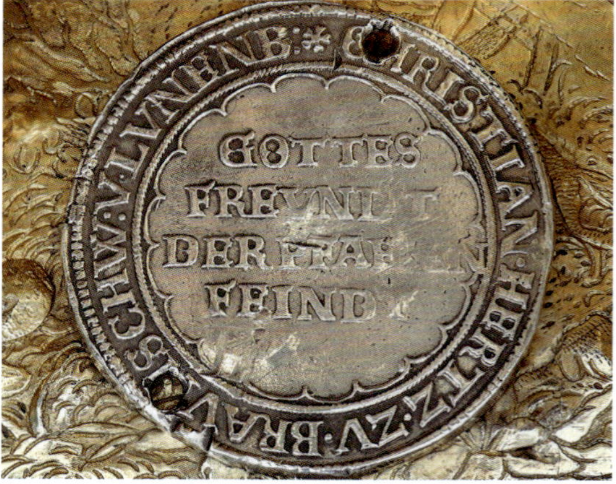

48 Dethlefs 2000b, S. 94; Steinbach 2014, S. 75.

49 Die linke Münze (Schwertarm) gehört zum Rückseitenstempel I, die rechte Münze (*Gottes Frevndt, der Pfaffen Feindt*) gehört zum Vorderseitenstempels 2 (vgl. Dethlefs 2000b, S. 107-110).

50 LAV NRW W, B 408/Fstb. PB, Rechnungen, Bd. 1058 (1623/24), Bl. 91v: *Heinrich Kitzinger von Leipsich ist auch wegen deßen, das bei Ihme etzliche Kirchen ornamenta, so zu Paderborn aus dem Thumb genommen, befunden, alhier in hafft gerathen, aber wiederumb deren erlaßen, gibt deswegen 30 Reichstaler.*"

51 EAB PB, AV PB, Acta 12, Bl. 70 (undatiert; Abschrift des 19. Jahrhunderts von Franz Joseph Gehrken).

52 Sobiech 2021, S. 88-94.

53 Am 13. November 1624 befahl die Paderborner Regierung seine Inhaftierung und examinierte am 24. November 1624 *wegen des gefangenen Costers zur Markichen* das Protokoll der Paderborner Magistrats (EAB PB, AV PB, Cod. 139, Bl. 426v und 431). LAV NRW W, B 408/Fstb. PB, Rechnungen, Bd. 1059 (1624/25), Bl. 114v: *M. Steffann der ScharffRichter hatt ann etlichenn Verstrickten Personenen so Peinlich Angehortt, und An dem hingerichteten Cüster Außder Marckirchenn verdienet laut seiner eingeschickter Verzeichnuß 6 Reichstaler. Curdten Kirchhoff wegen deß verstricktenn Custers zu fanghgeldt [...] 1 Reichstaler 7 Schilling.*

54 Honselmann 1965, S. 439-440.

Die Übergabe der Reliquien an den Rheingrafen Philipp Otto zu Salm

Schmerzlich wog der Verlust des kostbaren Schreins, noch schmerzlicher aber der Verlust seines alles entscheidenden Inhalts. Denn Christian von Braunschweig ließ die Reliquien des heiligen Liborius keineswegs in Paderborn zurück, wiewohl sie für ihn als Protestant völlig belanglos hätten sein können. Er wusste freilich als gewiefter Kriegsstratege, dass die Reliquien aufgrund ihrer symbolischen Bedeutung für den Dom, die Stadt und das Bistum Paderborn zusätzlich gewinnbringend sein konnten. Deswegen führte er die Libori-Reliquien, die er dem Schrein hatte entnehmen lassen, auf seinen weiteren Raub- und Feldzügen in einer Kiste, die sein Gebrauchssilber barg, mit sich.

Der Raub der Reliquien wurde von protestantischer Seite durch in Umlauf gebrachte Flugblätter publizistisch ausgeschlachtet, um die katholische Heiligenverehrung zu verunglimpfen und verächtlich zu machen.[55]

Am 14. August 1622 begegnete der Kriegsunternehmer in der Nähe von Metz dem 1591 zum katholischen Glauben konvertierten und 1623 für seine militärischen Verdienste durch den Kaiser gefürsteten Wild- und Rheingrafen Philipp Otto zu Salm-Neuviller (1575-1634), der ihn um die Reliquien des heiligen Liborius und um eine Bestätigung ihrer Echtheit bat. Herzog Christian war nach einigem Zaudern, das seiner abergläubischem Haltung entsprang, und der angeblichen Zusage von 4000 Kronentalern sowie des besten

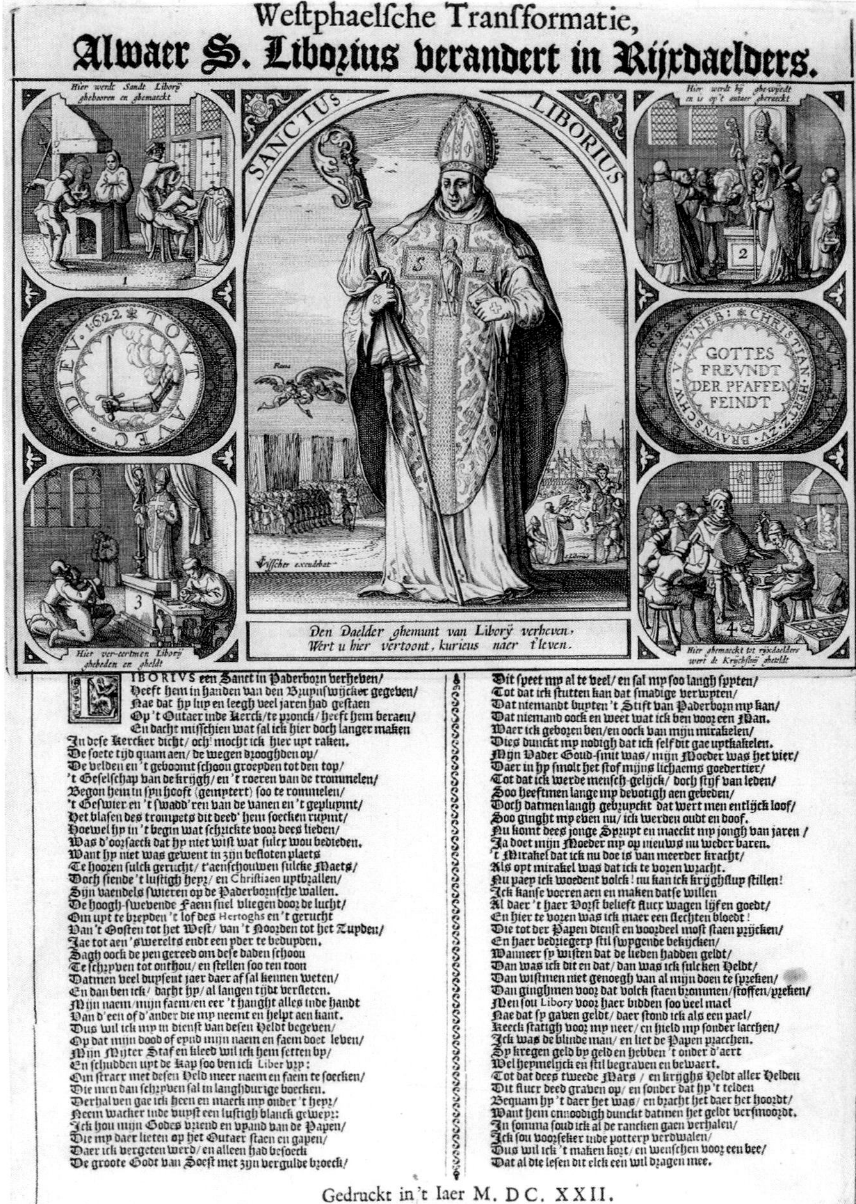

Propaganda-Flugblatt „Westphaelsche Transformatie", 1622. Diözesanmuseum Paderborn, Inv. Nr. G 6.5

55 Kümper 2010.

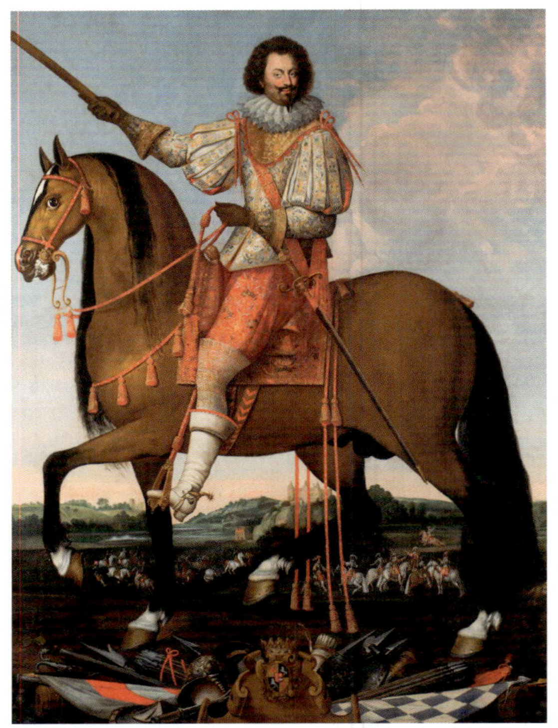

Portrait des Rhein- und Wildgrafen Fürst Philipp Otto zu Salm-Neuviller, der 1622 die Reliquien des heiligen Liborius von Herzog Christian von Braunschweig-Lüneburg erhielt. Wasserburg Anholt, Isselburg (Salm)

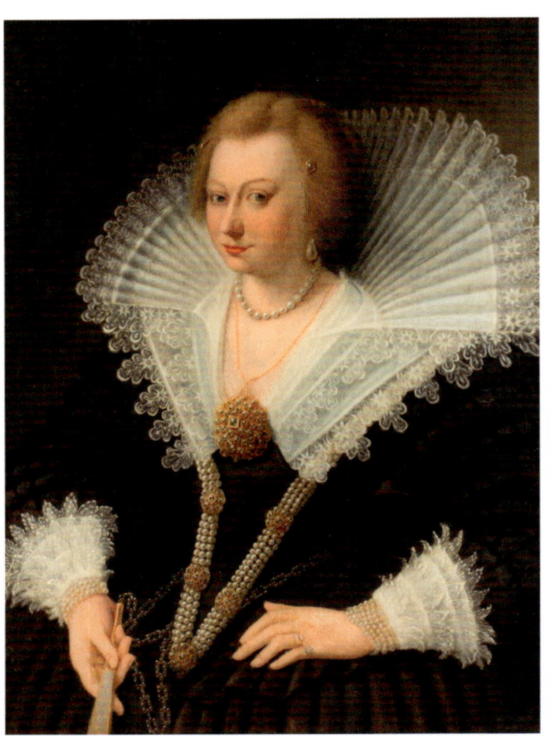

Portrait der Herzogin Christine von Croy-Havré, Gemahlin des Rhein- und Wildgrafen Fürst Philipp Otto zu Salm. Wasserburg Anholt, Isselburg (Salm)

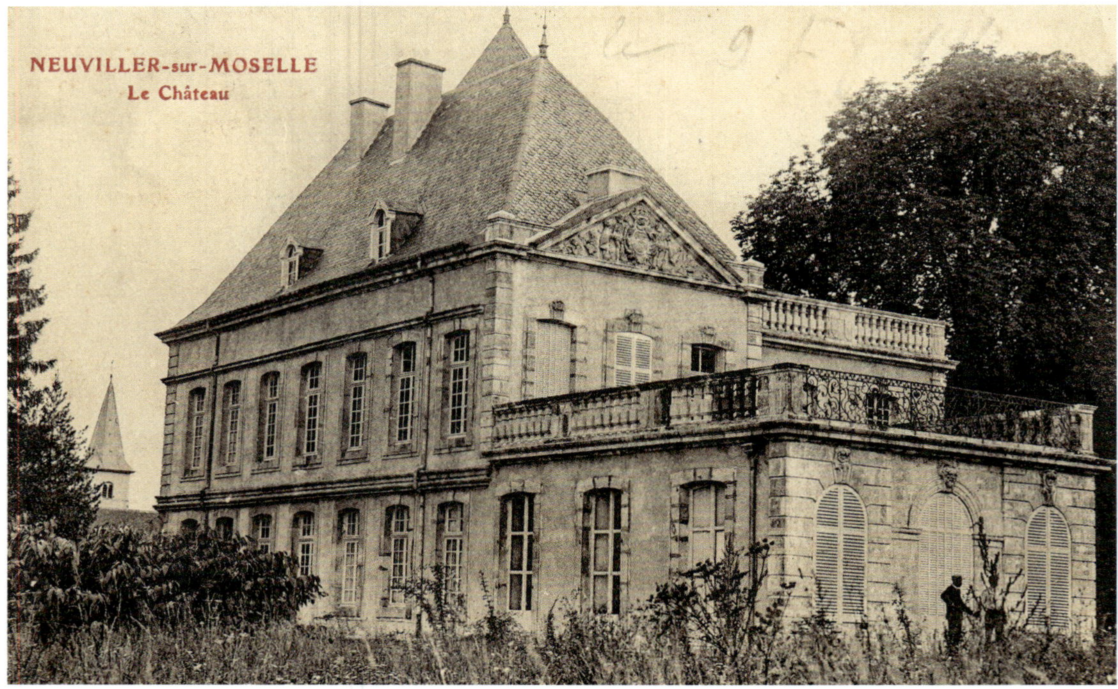

Im Schloss Neuville in Neuviller-sur-Moselle wurden die Reliquien des heiligen Liborius von 1622 bis 1623 aufbewahrt. (HJR, Repro AH)

Pferdes des Rheingrafen bereit, sie dem Grafen auszuhändigen, obwohl das Paderborner Domkapitel Herzog Christian vermeintlich 30.000 Reichstaler geboten haben soll.[56] Der Rheingraf ließ sie seiner Frau, der Herzogin Christine von Croy-Havré (1580-1664), die im südlich von Nancy gelegenen Schloss Neuviller in der gleichnamigen Gemeinde Neuviller-sur-Moselle wohnte, überbringen. Ihr Bruder Charles Alexandre Marquis von Croy-Havré (1581-1624) setzte Arnold von Wachtendonck und Wilhelm von Westphalen (1590-1656), die Brüsseler Gesandten des Kölner Kurfürsten und Paderborner Bischofs Ferdinand von Bayern (1577-1650), in Kenntnis, dass Christian von Braunschweig die Reliquien an den Wild- und Rheingrafen übergeben habe und sie sich in der Obhut seiner Frau befänden. In einer Urkunde vom 12. August 1622 des julianischen Kalenders, das entspricht dem 22. August 1622 des gregorianischen, bestätigte Christian von Braunschweig der Rheingräfin, dass die Reliquien dieselben seien, die er in der Kathedralkirche von Paderborn aufgefunden habe.[57]

Friedrich von Wachtendonck und Wilhelm von Westphalen meldeten am 14. September 1622 dem Kölner Kurfürsten, dass die Reliquien in Sicherheit seien und die Hoffnung bestehe, sie für Paderborn zurückzuerhalten.[58] Der Wild- und Rheingraf Philipp Otto zu Salm bestätigte am 3. Oktober 1622 dem Fürstbischof die gute Nachricht. Doch die Verhandlungen über die Übergabe zogen sich trotz intensiver Bemühungen des Kürfürsten Ferdinand von Bayern bis 1623[59] hin. Am 15. Februar 1623 informierte der Kurfürst,

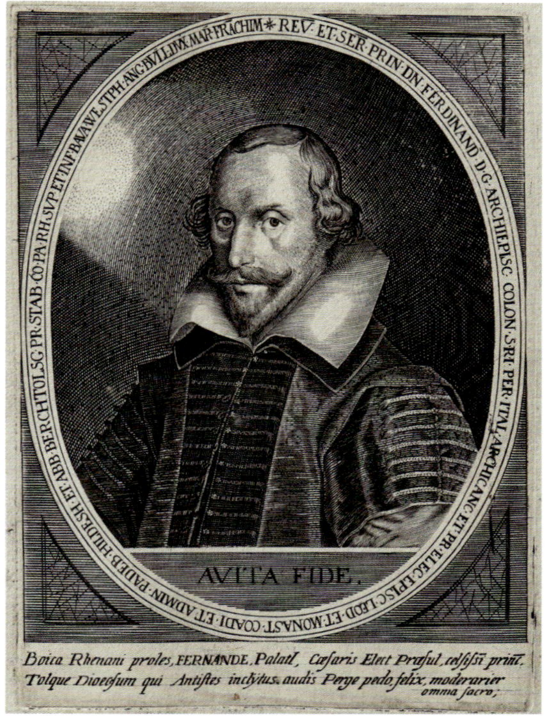

Portrait des Kölner Kurfürsten und Paderborner Bischofs Ferdinand von Bayern (HJR, Repro AH)

der wie der Rheingraf am Reichstag in Regensburg teilnahm, das Paderborner Domkapitel, dass der Rheingraf sich bereiterklärt habe, die Reliquien zurückzugeben. Er habe jedoch darum gebeten, eine Partikel behalten zu dürfen.[60] Am 19. Mai 1623 dankte das Kapitel dem Kürfürsten und bat ihn, den Termin für die Ankunft der Reliquien an der Paderborner Landesgrenze mitzuteilen, damit sie dort gebührend empfangen werden könnten.[61] Am 21. Mai 1623 kündigte der Kurfürst dem Rheingrafen an, dass er ihm seinen Hofkaplan Johannes de Blies, Kanoniker des Stiftes der heiligen Cassius und Florentius in Bonn, senden werde, um die Reliquien abzuholen.[62] Der Hofkaplan reiste nicht allein, sondern wurde von Johann Carl Erlenwein

56 LAV NRW W, B 501/DK PB, Akten, Nr. 145.2, Bl. 2-3v (14. September 1622).
57 Strunck 1736, S. 76; Mertens 1873, S. 99 (zitiert nach Acta Sanct. Boll. 1 c. p. 444).
58 LAV NRW W, B 501/DK PB, Akten, Nr. 145.2, Bl. 2-3v (14. September 1622).
59 LAV NRW W, B 501/DK PB, Akten, Nr. 145.2, Bl. 2-22v.
60 LAV NRW W, B 501/DK PB, Akten, Nr. 145.2, Bl. 10-10v+17v.
61 LAV NRW W, B 501 DK PB, Akten, Nr. 145.2, Bl. 18-18v.
62 LAV NRW W, B 501/DK PB, Akten, Nr. 145.2, Bl. 12-13v+16v.

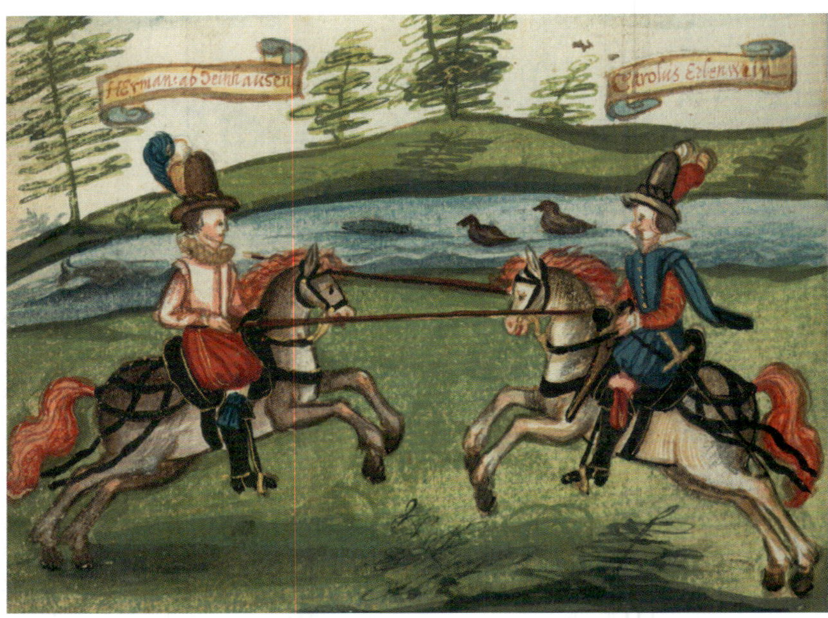

Portrait von Johann Carl Erlenwein (rechts) im spielerischen Zweikampf zu Pferd mit seinem Studienfreund Hermann Arnold von Oeynhausen aus seinem Liber Amicorum, entstanden im März 1616 während seiner Studienzeit im Seminar in Fulda. The Walters Art Museum, W.922, p. 122 (Ausschnitt) (Baltimore)

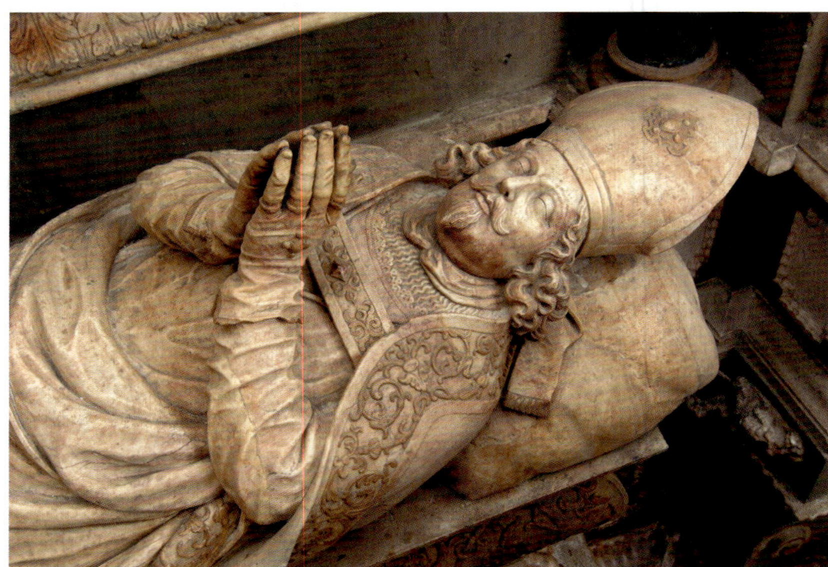

Grabfigur des Paderborner Bischofs Dietrich Adolph von der Recke auf seinem Grabmal im Hohen Dom zu Paderborn

(1595-1667) begleitet, der nach einer Anregung des Paderborner Domkapitels auf Bitten von Kurfürst Ferdinand von Bayern am 23. Dezember 1627 einen ausführlichen und detaillierten Bericht über die Rückführung der Reliquien des heiligen Liborius von Neuviller-sur-Moselle in den Herrschaftsbereich des Kurfürsten erstellte.[63] Johann Carl Erlenwein diente von Juli 1622 bis 1623 als Offizier in einem französischen Regiment unter dem Kommando des Rheingrafen und hatte am 18. September 1622 von ihm Urlaub erhalten, um in seine Heimat Uerdingen, heute ein Stadtteil von Krefeld, zu reisen. Zugleich hatte der Rheingraf ihn beauftragt, den Kölner Kurfürsten Ferdinand von Bayern aufzusuchen und ihm die Rückgabe der Reliquien anzubieten.[64] Seit seiner Fuldaer Studienzeit (1614-1617) war Johann Carl Erlenwein zudem mit Dietrich Adolph von der Recke (1601-1661) befreundet,[65] der 1623 im Paderborner Domkapitel das Amt des Kämmerers bekleidete und sich tatkräftig für die Rückkehr der Reliquien einsetzte. Am 8. Juni 1623 wurden die Reliquien in Neuviller dem schwarzen Leinentischtuch[66] entnommen, in dem der Rheingraf sie erhalten hatte, und in eine kleine vierkantige Holzlade gelegt, die die Herzogin von Croy mit ihrem Siegel verschloss. Das Tischlaken zerschnitt sie und verteilte die Stückchen an die Anwesenden. Eine kleine Reliquie wurde in das hölzerne Brustbild eines Bischofs eingeschlossen und verblieb in der Schlosskapelle von Neuviller.[67] Sodann wurde die Lade mit den Reliquien an die kurfürstlichen Gesandten Johann Carl Erlenwein und Johannes de Blies übergeben. Sie brachten sie am 15. Juni 1623 ins Brigit-

63 EBAP, MK PB, GR, Bd. XVII, Bl. 291-301; Stadtarchiv Köln, Best. 330/Auswärtiges, A 252, Bl. 1-9.
64 Mertens 1873, S. 93.
65 Decker 2018, S. 10-12.
66 EBAP, MK PB, GR, Bd. XVII, Bl. 455.
67 EBAP, MK PB, GR, Bd. XVII, Bl. 297v-298.

tinnen-Kloster Marienforst bei Bonn, wo sie am folgenden Tag im Auftrag des Kurfürsten durch P. Georg Schrotel SJ, den Beichtvater des Kurfürsten, und seinen Kammerherrn Benedict Schweindel begutachtet wurden.[68] Am 7. Juli 1623 schrieb das Paderborner Domkapitel dem Kurfürsten, der besorgt war, dass Christian von Braunschweig einen Betrug begangen haben könnte, der Liborischrein sei vor dem Braunschweigischen Einfall seit unvordenklichen Zeiten nicht mehr geöffnet worden und es habe auch niemand die Reliquien vor dem Verlassen Paderborns gesehen, außer den Jesuiten, die bei der Öffnung des Schreins im Paderborner Jesuitenkolleg anwesend waren. Die Patres Henricus Rotthausen (1570-1632) und Bernardus Alerdinckh (1571-1626) hätten sich bereiterklärt, bei der Rekognoszierung mitzuwirken.[69]

Während der intensiven Bemühungen um die Rückgabe der Reliquien entstand 1623 als Ersatz für die geraubten kostbaren Gold- und Silberbeschläge der liturgischen Bücher im Paderborner Dom eine kleine Silberplakette mit einer Liborius-Gravur, die den Bucheinband einer mittelalterlichen Evangeliar-Handschrift schmückt.[70]

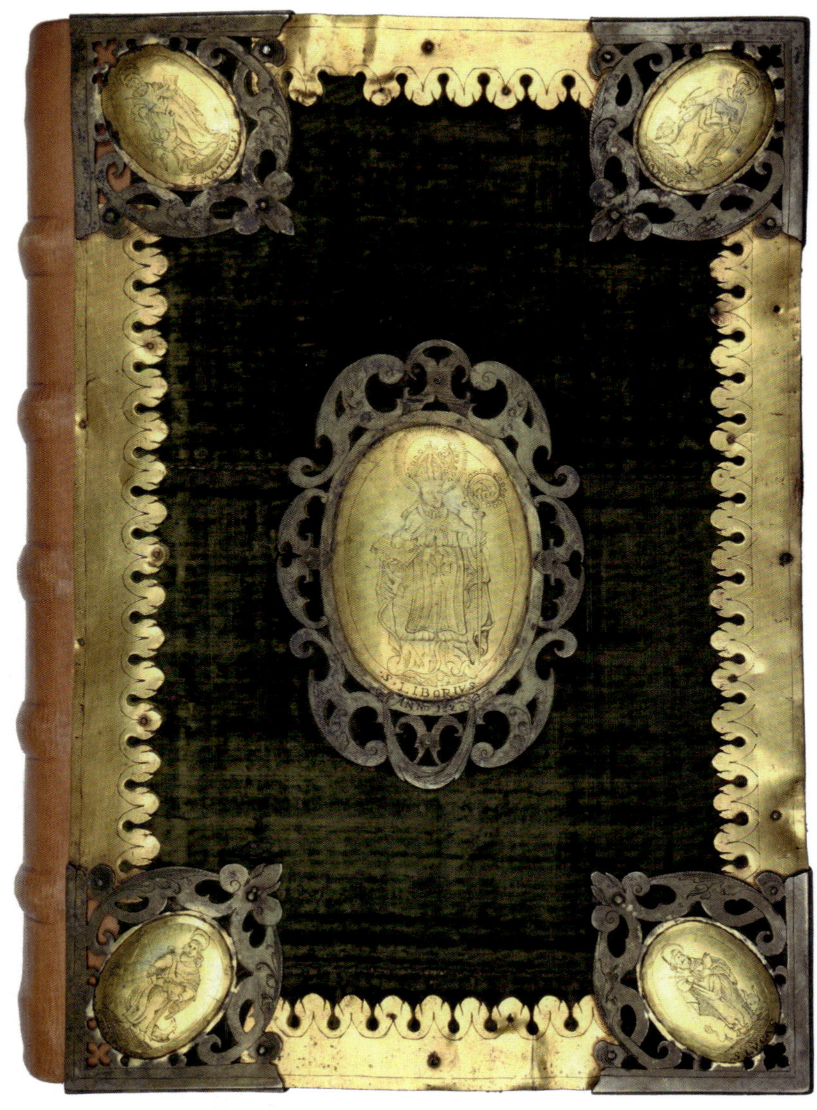

Buchdeckel eines Evangeliars mit einer 1623 geschaffenen zentralen Reliefplatte, die den heiligen Liborius zeigt. Die vier Eckmedaillons enthalten Reliefabbildungen der vier Evangelisten. Hohe Domkirche Trier, Domschatz, Inv. Nr. 64 (Trier)

68 EBAP, MK PB, GR, Bd. XVII, Bl. 454-461.
69 LAV NRW W, B 501/DK PB, Akten, Nr. 145.2, Bl. 22-22v
70 Hohe Domkirche Trier, Domschatz, Inv.-Nr. 64. Stork 1993.

Die Rückkehr der Reliquien nach Paderborn 1627

P. Heinrich Turck SJ (1606-1669), der von 1645 bis 1647 im Paderborner Jesuitenkolleg lebte[71], behauptet irrtümlich in seinen bis 1650 reichenden Annalen,[72] die Reliquien seien bereits am 24. Oktober 1623 von Marienforst ins Residenzschloss Neuhaus überführt worden.[73] Doch nachweislich entsandte erst am 12. Januar 1627 der kurz zuvor, am 29. Dezember 1626, frisch zum Dompropst gewählte Arnold von der Horst († 1630) seinen Nachfolger im Amt des Domdechanten und nachmaligen Paderborner Fürstbischof Dietrich Adolph von der Recke mit Wilhelm von Westphalen nach Bonn, um die Reliquien aus Marienforst abzuholen und zunächst in das fürstbischöfliche Residenzschloss Neuhaus zu überführen.[74] Im März 1627 trafen sie in Neuhaus ein. Für den feierlichen Empfang der Reliquien in Paderborn wurde daraufhin eigens ein *Modus* der Rückführung festgelegt.[75]

Die bisherige Geschichtsschreibung überlieferte, die Reliquien seien vom Dompropst und Domdechanten in Begleitung von Gläubigen der Pfarreien Boke, Delbrück, Elsen, Neuhaus und Thüle von Schloß Neuhaus nach Paderborn gebracht worden. Am Westerntor seien sie in Empfang genommen, in den neuen Reliquienschrein eingesetzt und sodann in feierlicher Prozession von den Äbten von Abdinghof, Dalheim, Hardehausen und Marienmünster – mit Unterstützung – in den Dom getragen worden.[76] Dies soll laut den Annalen des Jesuiten Heinrich Turck, die Jahrzehnte später erstanden, am 31. Oktober 1627 erfolgt sein.[77] Der Dombenefiziat Rötger Gerdes († 25. Mai 1665) datierte dementgegen die Einsetzung der Reliquien in den neugefertigten Schrein auf den 29. Oktober 1628. Hierüber stellte er allerdings erst am 23. September 1656 eine Urkunde aus.[78] Die Urkunde wurde bis ins 20. Jahrhundert hinein zusammen mit den Reliquien im neuen Schrein verwahrt.

Durch den Widerspruch der Daten entsteht die Frage, in welchem Jahr die Reliquien zurück in die Stadt kamen und in den neuen Schrein eingesetzt wurden.[79]

Wichtige Hinweise auf die Datierung der Rückkehr der Reliquien in die Stadt und der Einsetzung in den Schrein liefern eine Anweisung der Paderborner Regierung und die Paderborner Stadtrechnungen. Am 20. Oktober 1627 verfügte die Paderborner Regierung, der Bürgermeister und der Rat der Stadt Paderborn sollten *wegen der bevorstehenden Heimkehr des heiligen Stiftspatrons Liborius allenthalben die Straßen reinigen lassen*.[80] Dabei ließ es die Stadtverwaltung aber keineswegs bewenden, sondern setzte alles

71 Sanders 2011, S. 735 und 773
72 Lahrkamp 1955.
73 EAB PB, SFA PB, Pa 107, Bd. 5, S. 286 (*9. Kalendis Novembris*).
74 LAV NRW W, B 501/DK PB, Akten, Nr. 145.2, Bl. 24-25v.
75 LAV NRW W, B 501/DK PB, Akten, Nr. 145.2, Bl. 23-23v.
76 Mertens 1873, S. 99-102; Honselmann 1977, S. 15; Rick 1977, S. 14.
77 EAB PB, SFA PB, Pa 107, Bd. 5, S. 286.
78 EBAP, MK PB, Urk., Nr. 49a.
79 Rade 2020.
80 EAB PB, AV PB, Cod. 139, Bl. 806.

daran, den Prozessionsweg wie die gesamte Feier der Rückkehr mit größtmöglicher Feierlichkeit zu begehen. Am 29. Oktober 1627 trafen sich die Bürgermeister, Kämmerer und Mitglieder des alten Rates eigens, um die *Reintroduction* (= Wiedereinholung) *der hoch geehrten Reliquien S. Liborii* und die dazu geplante Prozession zu organisieren. Dabei wurde auf Kosten der Stadtkasse kräftig getrunken. Am 30. Oktober 1627 wurden 13 Pfund Wachs für Fackeln erworben. Der Wassermeister Gordt wurde zwei Mal eigens nach Delbrück geschickt, um 30 Fackeln und 40 Raketenstöcke zu besorgen. Ebenso hatte er fünf Pfund Blei und 21,5 Pfund Salpeter aus Geseke für das Feuerwerk zu organisieren. Aus Hövelhof wurden vom Ramselmeier vier Fuder und vom Bredemeier drei Fuder grüne Tannen geordert. Acht Personen wurden beauftragt, die Straßen mit den Tannenbäumen

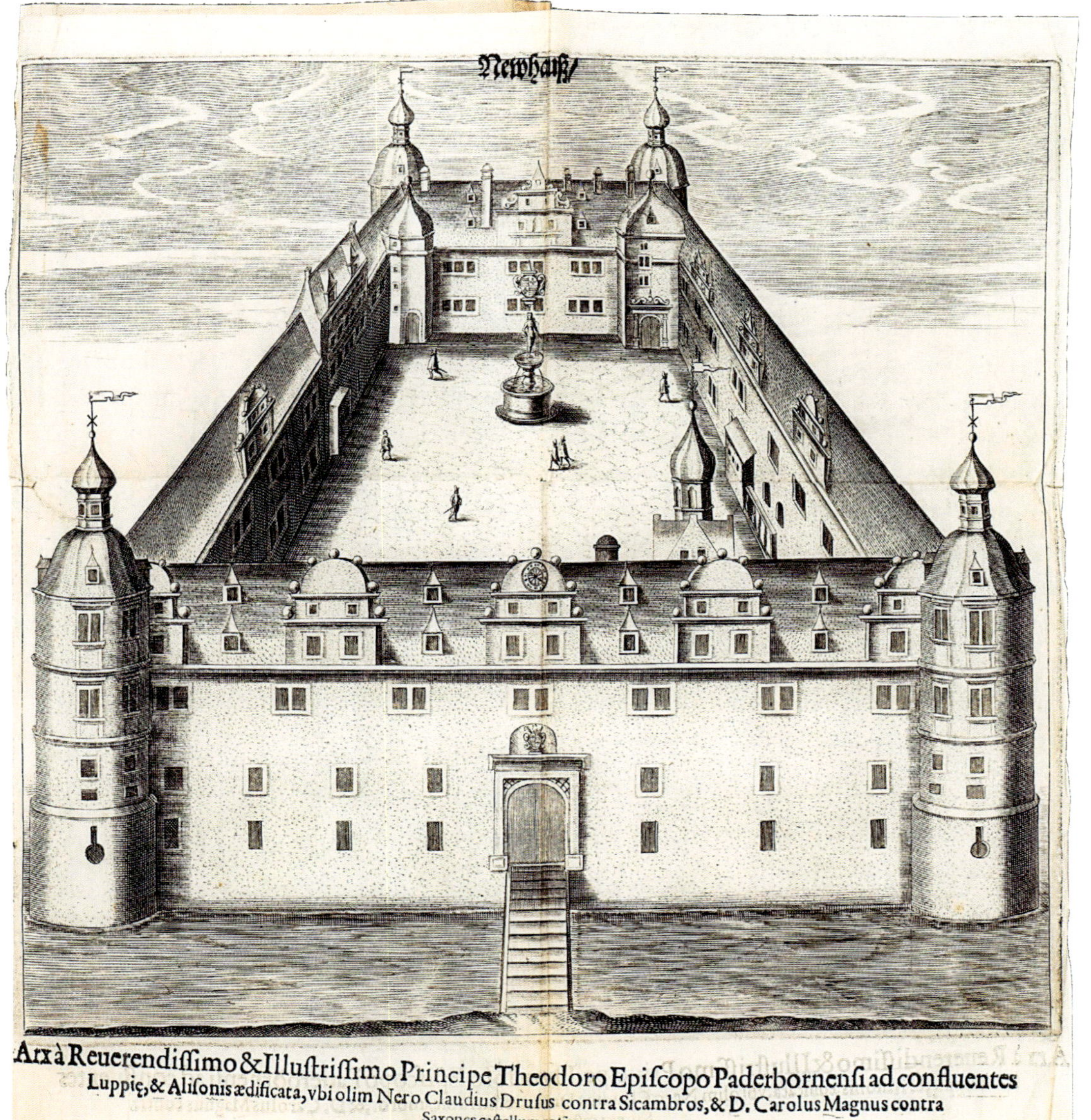

Stich von Schloss Neuhaus um 1616 aus dem Panegyricus von Johannes Horrion, Paderborn 1616. EAB PB, Th 5105. (EAB PB)

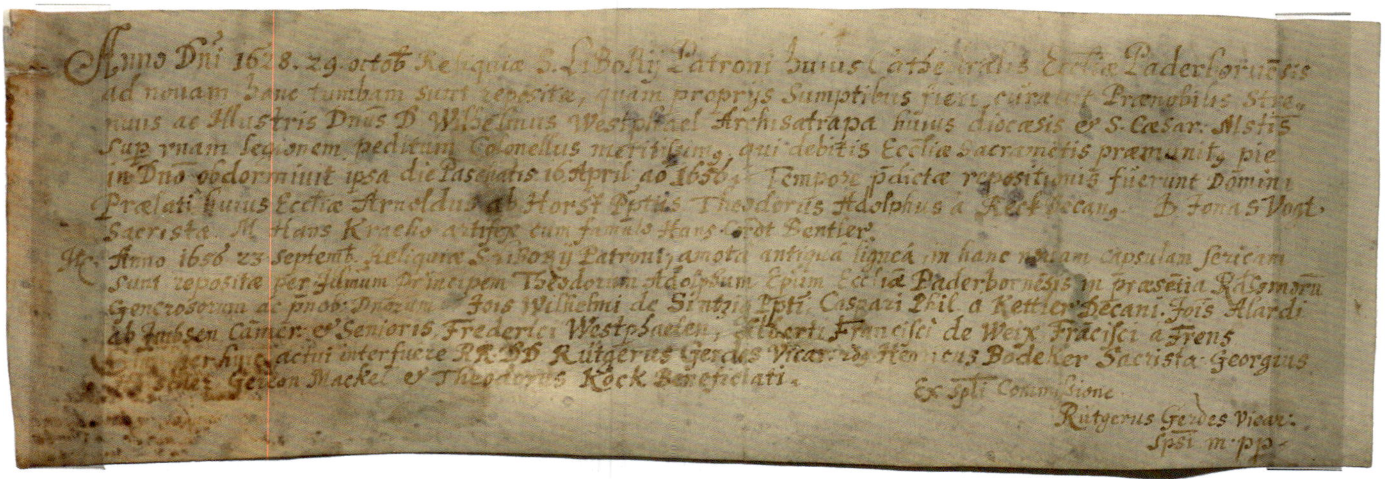

Anno Dni 1628. 29. octob Reliquiae S. Liborij Patroni huius Cathedralis Ecclae Paderbornensis
ad novam hanc tumbam sunt repositae, quam proprijs Sumptibus fieri curavit Praenobilis Stre-
nuus ac Illustris Dnus D Wilhelmus Westphael Archisatrapa huius dioecesis & S. Caesar. Mtis
sup. vnam legionem peditum Colonellus meritissimus, qui debitis Ecclae Sacramentis praemunitus pie
in Dno obdormivit ipsa die Paschatis 16 April. ao 1656. Tempore praedictae repositionis fuerunt Domini
Praelati huius Ecclae Arnoldus ab Horst Pptus Theodorus Adolphus a Reck Decanus D Jonas Vogt
Sacrista. M. Hans Krecho artifex cum famulo Hans Gerdt Bentler.
It. Anno 1656 23 septemb. Reliquiae S. Liborij Patroni, amota antiqua lignea in hanc novam capsulam sericam
sunt repositae per Illmum Principem Theodorum Adolphum Epum Ecclae Paderbornensis in praesentia Rdorum
Generosorum ac praenob. Dnorum Jois Wilhelmi de Sintzig Ppti. Caspari Phil. a Kettler Decani. Jois Alardi
ab Imbsen Camer. & Senioris, Frederici Westphaelen, Alberti Francisci de Weix Fracisci a Frens
[illegible] actui interfuere RR. DD Rütgerus Gerdes Vicarius Henricus Bodeker Sacrista Georgius
[illegible] Gerson Mackel & Theodorus Kock Beneficiati.
Ex ipsi Commissione
Rütgerus Gerdes Vicar.
ipsi m. ppa.

Die Urkunde vom 23. September 1656, in der die erstmalige Einsetzung der Libori-Reliquien in den neuen Schrein 1628 bezeugt wird. EBAP, MK PB, Urk. 49a (EBAP)

zu dekorieren. Auswärtige Trommelschläger, die bei der Prozession zum Einsatz kamen, erhielten bereits morgens Brandwein als Zugabe zu ihrem Lohn. Die beiden Stadtdiener sowie der Stadtbote bekamen sogar neue Mäntel aus teurem Stoff. Nach der Einholungsprozession waren die beiden Bürgermeister beim Domdechanten zum Festmahl eingeladen, wofür sie dem Küchenpersonal ein großzügiges Trinkgeld spendierten.[81] Alles in allem beliefen sich die Ausgaben der Stadtkasse vom 29. Oktober bis zum 3. November 1627 für die Rückführung der Reliquien in die Stadt auf rund 65 Reichstaler. Angesichts dessen, dass die Stadt durch die extrem schwierige wirtschaftliche Situation aufgrund des Kriegsverlaufs und die Pestwelle des Vorjahres völlig ausgeblutet gewesen sein dürfte, war dies eine exorbitante Ausgabe, deren Höhe die Bedeutung der Heimkehr der Reliquien für die Stadt unterstreicht, obwohl noch längst nicht die gesamte Einwohnerschaft zum katholischen Glauben zurückgefunden hatte. Der Straßenverlauf vom Westerntor bis zum Domplatz muss einem Tannenwald geglichen haben. Musik, Fackeln und Feuerwerk werden die beabsichtigte Wirkung auf die ausgelaugte Bevölkerung erzielt haben. Aufgrund der Ausgaben der Stadtrechnung von 1627 kann als gesichert gelten, dass die feierliche Einholung der Reliquien tatsächlich wie überliefert am 31. Oktober 1627 erfolgte. Doch damit ist nicht zugleich erwiesen, dass der Einzug, wie stets dargestellt, im neuen Schrein erfolgte!

81 SKAP, S-A 5051, Bl. 31v.

Der verspätete Schrein

Der neugefertigte Schrein soll, so schildert es die bisherige Geschichtsschreibung, im Herbst 1627 von Dringenberger Schützen nach Schwaney geleitet und hier einem 60 Mann starken Kommando der Paderborner Schützen unter dem Befehl des Kommandanten der Fußlegion Westphalen, Bernard Höckelmann († 1656), übergeben worden sein, das ihn nach Paderborn brachte.[82] Dieser Angabe widerspricht jedoch die Paderborner Stadtrechnung des Jahres 1628. Denn erst am 31. Oktober 1628 erhielt Bernd Höckelmann 15 Schilling 4 Deut ersetzt, die er in Schwaney verzehrt hatte, als er mit 60 Schützen dort den Schrein des heiligen Liborius in Empfang nahm, um ihn nach Paderborn zu geleiten.[83] Hierzu passt nun die bereits genannte Urkunde des Dombenefiziaten Rötger Gerdes von 1656, der die Einsetzung der Reliquien in den Schrein auf den 29. Oktober 1628 datiert.[84] Als Zeugen benennt Rötger Gerdes *M. Hans Kracko artifex* (= Künstler Meister Hans Krako) und dessen Gesellen Hans Cord Bentler, die in Paderborn anwesend waren, als die Reliquien erstmals in den von ihnen geschaffenen Schrein eingesetzt wurden.[85] Auch wenn Hans Krako in der Inschrift der rückwärtigen Schmalseite des Schreins festgehalten hat, das Stifterehepaar habe den Schrein 1627 fertigen lassen, muss aufgrund der Paderborner Stadtrechnung von 1628 und der Urkunde von Rötger Gerdes von 1656 festgehalten werden, dass die Reliquien erst 1628 in den neuen Schrein eingesetzt werden konnten. 1627 muss man sich bei der feierlichen Einholung in die Stadt mit der bescheidenen Holzlade, in die die Reliquien in Neuviller gelegt worden waren und die für die vier Äbte tragbar war, beholfen haben. Den neuen Liborischrein hätten sie wohl kaum zu viert stemmen können, bedarf es doch acht starker Schultern, um ihn sicher zu tragen.

Am 23. Dezember 1627 erstattete Johann Carl Erlenwein, der seit 1623 als Nachfolger seines Vaters das kurfürstliche Schultheißen-Amt in Uerdingen und Linn bei Krefeld be-

Votivzeichnung des heiligen Liborius von Johann Carl Erlenwein, 1627. Er fügte sie seinem Bericht über die Rückführung der Reliquien von Neuviller-sur-Moselle ins Kloster Marienforst bei Bonn bei. EBAP, MK PB, Bd. XVII, Bl. 301 (EBAP)

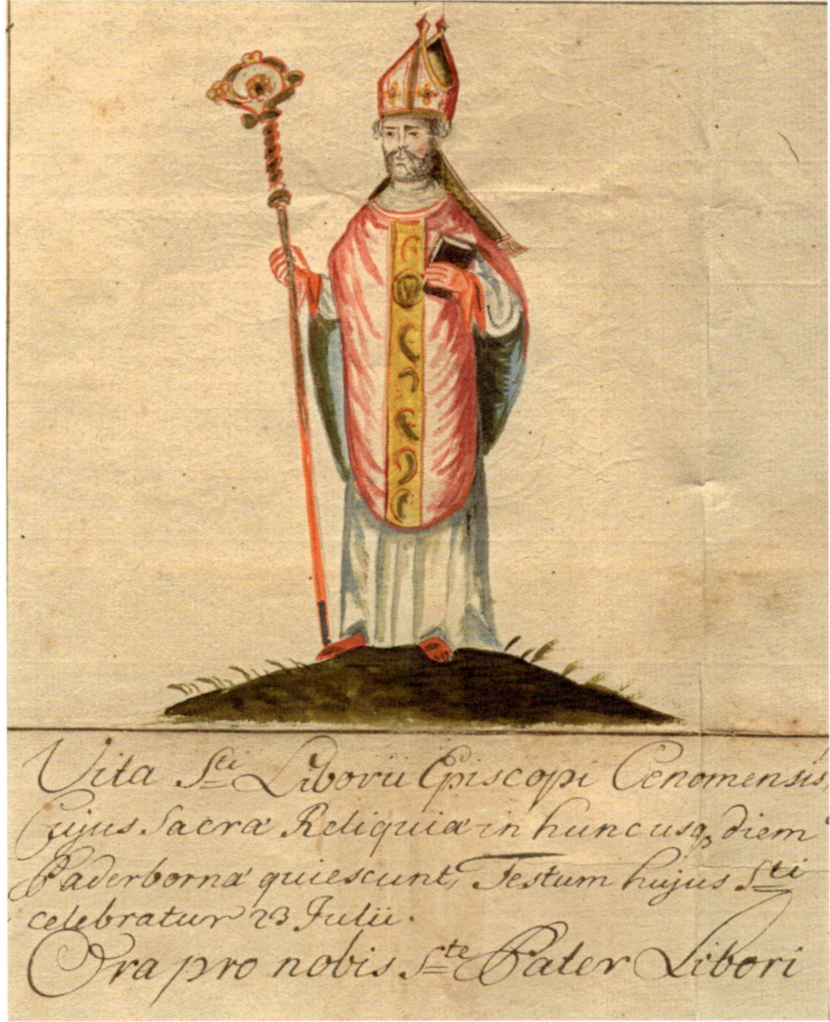

82 Michels 1957, S. 52-53 und S. 61-62; Pöppel 1980, S. 166.
83 SKAP, S-A 5053, Bl. 57; A 5054, Bl. 35.
84 EBAP, MK PB, Urk., Nr. 49a.
85 EBAP, MK PB, GR, Bd. XVII, Bl. 418-421.

kleidete,[86] auf Aufforderung des Kurfürsten einen Bericht an diesen und das Paderborner Domkapitel über die Abholung der Reliquien in Neuviller-sur-Moselle.[87] Als Votivgabe fügte er eine farbige Zeichnung des heiligen Liborius bei, die von zehn Feldern umgeben ist, in denen die Geschichte seines Lebens und seiner Reliquien beschrieben wird[88]. Sein Schulfreund, der nunmehrige Domdechant Dietrich Adolph von der Recke, verhalf ihm auf seine Bitte 1628 für seine Verdienste um die Rückführung des heiligen Liborius zu einer Dankesgabe des Paderborner Domkapitels in Form eines vergoldeten silbernen Pokals mit dem eingravierten Bild des heiligen Liborius.[89]

Aus dem pompös begangenen Tag der Rückkehr entwickelte sich das Fest der Rückführung der Reliquien des heiligen Liborius, das heute jährlich am 25. Oktober im Dom als Fest und im Erzbistum als nicht gebotener Gedenktag begangen wird. Jeweils am letzten Sonntag im Oktober wird im Hohen Dom die äußere Feier mit der Aussetzung der Reliquien im goldenen Schrein im Hochchor begangen. Die Gedächtnisfeier ist erstmals für den letzten Oktobersonntag 1629 bezeugt.[90] 1692 wird das Fest zum ersten Mal im *Paderborner Proprium* (Verzeichnis der nur in der Diözese Paderborn begangenen Feste) genannt. 1738 erhielt das Fest ein vom Heiligen Stuhl approbiertes eigenes Messformular.[91] Anknüpfend an die kirchliche Feier entwickelte sich ab 1929 die Herbstlibori-Kirmes.[92]

86 Stadtarchiv Köln, Bestand 1161(Sgl. Lückger), U 2/22 (1. September 1623); Stadtarchiv Krefeld, 9/1 Urkunden/Uerdinger Urkunden, Nr. 9-Urkunde 61 (Abschrift). Regest: Rotthoff 1968, S. 282, Nr. 918.

87 EBAP, MK PB, GR, Bd. XVII, Bl. 292-299.

88 EBAP, MK PB, GR, Bd. XVII, Bl. 301.

89 Mertens 1873, S. 101-102; Decker 2018, S. 11-12.

90 Dethlefs 2000a, S. 261, Anm. 32.

91 Stiegemann 2018, S. 356.

92 Rade 2023j, S. 282-287.

Der Tod Christians von Braunschweig

Wie zuvor nachgewiesen, datierte P. Heinrich Turck in seinen handschriftlich überlieferten Annalen die Rückkehr der Reliquien in die Stadt zurecht auf den 31. Oktober 1627.[93] In einer Seitenbemerkung wird das Jahr 1627 jedoch von einer fremden Hand in Frage gestellt, da ein Triumphbogen, der für die Feier der Rückkehr der Reliquien errichtet wurde, eine Inschrift mit einem Chronogramm enthielt, das das Jahr 1626 ergab. Inhaltlich nahm die Inschrift jedoch Bezug darauf, dass das Jahr der Rückkehr den Räuber der Reliquien nicht mehr lebend sah.[94] Christian von Braunschweig, den Kurfürst Ferdinand von Bayern 1622 gegenüber Herzog Henri II. von Lothringen (1563-1624) als *Landtzerstörer Halberstatt* bezeichnet hatte,[95] erlitt am 29. August 1622 in der Schlacht bei Fleurus/Belgien einen Durchschuss seines linken Unterarmes, der sich entzündete und schließlich amputiert werden musste. In der Folge trug er eine Prothese. Nachdem er im Frühjahr 1626 an hohem Fieber erkrankt war, ließ Christian von Braunschweig sich nach Wolfenbüttel bringen, wo er zwei Wochen später im Alter von gerade einmal 26 Jahren am 16. Juni 1626 verschied. Es ist ungeklärt, ob sein früher Tod ursächlich mit den gesundheitlichen Folgen des Verlustes seines Armes in Verbindung steht. Es erstaunt jedoch kaum, dass sein Hinscheiden auf katholischer Seite zeitgenössisch als Strafe für den gotteslästerlichen Raub der Reliquien erachtet wurde.

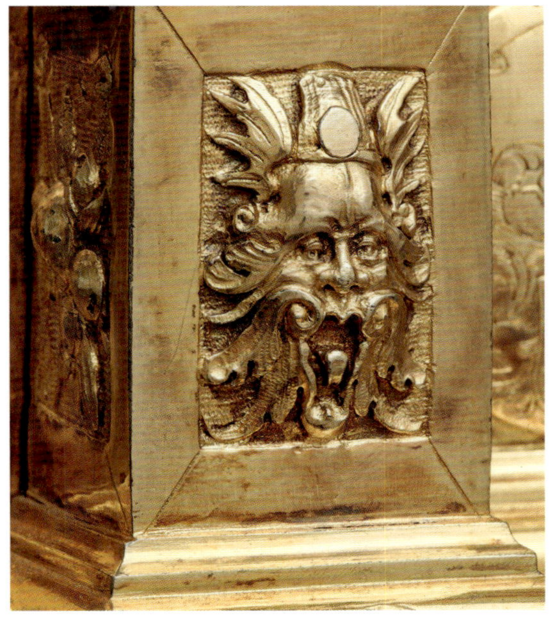

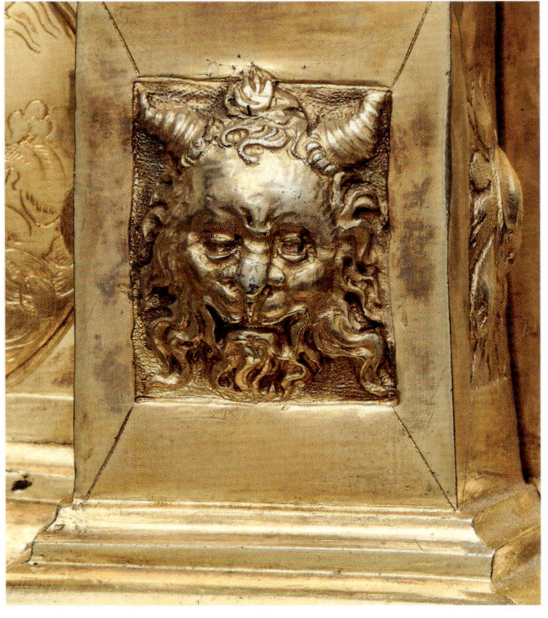

Als Spiegelbilder des Bösen zieren groteske Fratzen die Säulenbasen des Schreins.

93 EAB PB, SFA PB, Pa 107, Bd. 5, S. 286.
94 EAB PB, SFA PB, Pa 107, Bd. 5, S. 285.
95 LAV NRW W, B 501/DK PB, Akten, Nr. 145.2, Bl. 6-7v (7. Oktober 1622).

Die Stiftung und Schaffung des neuen Schreins

Bevor die Reliquien des heiligen Liborius nach fünf langen Jahren im März 1627 endlich wieder ins Hochstift Paderborn zurückgekehrt waren, war die Lösung der Frage, worin das hohe Gut zukünftig aufbewahrt werden sollte, längst in Angriff genommen worden.

Hierfür sorgten der bereits mehrfach genannte Wilhelm von Westphalen, der sich von Anfang an Verdienste um die glückliche Wiedererlangung der Reliquien erworben hatte, und seine erste Frau Elisabeth von Loe. Leider geben die Quellen keine Auskunft über die Motive der Eheleute, die Schaffung eines neuen Schreins in Auftrag zu geben.[96]

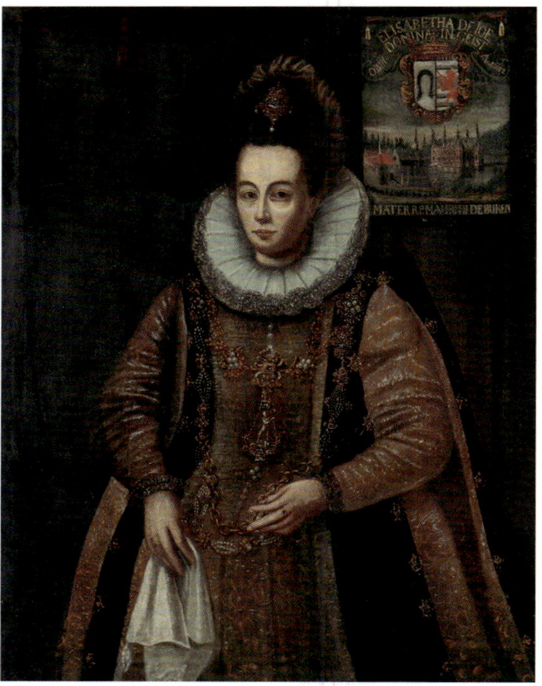

Portrait der Schreinstifterin Elisabeth von Westphalen, geb. von Loe. Mauritius-Gymnasium, Büren (SKAP, Foto AH)

Wilhelm von Westphalen kam wahrscheinlich im November 1590 als Sohn des Dringenberger Landdrosten Raban von Westphalen († 1598)[97] und seiner Frau Margaretha von Spiegel († 1600)[98] zur Welt. Von 1601 bis zu seiner Resignation 1612 war er Mitglied des Paderborner Domkapitels.[99] Im Alter von 27 Jahren heiratete er im Herbst 1617[100] Elisabeth von Loe, die Witwe des protestantischen Edelherrn Joachim von Büren († 1610), die ungefähr doppelt so alt war wie er. Die Heirat wurde möglich, weil Elisabeth von Loe, die einer gemischtkonfessionellen Ehe entstammte, Ende 1613 gemeinsam mit ihrem Sohn, dem späteren Jesuiten Moritz von Büren (1604-1661)[101], und ihren unverheirateten Töchtern vom Calvinismus zum katholischen Glauben konvertiert war.[102] Zu Beginn des Dreißigjährigen Krieges wurde Wilhelm von Westphalen Gesandter des Kölner Kürfürsten und Paderborner Bischofs in Brüssel. In dieser Aufgabe wurde er maßgeblich für die Rückkehr der Reliquien des heiligen Liborius. Fürstbischof Ferdinand von Bayern bestellte ihn 1622 zum Landdrosten des Hochstifts Paderborn. Amtssitz des Drosten war die Burg Dringenberg, in der Wilhelm von Westphalen wahrscheinlich geboren

96 Rick 1977, S. 14, behauptet, die Stiftung sei *als Dank für Hilfe in schwerer Krankheit* von Wilhelm von Westphalen erfolgt.

97 Die von Heinrich Gröninger geschaffene Figurengrabplatte für Raban von Westphalen befindet sich in der Pfarrkirche zu Dringenberg (Stiegemann 1989, S. 166).

98 Die ebenfalls von Heinrich Gröninger geschaffene Figurengrabplatte für Margaretha von Westphalen, geb. von Spiegel, in der Pfarrkirche von Dringenberg ist stark beschädigt (Stiegemann 1989, S. 172).

99 Aufschwörung und Possession am 8. Dezember 1601: LAV NRW W, B 501/DK PB, Akten, Nr. 36.39, Bl. 44v. – Resignation 1612: LAV NRW W, B 501/DK PB, Akten, Nr. 125.3, Bl. 4.

100 Eheberedung vom 26. Oktober 1617: LAV NRW W, B 801u/Herrschaft Büren, Urk., Nr. 639. – LAV NRW W, B 151/Studienfonds Münster, Haus Geist, Akten, Nr. 5909.

101 Löer 1939.

102 Löer 1939, S. 39-41.

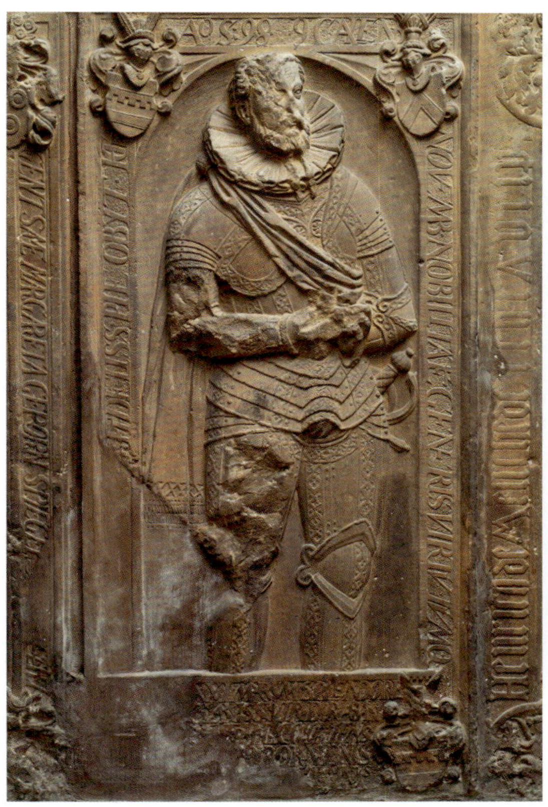

Grabplatte des Vaters von Wilhelm von Westphalen, Raban von Westphalen, in der Pfarrkirche in Dringenberg

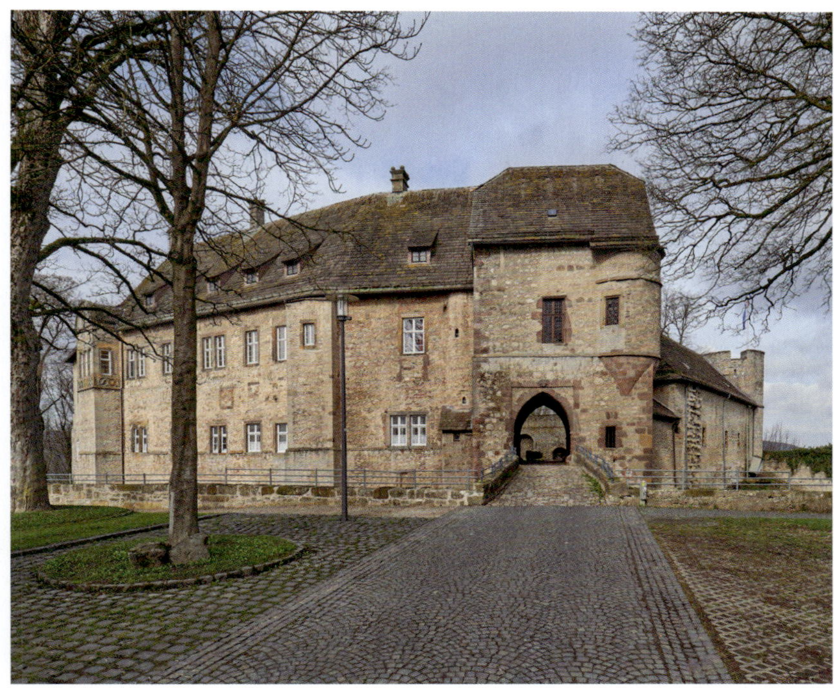

Die Burg Dringenberg war das Elternhaus des Schreinstifters Wilhelm von Westphalen. (AH)

wurde und seine frühe Kindheit verbrachte.[103] In Dringenberg blühte in dieser Zeit trotz des Krieges die Goldschmiedekunst. Berühmt wurde der Dringenberger Goldschmied Hans Krako, der von Wilhelm von Westphalen und seiner Frau Elisabeth von Loe mit der Anfertigung eines neuen Schreins für die Gebeine des heiligen Liborius beauftragt wurde. Die Eheleute müssen bereits nach dem Erhalt der Nachrichten, dass die Reliquien sich beim Wild- und Rheingrafen Philipp Otto zu Salm und seiner Frau Christine von Croy in sicheren Händen befanden, sehr zuversichtlich gewesen sein, dass eine baldige Rückkehr der Reliquien bevorstehe. Spätestens 1625 dürften sie Hans Krako den Auftrag zur Fertigung des Schreines erteilt haben. Denn er soll drei Jahre an seinem Meisterwerk gearbeitet haben.[104] Dass die Herstellung spätestens 1625 begonnen hatte, bestätigt die Distributorenrechnung des Domkapitels desselben Jahres, denn es verehrte *dem Goldtschmidde, so S. Liborii tumben machet, zu neuen fenstern* 24 Taler.[105] Ob der Meister für die Arbeit am hier als Tumba bezeichneten Schrein einen besseren Lichteinfall und deswegen neue Fenster in seiner Werkstatt brauchte? Somit trug das Domkapitel zumindest indirekt finanziell zur Entstehung des neuen Schreins bei.

Hans Krako war nicht, wie vermutet wurde[106], identisch mit einem „Hans Kraickouwe“, der 1587 in Brakel das Bürgerrecht erwarb.[107] Er stammte vielmehr aus Dringenberg. Sei-

103 Pöppel 1980, S. 158-160.
104 Mertens 1873, S. 104.
105 LAV NRW W, B 501/DK PB, Akten, Nr. 2227,1, Bl. 71. Vielmals danke ich Wilhelm Krüggeler, Paderborn, für den Hinweis.
106 Nordhoff 1881, S. 128; Rosenberg 1906, S. 359.
107 Leesch 1958, S. 10.

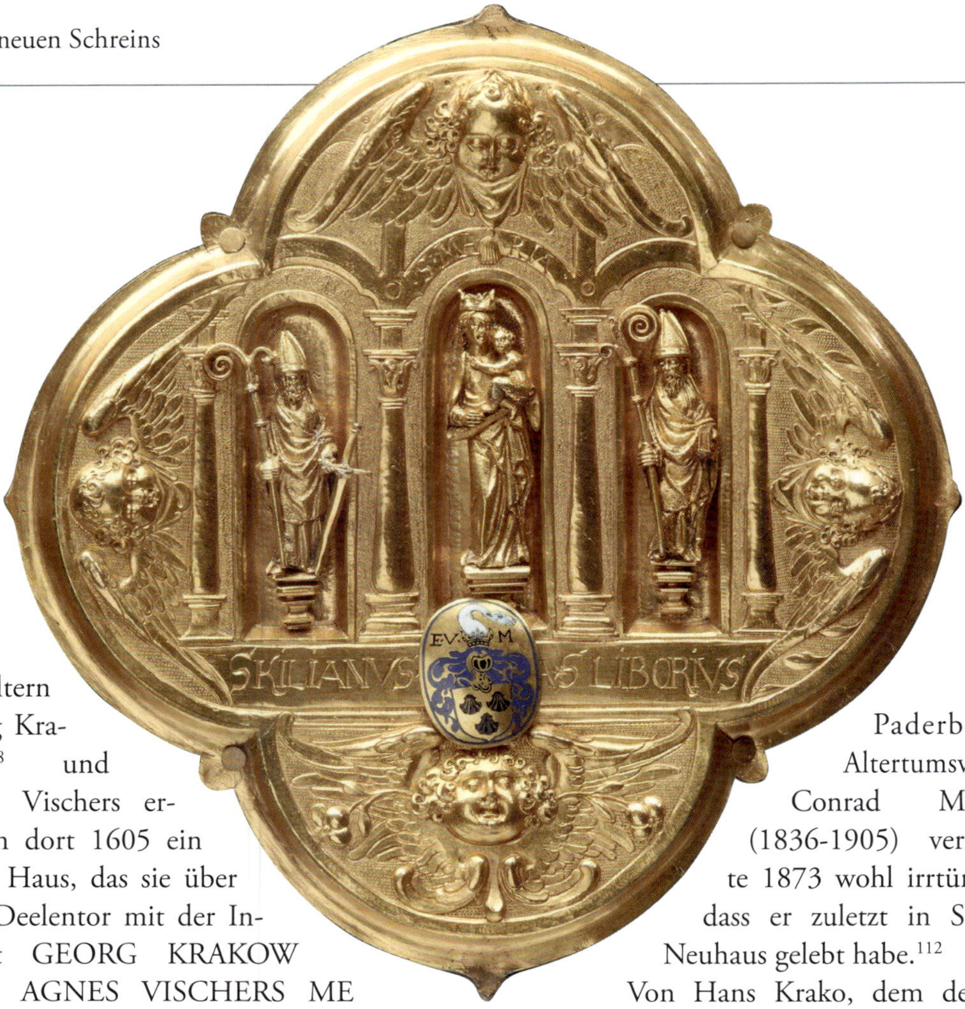

Chormantelschließe von Hans Krako, ca. 1625. Erzbischöfliches Diözesanmuseum Paderborn

ne Eltern Georg Krakow[108] und Agnes Vischers erbauten dort 1605 ein neues Haus, das sie über dem Deelentor mit der Inschrift GEORG KRAKOW UND AGNES VISCHERS ME FECERUNT 1605 (= sie machten mich) schmückten. Während Hans Krakos Bruder Jürgen das elterliche Haus und den landwirtschaftlichen Betrieb erbte, verschrieb sich Hans dem Kunsthandwerk.[109] Am 29. Oktober 1628 war der Kunsthandwerksmeister *M. Hans Kracko artifex* mit seinem Gesellen, *famulo Hans Cord Bentler*, in Paderborn zugegen, als die Reliquien in den von ihnen neugefertigten Schrein eingesetzt werden konnten.[110] 1641 wurde Hans Krako als Gutachter in der Frage der Echtheit von Mariengroschen herangezogen. 1644 wird er zuletzt als lebend erwähnt, 1648 wird seine Witwe genannt.[111] Der Liborius-Forscher und Direktor des Paderborner Altertumsvereins Conrad Mertens (1836-1905) vermutete 1873 wohl irrtümlich, dass er zuletzt in Schloss Neuhaus gelebt habe.[112]

Von Hans Krako, dem der Paderborner Kunstgeschichtler Alois Fuchs (1877-1971)[113] 1936 bescheinigt, dem Hochstand seiner Zeit entsprechend geschult gewesen zu sein[114], auch wenn er ihn nicht zu den *Großmeistern der Goldschmiedekunst*[115] zählt, sind nur eine weitere Goldarbeit bekannt, die er signiert hat, und drei, die ihm zugeschrieben werden. Zum einen wird ihm die große Schließe eines Chormantels, die die plastischen Figuren der Dompatrone Maria, Kilian und Liborius trägt, zugeschrieben.[116] Durch das Wappen in der Sockelzone lässt sich der Paderborner Domkapitular Emmerich von Metternich († 1653) als Stifter ermitteln. Die Schließe wird heute im Erzbischöflichen

108 *Georgen Krackho* wird 1594 im Dringenberger Mastgeldregister genannt (Pfarrarchiv St. Mariä Geburt, Dringenberg, Ratsprotokolle Dringenberg, 1666-1695, S. 95).
109 Pöppel 1980, S. 235-236. Das Haus ist durch einen Neubau ersetzt worden.
110 EBAP, MK PB, Urk., Nr. 49a.
111 Pöppel 1980, S. 236.
112 Mertens 1873, S. 104.
113 Schmitz 1973.
114 Fuchs 1936, S. 315.
115 Fuchs 1933, S. 107.
116 Fuchs 1936, S. 315.

Diözesanmuseum aufbewahrt[117]. 1631 entstand die Monstranz von Altenheerse, deren Stilistik ebenfalls auf Hans Krako als Urheber schließen lässt.[118] 1637 schuf er im Auftrag des Stifterehepaares Conrad Watermeier und Catharina Schonloe, die als Bürger und Bürgerin in Dringenberg lebten, für die Dringenberger Pfarrkirche eine Ampel für das Ewige Licht, auf der der Künstler sich mit HANS KRAKO FECIT 1.6.3.7. verewigte.[119] Auch die für das Augustinerchorherrenstift Böddeken geschaffene und seit 1803 im Paderborner Michaelskloster aufbewahrte Monstranz könnte Hans Krako zugerechnet werden.[120] Die Monstranz trägt zwar keine Datierung, aber vier Wappen mit jeweils zugehörigen Initialen, die sich dem Landdrosten Wilhelm von Westphalen und seinen drei Ehefrauen Elisabeth von Loe, Anna Maria von der Recke († 1637) und Catharina Hedwig von Schilder zuordnen lassen. Da die Heirat zwischen Wilhelm

Monstranz der Pfarrei St. Georg, Altenheerse, von 1631

Gesamtansicht des 1637 von Hans Krako geschaffenen Ewigen Lichts in der Pfarrkirche von Dringenberg

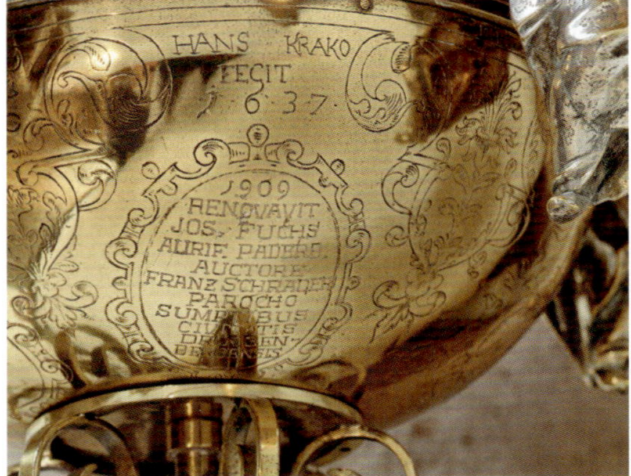

Eine der Inschriften des Ewigen Lichtes in der Dringenberger Pfarrkirche mit der Nennung des Künstlers Hans Krako sowie der Renovierung des Lampe 1909 durch den Paderborner Goldschmied Joseph Fuchs

117 Domschatz, Inv.-Nr. 81b. Stiegemann 1986a, S. 76-77.
118 Ludorff 1914, S. 25 und 27-28.
119 Nordhoff 1881, S. 128; Fuchs 1963; Pöppel 1980, S. 232-235; ders. 1989, S. 19-21.
120 Tack 1958, S. 167-171.

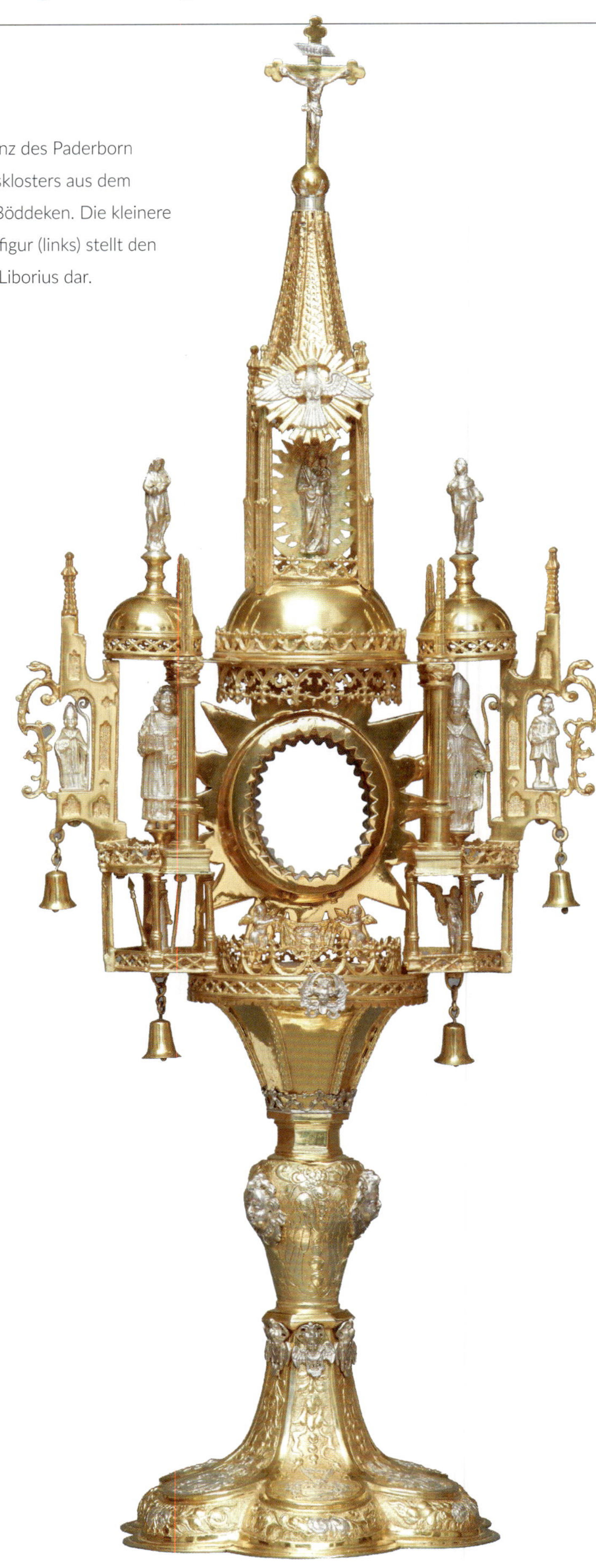

Monstranz des Paderborn Michaelsklosters aus dem Kloster Böddeken. Die kleinere Bischofsfigur (links) stellt den heiligen Liborius dar.

von Westphalen und Catharina Hedwig von Schilder 1640 erfolgte, muss die Monstranz nach diesem Zeitpunkt entstanden sein.

Der langjährige Direktor des Paderborner Diözesanmuseums und Domkustos Christoph Stiegemann (* 1954) zeigte 1989 erstmals auf, dass mehrere Figuren und Reliefs des Liborischreins starke Ähnlichkeiten mit den Werken des Paderborner Bildhauers Heinrich Gröninger (um 1578-1631) aufweisen, insbesondere die Apostelstatuetten, die Golgatha-Szene an der Stirnseite, die Reliefs der Dompatrone Liborius und Kilian wie auch die vier Kirchenväter auf den Dachschrägen. Er geht davon aus, dass Heinrich Gröninger die Modelle für die Bronzegüsse lieferte, die von Hans Krako und seiner Werkstatt ausgeführt wurden. Gegenüber den von Heinrich Gröninger geformten Figuren wirken die Thronende Madonna auf der Stirnseite, jene der Marienkrönung auf der rückwärtigen Schmalseite, die Evangelisten und die Statuetten auf dem Dachfirst unbeholfen.[121] Die Zusammenarbeit zwischen Hans Krako und Heinrich Gröninger dürfte durch den Stifter vermittelt worden sein, der zuvor die Figurengrabplatten seiner Eltern bei Heinrich Gröninger in Auftrag gegeben hatte. Sie gehören zu den ersten Werken des Bildhauers.[122]

121 Stiegemann 1989, S. 144-147 und 242-243.
122 Stiegemann 1989, S. 166 und 172.

Statue des Apostels Simon von Heinrich Gröninger im Hohen Dom zu Paderborn

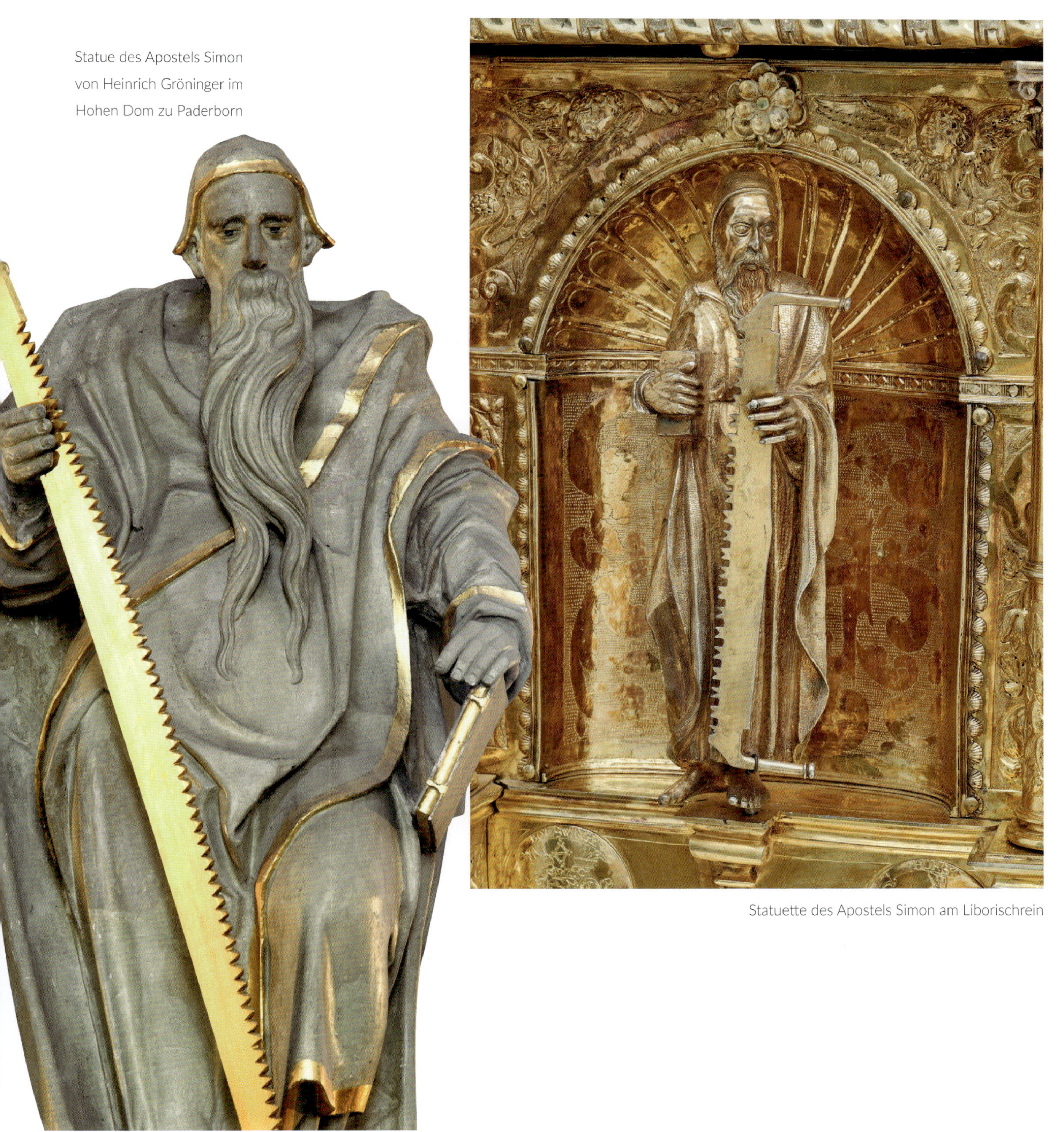

Statuette des Apostels Simon am Liborischrein

Die Präsentation des Schreins

In Vorbereitung der 900-jährigen Jubiläums-Feier der Ankunft der Reliquien des heiligen Liborius in Paderborn, die 1736 in barocker Prachtentfaltung begangen wurde, entstand innerhalb weniger Monate ein imposanter Festaltar, der *Mausoleum Liborianum* genannt und im Mittelschiff des Domes raumgreifend aufgebaut wurde. Den Entwurf[123] lieferte der Hofarchitekt Franz Christoph Nagel (1699-1764)[124]

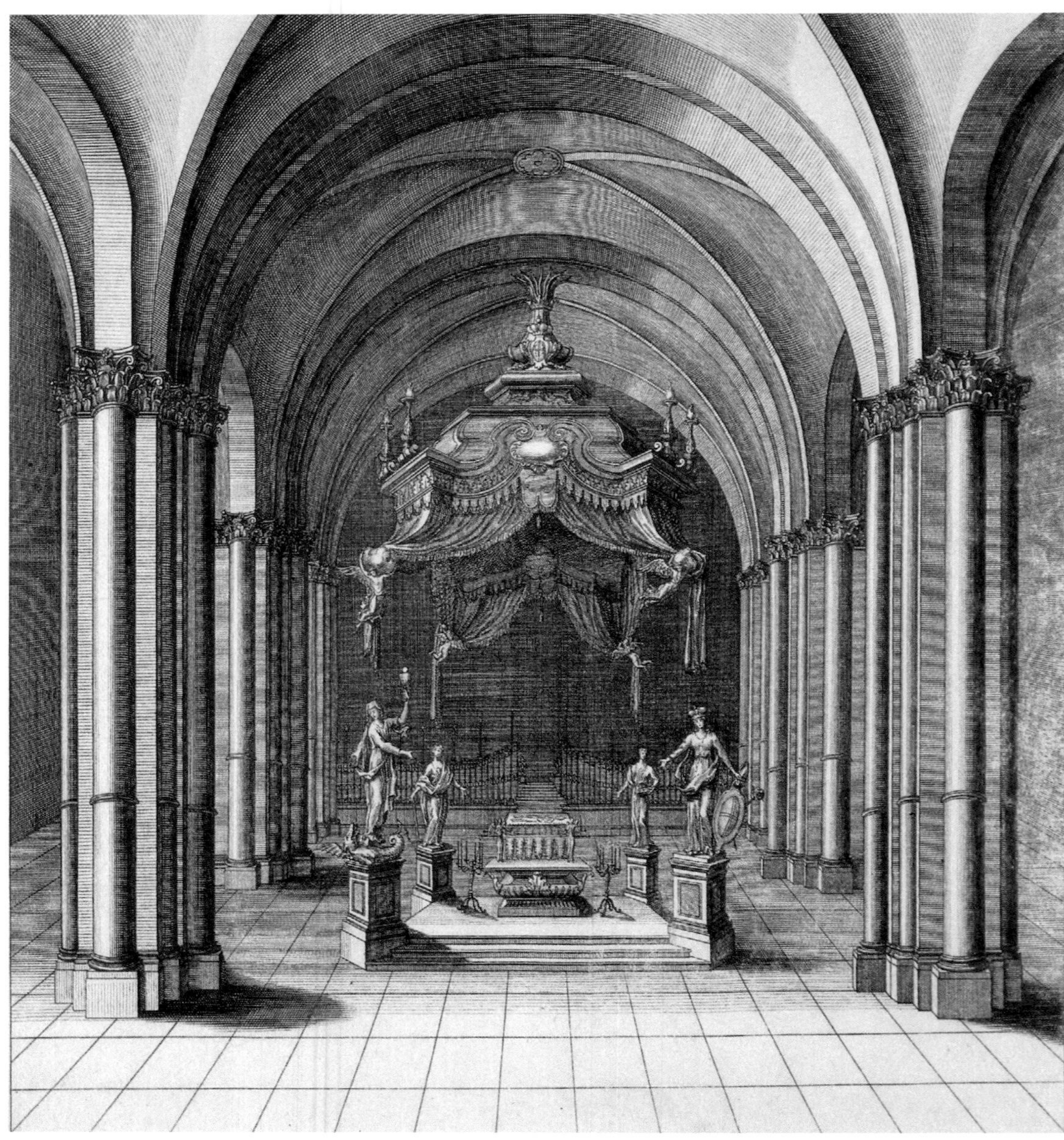

Entwurf des Mausoleums Liborianum des Paderborner Hofarchitekten Franz Christoph Nagel, 1736. Erzbischöfliches Diözesanmuseum Paderborn, Inv. Nr. GR 162

123 Erzbischöfliches Diözesanmuseum, Paderborn, Inv.-Nr. GR 162.

124 Pieper 2021b, S. 252-253.

Zum Festaltar gehörten vier ca. zwei Meter hohe stehende allegorische Figuren aus Lindenholz, die mit Bronze, Matt- und Glanzgold gefasst sind und auf hohen Postamenten standen.[125] Durch ihre Attribute sind sie als Personifikationen des Glaubens (Kelch), der Hoffnung (Anker, verloren), des Hochstifts Paderborn (Krone und Wappenschild) und der Verehrung des heiligen Liborius (Buch mit Steinen) ausgewiesen.[126] Sie stammen von dem Paderborner Stein- und Holzbildhauer Johann Theodor Axer (1700-1764)[127]. Hinzu kamen vier schwebende Engel, die einen Baldachin flankierten, der an Ketten vom Gewölbe herabhing. Zwei dieser Engel wurden ebenfalls von Johann Theodor Axer geschaffen, die beiden anderen von Johann Philipp Pütt (1700 bis nach 1768)[128], dessen Handschrift auch die vier kleinen Engel tragen, die den Schrein umstanden.[129] Zwei der kleinen Engel sind an den Händen beschädigt, die beiden anderen finden weiterhin Verwendung bei der Aufstellung des Schreins im Hochchor des Domes. Für den aufwändigen Aufbau des Gesamtensembles musste jeweils eigens ein Schreiner beauftragt und entlohnt worden.

Im Blick auf die Feier des 1500-jährigen Todestages des heiligen Liborius 1897 beschloss das Domkapitel, die vier allegorischen Figuren, die seit einer Reihe von Jahren beim Aufbau des Libori-Altars im Domschiff nicht mehr zur Verwendung gekommen waren, restaurieren zu lassen und sie wieder in althergebrachter Weise zu nutzen.[130]

Der Festaltar mit Baldachin, dessen Haltbarkeit 1909 überprüft[131] und der 1914 durch

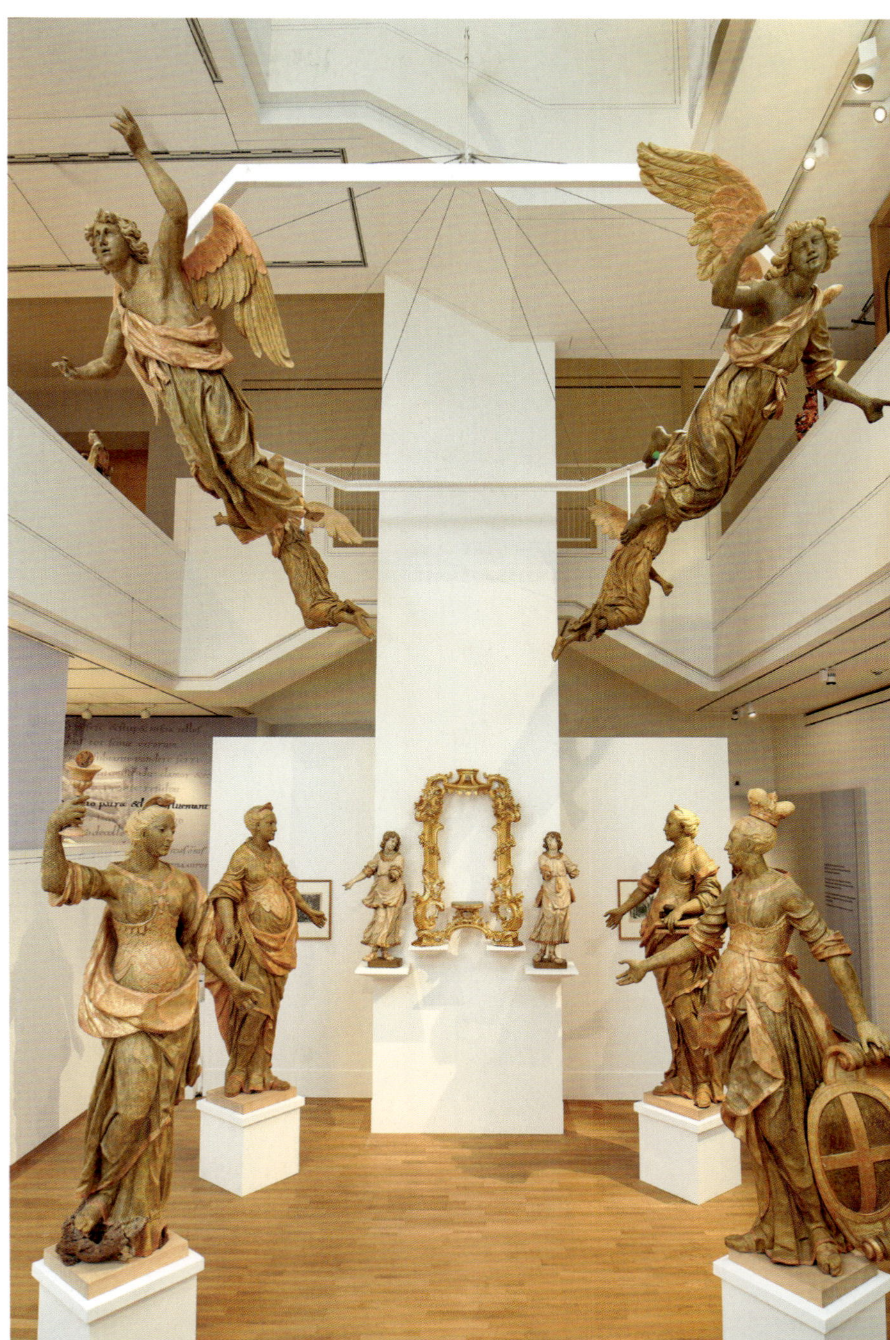

Gesamtansicht der Figuren des Mausoleum Liborianum. Erzbischöfliches Diözesanmuseum Paderborn, Inv. Nr. SK 308-312

125 Erzbischöfliches Diözesanmuseum, Paderborn, Inv.-Nr. SK 308-312.

126 Schmitz 1985.

127 Michels 1950, S. 217-222; Pieper 2021a, S. 229-230.

128 Michels 1950, S. 222-225. Der Sterbeeintrag des aus Soest stammenden Johann Philipp Pütt, der in der Paderborner Gaukirchgemeinde lebte, ist nicht zu ermitteln, weil vom März 1765 bis Ende 1771 keine Einträge im Sterberegister erfolgt sind.

129 Stiegemann 1986b, S. 144-147, gibt fälschlich an, dass nur zwei der vier Engel erhalten geblieben seien; ders. 2014, S. 106-113.

130 EBAP, MK, Protokollbuch 1894-1924, S. 43 (17. Juli 1897).

131 EBAP, MK, Protokollbuch 1894-1924, S. 119 (1. Februar 1909).

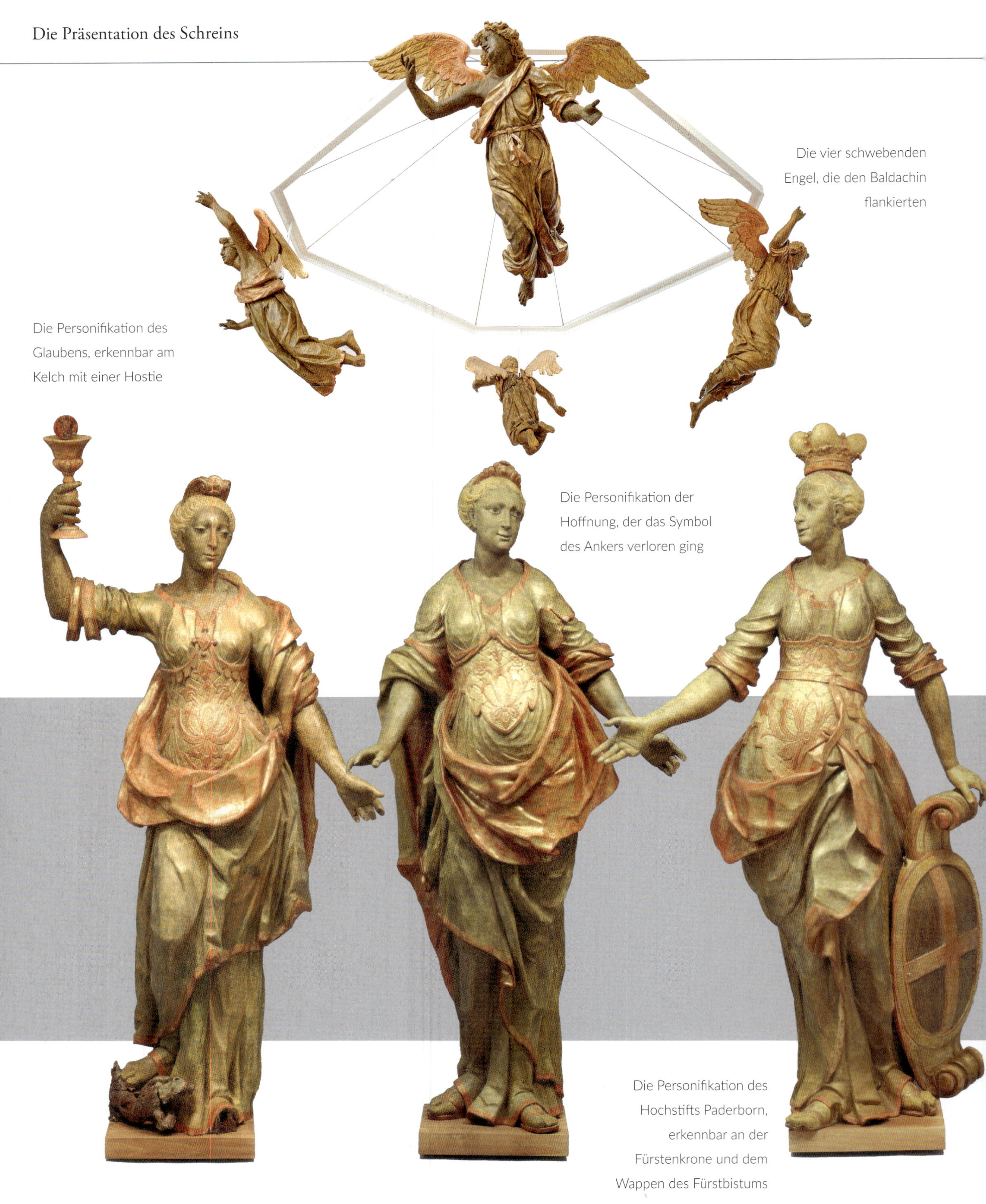

Die vier schwebenden Engel, die den Baldachin flankierten

Die Personifikation des Glaubens, erkennbar am Kelch mit einer Hostie

Die Personifikation der Hoffnung, der das Symbol des Ankers verloren ging

Die Personifikation des Hochstifts Paderborn, erkennbar an der Fürstenkrone und dem Wappen des Fürstbistums

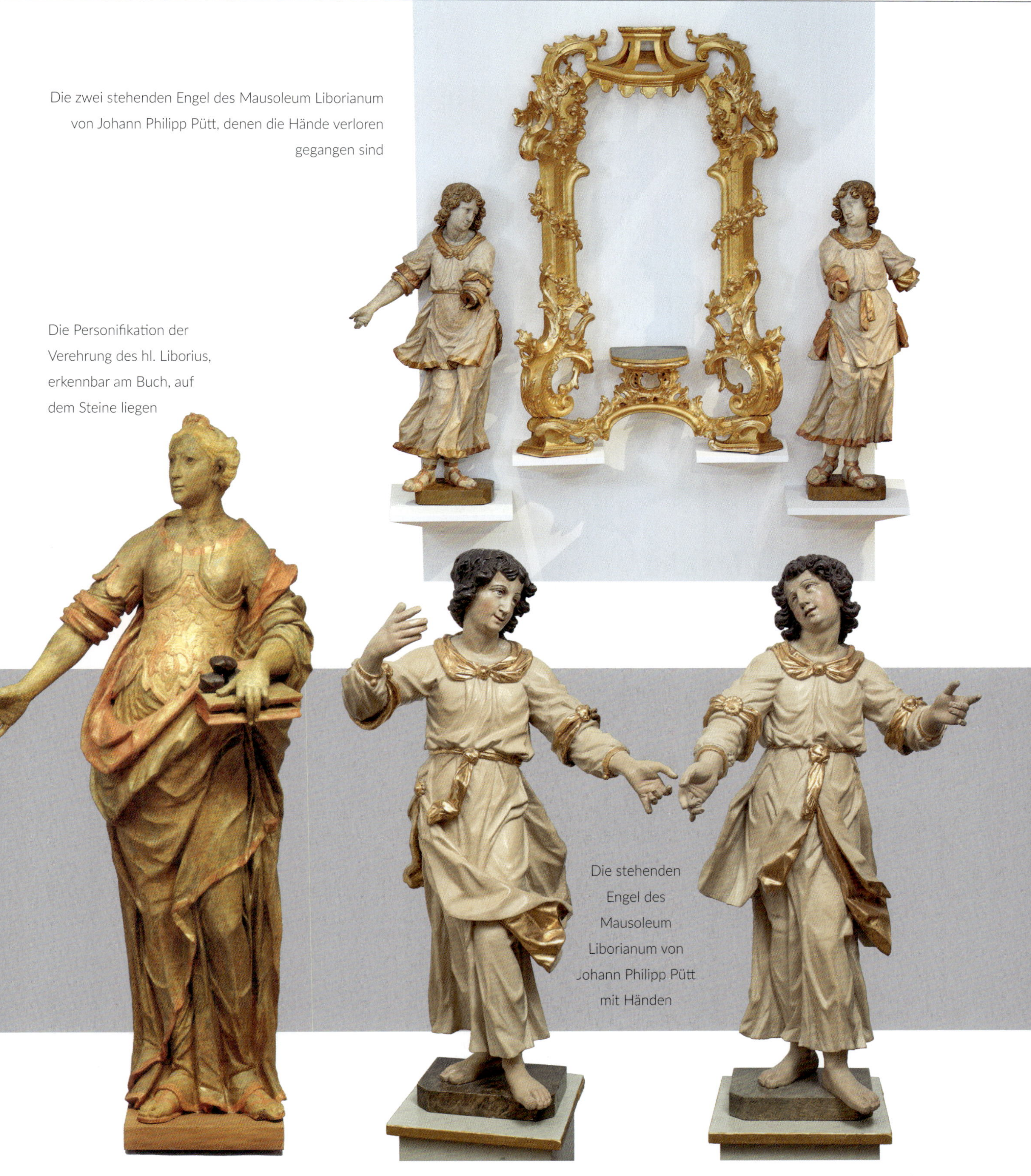

Die zwei stehenden Engel des Mausoleum Liborianum von Johann Philipp Pütt, denen die Hände verloren gegangen sind

Die Personifikation der Verehrung des hl. Liborius, erkennbar am Buch, auf dem Steine liegen

Die stehenden Engel des Mausoleum Liborianum von Johann Philipp Pütt mit Händen

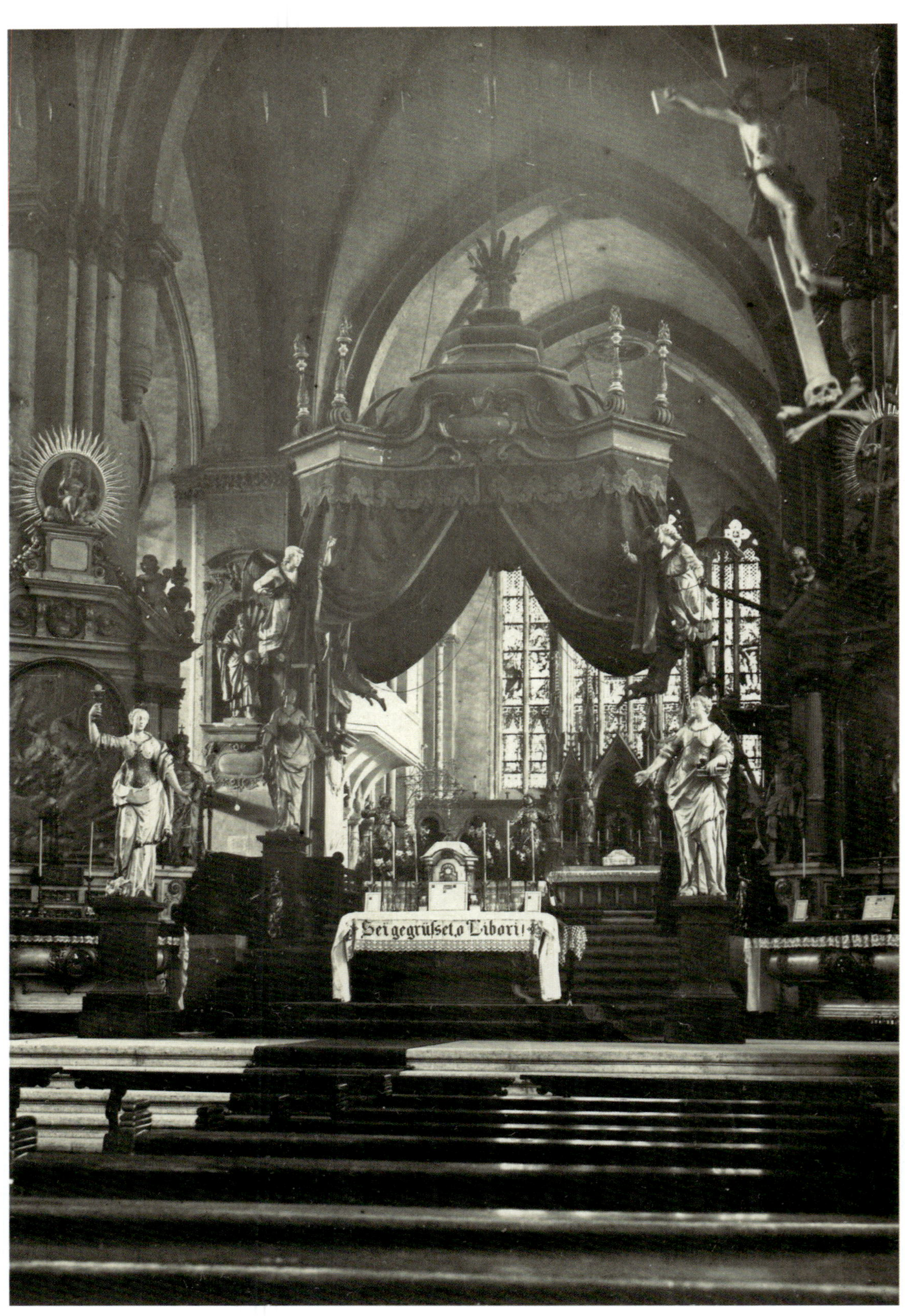

Foto des Baldachins von Paul Michels, 1925. SKAP, Sammlung Paul Michels. (SKAP)

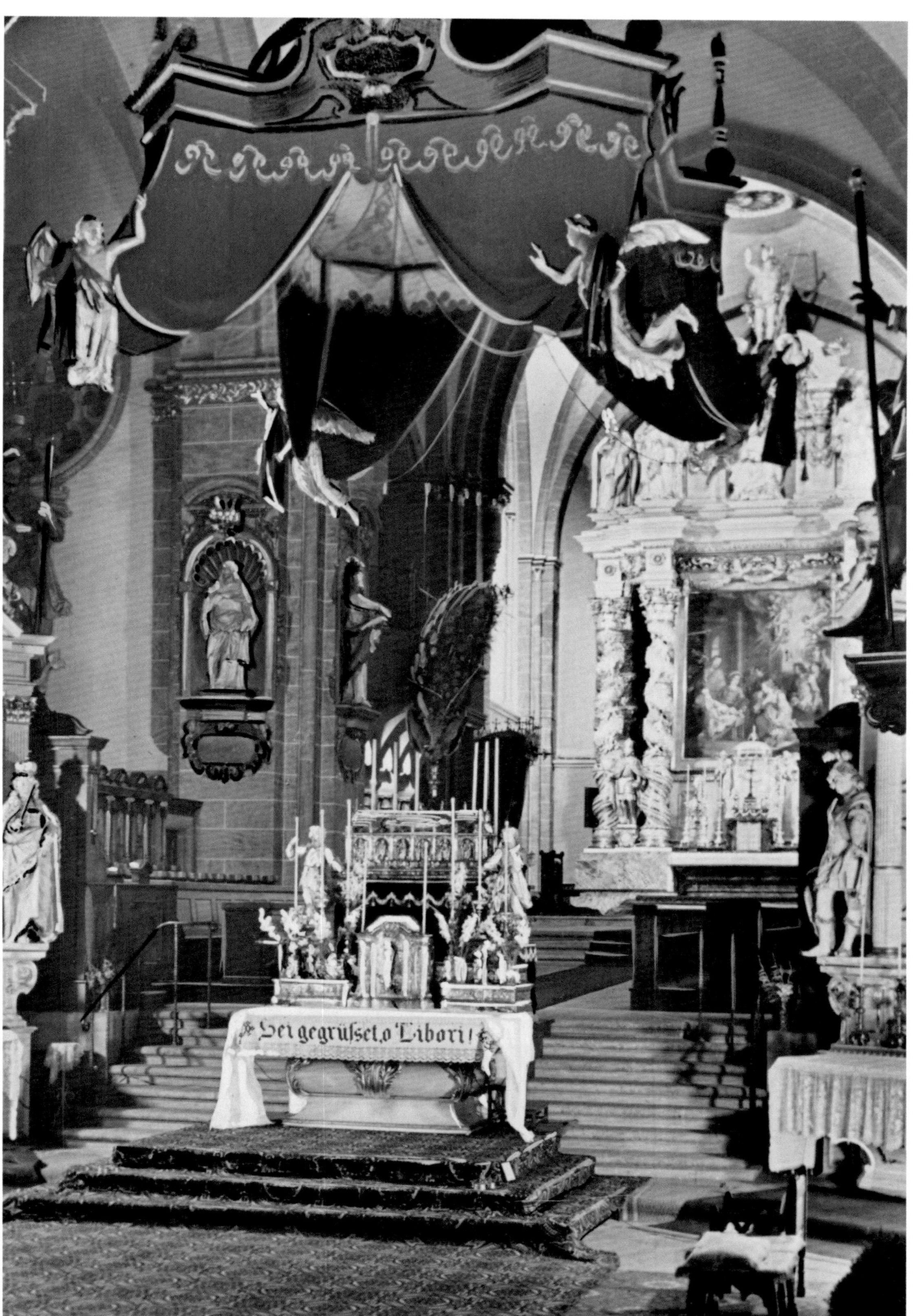

Foto des Libori-Festaltars von Rudolf Lindemann, Münster, 1935. (SKAP)

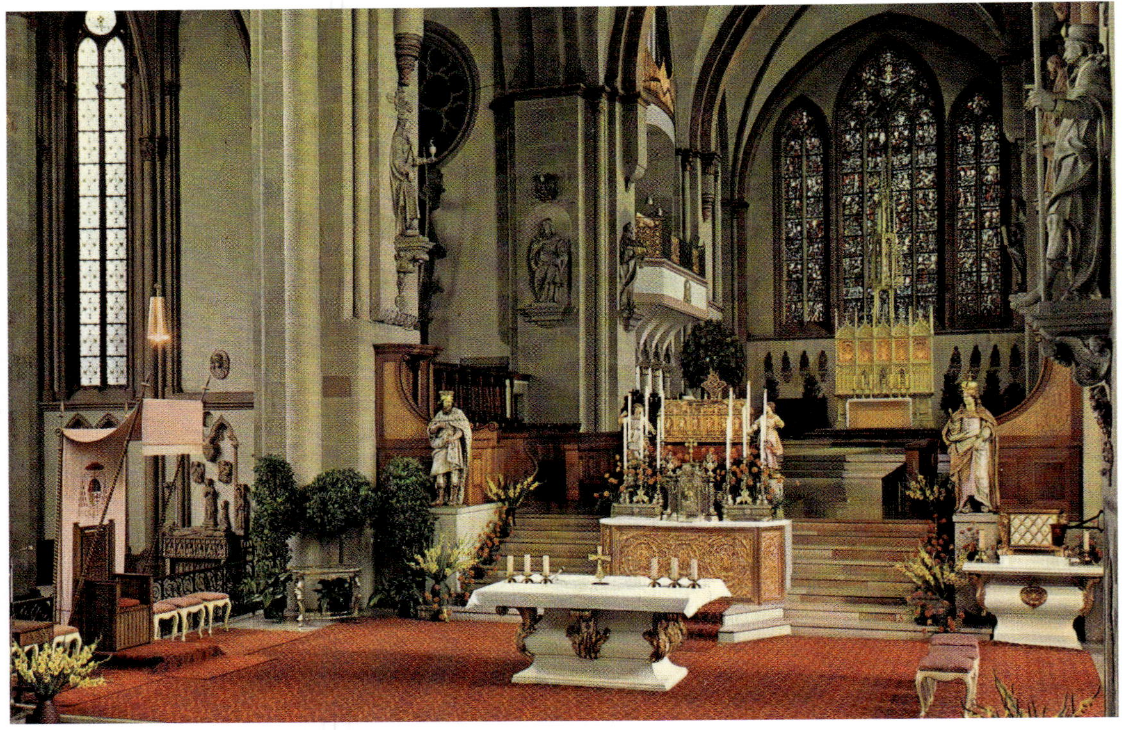

Postkarte des Libori-Festaltar, wie er von 1969 bis 1978 aufgebaut wurde. (Sgl. RS)

einen leichteren ersetzt wurde[132], wurde bis 1923 im Mittelschiff des Domes aufgerichtet. Aufgrund der Veränderung der Treppenanlage im Aufgang zum Hochchor baute man ab 1924 den Altar ohne Stufenanlage und allegorische Figuren, aber samt Baldachin, mit Hilfe eines provisorischen Podests in den oberen Teil der Chortreppe ein, um im Mittelschiff des Domes Platz zu gewinnen[133]. Zum Jubiläum 1936 wurden der Altar neu gefasst und der Baldachin erneuert.[134] 1941 beschloss das Domkapitel, den Baldachin in diesem Jahr nicht zur Liborifeier aufzuhängen.[135] Im Bombenhagel des Zweiten Weltkriegs verbrannte er 1945 im Bauhof des Domes.

Seit der Neugestaltung des Altarraums 1978 bis 1982 wird der Schrein oberhalb der Kathedra des Erzbischofs präsentiert. Der hierzu jeweils eigens aufgestellte Unterbau trägt ein geschnitztes Antependium vom Anfang des 18. Jahrhunderts, das laut der das Stifterwappen umgebenden Inschrift JOES GEORG AB BRÜG. D. HASENK. SCHOL. vom Domscholaster Johannes Georg von der Brüggeney genannt Hasenkamp (1641-1716), auf den die Bezeichnung *Hasenkamp* für das nördliche Querschiff des Hohen Domes zurückgeht, gestiftet wurde. Es zeigt in einem Rankenwerk die drei Patrone des Hohen Domes, in der Mitte die Gottesmutter, unter ihr das Wappen des Stifters, links Liborius, rechts Kilian mit der Märtyrerpalme in der Hand.[136] Die Seitenflächen wurden 1956, passend zum Mittelstück, hinzugefügt.[137] Flankiert wird der Schrein von zwei der kleinen Engel des Bildhauers Johann Philipp Pütt von 1736.

132 EBAP, MK, Protokollbuch 1894-1924, S. 192 (9. Mai 1914).
133 EBAP, MK, Protokollbuch 1894-1924, S. 314 (10. Juli 1924).
134 EBAP, MK PB, Hs., B I 18, S. 57-58.
135 A MK PB, Protokollbuch 1924-1954 (11. Juli 1941)
136 Im 19. Jahrhundert war die Fläche ganz versilbert (Fuchs 1915, S. 16).
137 Tack 1957, S. 11-12 und 16.

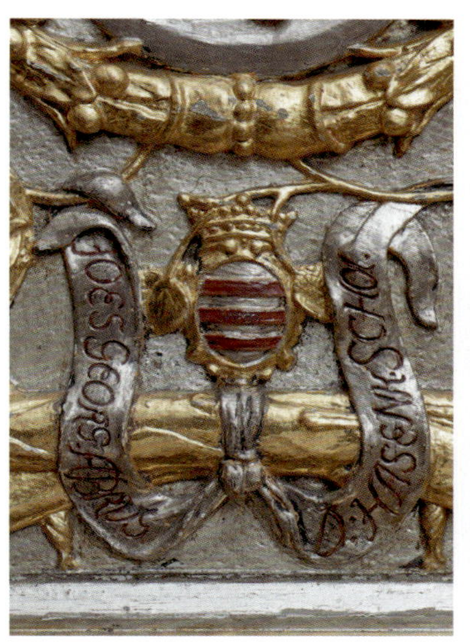

Wappen und Name des Stifters Johann Georg von Brüggeney genannt Hasenkamp auf dem jetzigen Antependium des Libori-Festaltars

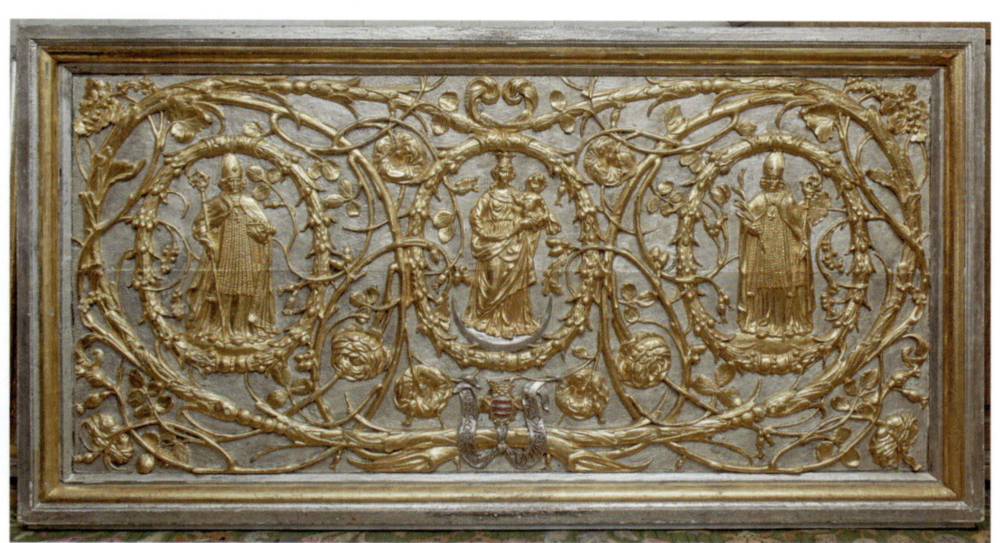

Gesamtansicht des Antependiums des Libori-Festaltars mit den drei Dompatronen, der Gottesmutter, dem heiligen Liborius und dem heiligen Kilian

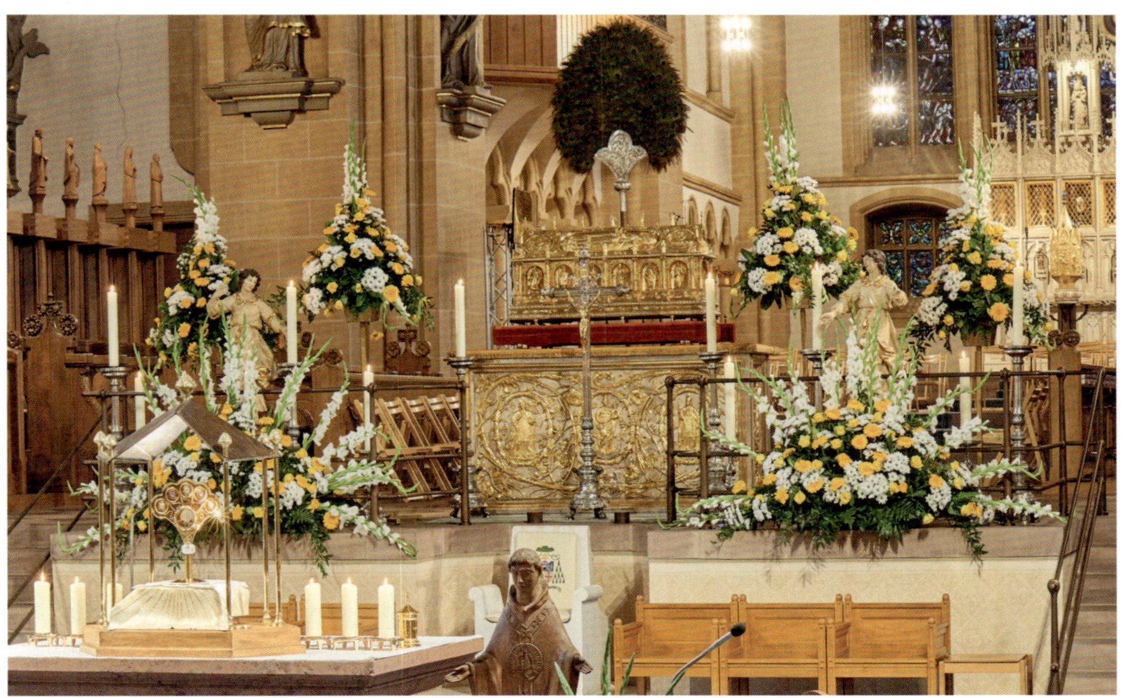

Der Libori-Festaltar wird, flankiert von den zwei Engeln aus dem Ensemble des Mausoleum Liborianum, zum Liborifest im Sommer und zum Kleinliborifest im Oktober über der Kathedra des Erzbischofs aufgebaut.

Der Schrein

Der Schrein hat die Form eines langgestreckten Hauses, das an einen antiken Tempel erinnert, der für den Jerusalemer Tempel, das himmlische Jerusalem und den Himmel selbst, aber auch für die Kirche als Haus Gottes aus lebendigen Steinen steht. Die Gesamtgestalt greift die Tradition mittelalterlicher Schreine auf. Der Kunsthistoriker Alois Fuchs vermutet, Hans Krako habe den eingeschmolzenen romanischen Liborischrein gekannt und von diesem Vorbild direkte Anregungen im Blick auf den Aufbau empfangen, während die Einzelelemente der Formensprache der Renaissance entstammen.[138]

Der Korpus des Schreins besteht aus acht Zentimeter dickem Eichenholz und ist mit 246 einzelnen Silber- und Blechteilen beschlagen, die feuervergoldet sind. Die Beschläge sind durch silberne Nägel am Holzkorpus der Truhe befestigt. Das Silbergewicht beträgt 56,64 kg bei einem derzeitigen Gesamtgewicht des Schreins von rund 190 kg einschließlich des Tragegestells. Der eichene Holzdeckel, der zur rechten Längsseite hin geöffnet werden kann, ist im Original erhalten, die Eichentruhe wurde 1953 vollständig erneuert, da die alte wurmstichig war.[139] Der Schrein ist 1,33 m lang, 0,52 m breit und

Die Vorder- und die Kilianseite des Schreins

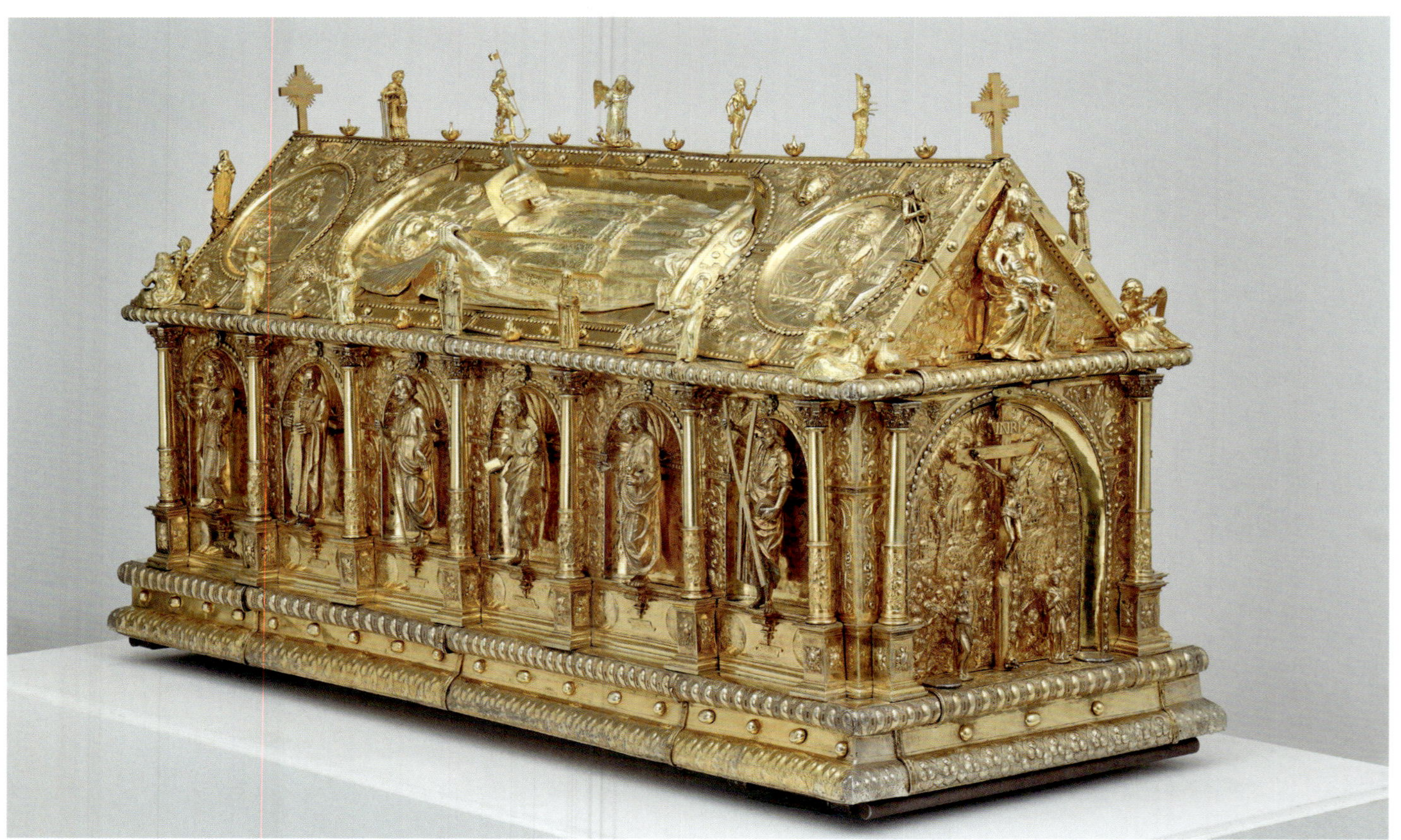

138 Fuchs 1933, S. 107.
139 A MK PB, Protokollbuch 1924-1954 (8. Mai1953).

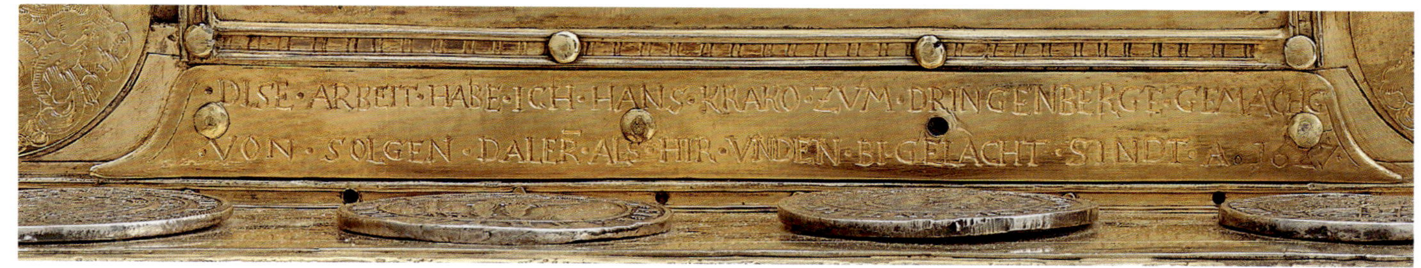

Inschrift des Meisters Hans Krako von 1627 mit dem Hinweis auf die Doppeltaler, die davor befestigt sind.

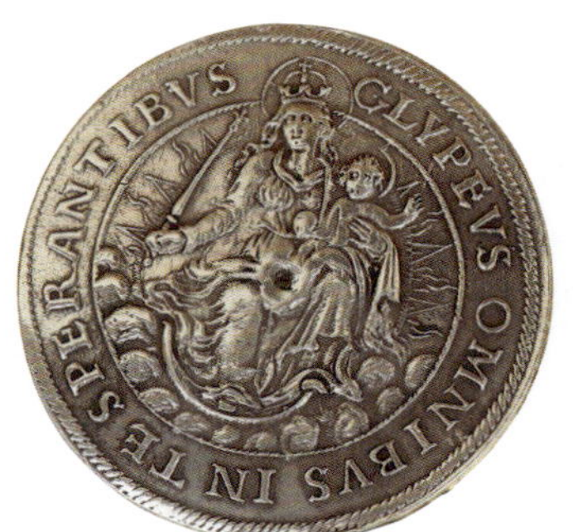
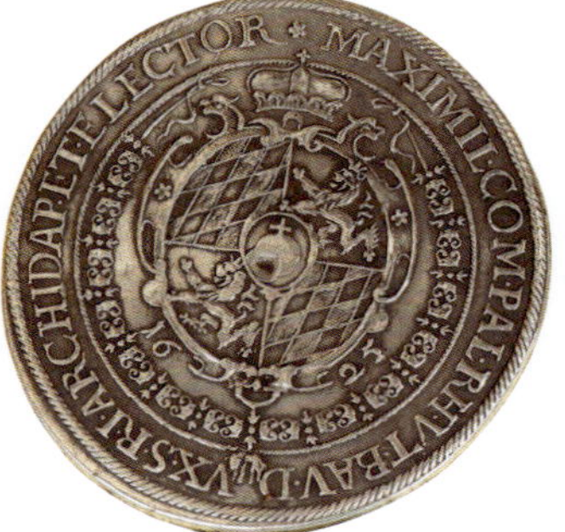

Bild- und Wappenseite der Bayerischen Münze

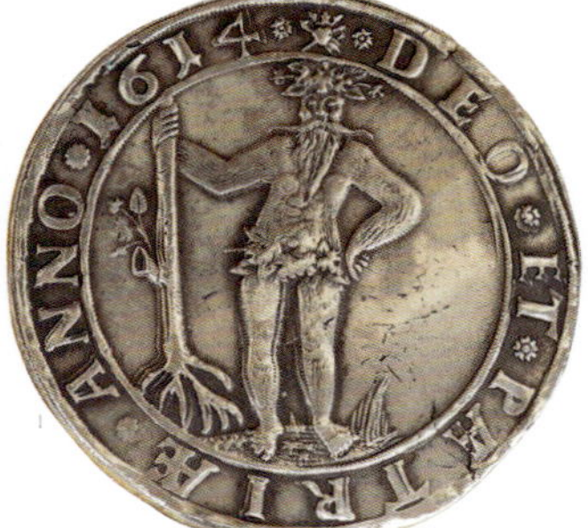
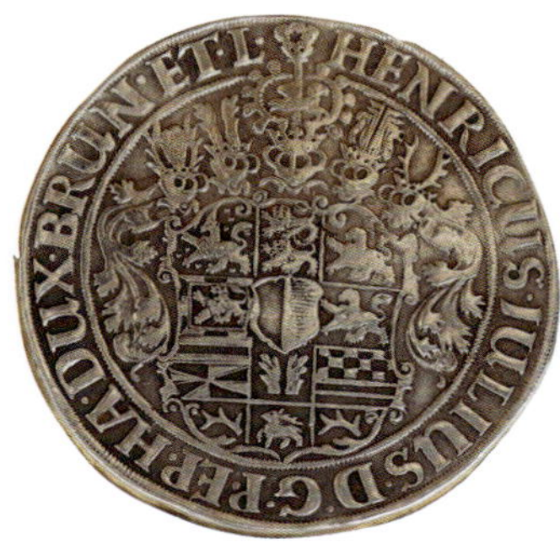

Bild- und Wappenseite der Braunschweigischen Münze

0,62 m hoch.[140] Die Stifter sollen für das Material 130 Pfund *sächsische Doppelgulden* zur Verfügung gestellt haben.[141] Auf der rückwärtigen Schmalseite sind vier Münzen befestigt, an die der Künstler den Hinweis auf seine Urheberschaft knüpft: DISE.ARBEIT. HABE.ICH.HANS.KRAKO.ZVM.DRINGENBERGE.GEMACHT.VON.SOLGEN. DALER̄.ALS.HIR.VNDEN.BIGELACHT. SINDT. A. 1627.

Bei den Münzen handelt es sich keineswegs um *sächsische Doppelgulden*, sondern um je zwei bayrische und braunschweigische Taler, von denen jeweils die Vorder- und die Rückseiten zu sehen sind.[142] Die beiden Münzen bayrischer Prägung zeigen den sogenannten *Madonnentaler*. Die Rückseite, die sich auf 1625 datieren lässt, trägt die Umschrift MAXIMIL[IANUS] COM[ES] PAL[ATINUS] RH[ENI] UT BAV[ARIAE] DUX S[ACRI] R[OMANI] I[MPERII] ARCHIDAP[IFER] ET ELECT[OR] und benennt damit Maximilian (1573-1651), Pfalzgraf bei Rhein und Herzog von Bayern, Erztruchsess des Heiligen Römischen Reiches und Kurfürst, als Urheber. Die Mitte zeigt das bekrönte und von einem Zierband umgebene bayerische Wappen. Die 1623 oder 1624 geprägte Bildseite ist mit der Umschrift CLYPEUS OMNIBUS IN TE SPERANTIBUS (= Schutzschild aller, die auf dich hoffen) geziert. Die Mitte füllt die auf einer Wolke thronende, von einem Lichtkranz umstrahlte und gekrönte Patrona Bavariæ, das Christuskind auf dem Schoß.

Die anderen beiden Münzen erinnern an den Vater Christans von Braunschweig. Die Rückseite, deren Prägejahr unbekannt ist, trägt die Umschrift HENRICUS JVLIUS D[EI]

140 Stiegemann 1989, S. 242.
141 Mertens 1873, S. 104.
142 Nachtmann / Schwede 1998.

G[RATIA] P[OSTULATUS] EP[ISCOPUS] HA[LBERSTADTIENSIS] DUX BRUN [SWIGENSIS] ET L[UNEBURGENSIS] und zeigt in der Mitte das Wappen des Braunschweigischen Herzogs. Heinrich Julius von Braunschweig-Wolfenbüttel und Lüneburg (1564-1613) war wie sein Sohn, der *tolle Christian*, postulierter, d. h. päpstlich nicht anerkannter, Bischof von Halberstadt. Die Bildseite des *Wilde Mann-Talers* ziert ein Riese, der einen entwurzelten Baumstamm in seiner Rechten hält, und die Umschrift: DEO ET PATRIÆ ANNO 1614 (= Für Gott und Vaterland im Jahr 1614). Leider wurde bei der Anbringung der vier Münzen nicht darauf geachtet, jeweils die zugehörigen Vorder- und Rückseiten nebeneinander zu platzieren. Deswegen präsentieren sich den Betrachtenden von links die Rückseite der bayrischen neben der Bildseite der braunschweigischen und daneben die Bildseite der bayrischen sowie die Rückseite der braunschweigischen Münze.

Der Überlieferung nach soll der Goldschmied 7000 Gulden für seine Arbeit erhalten haben.[143] Die Höhe dieser Summe ist jedoch so exorbitant, dass die Angabe unglaubwürdig erscheint, auch wenn P. Heinrich Turck um 1650[144] und P. Michael Strunck (1677-1736) 1736 berichten, dass man den Wert damals auf 8000 Goldgulden schätzte[145]. Möglicherweise rühren die Angaben daher, dass der Wert der Tumba des heiligen Liborius und aller goldener und silberner *Kirchenzierathen* 1646 durch das Paderborner Domkapitel mit 7000 Reichstalern veranschlagt wurde.[146] Schwedische Truppen, die unter dem Befehl des

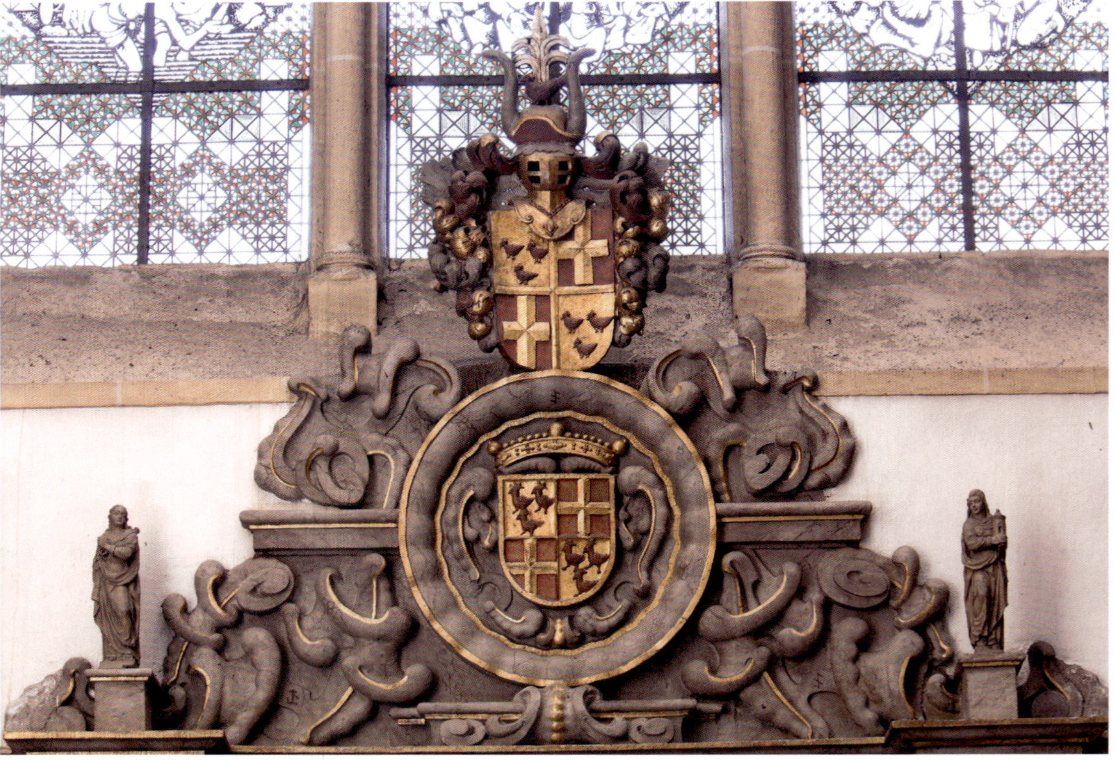

Das Wappen des Paderborner Dompropstes Johann Wilhelm von Sintzig in der Bekrönung des Portals der Dreifaltigkeitskapelle im Hohen Dom zu Paderborn, 1653

143 Mertens 1873, S. 104.
144 EAB PB, SFA PB, Pa 107, Bd. 5, S. 286.
145 Strunck 1736, S. 92.
146 LAV NRW W, B 501/DK PB, Akten, Nr. 124.66 (29. Mai 1646).

schwedischen Reichszeugmeisters Carl Gustav von Wrangel (1613-1676) standen, hatten am 15. Mai 1646 Paderborn eingenommen und hessischen Truppen übergeben. General von Wrangel forderte 25.000 Reichstaler Kontribution. Als Abschlag bot ihm das Paderborner Domkapitel in seiner Not den Schrein und alle anderen Gold- und Silberschätze des Domes an. Die am 2. Juni 1646 gegenüber den französischen Gesandten abgegebene Einschätzung des Osnabrücker Fürstbischofs Franz Wilhelm von Wartenberg (1593-1661), der als kurkölnischer Gesandter an den Friedensverhandlungen in Münster teilnahm, dass sich der materielle Wert des Schreins, der sich in Münster befand und den er somit aus eigener Anschauung kannte, keinesfalls auf 7000 Reichstaler belaufe[147], dürfte zutreffend sein. Zum Glück kam es nicht zur Auslieferung, denn am 1. Dezember 1646 wurde Paderborn durch kaiserliche Truppen befreit.[148]

Der Schrein befand sich samt den darin geborgenen Reliquien des heiligen Liborius aufgrund der Gefahr, in der die Stadt Paderborn während des dreißigjährigen Krieges schwebte, von 1631 bis zum 18. Oktober 1650 in Münster, da die Stadt als sicher galt. Nach dem Eintritt der *pax universalis* aufgrund des 1648 unterzeichneten Westfälischen Friedens beschloss das Paderborner Domkapitel auf Vorschlag des Domdechanten Dietrich Adolph von der Recke am 13. Oktober 1650, den Schrein aus Münster zurückzuholen.[149] Unter den Zeugen, die die Rückführung der Reliquien beurkundeten, war auch der Stifter des Schreins, Wilhelm von Westphalen.[150] Am 4. Februar 1651 übertrug das Domkapitel dem Domkantor und -kellner Johann Wilhelm Freiherr von Sintzig († 1664) auf Lebenszeit die Nutzung des Schulzenhofes in Paderborn-Elsen, da er sich während des Krieges für die Rettung des Schreins eingesetzt hatte. Leider verraten die Quellen nicht, in welcher Weise der Domherr zur Bewahrung des Schreins beitrug.[151] Im Jahr der Ankunft der Reliquien des heiligen Liborius in Münster stiftete er für den dortigen Dom eine 1,90 m hohe Steinplastik des Heiligen. Der Statue wird nach dem Tod eines münsterischen Diözesanbischofs der Stab abgenommen, um ihn dem verstorbenen Oberhirten mit ins Grab zu geben. Sein Nachfolger muss der Statue traditionsgemäß einen neuen Bischofstab stiften.[152]

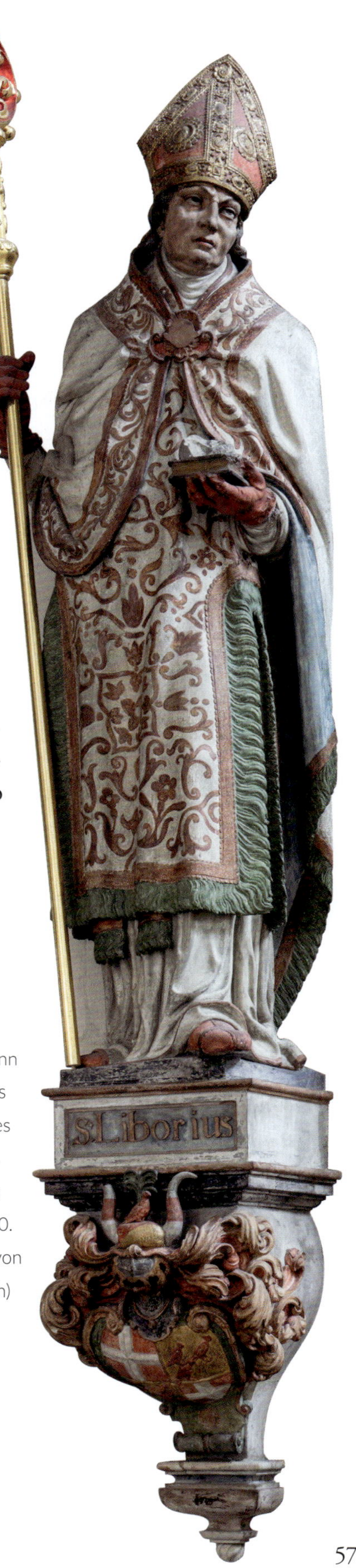

Die vom Paderborner Dompropst Johann Wilhelm von Sintzig gestiftete Statue des heiligen Liborius am südlichen Beginn des Chorumgangs des Domes zu Münster. Sie erinnert an den Aufenthalt des Liborischreins in Münster von 1631 bis 1650. Der Stab wird dem verstorbenen Bischof von Münster jeweils mit in den Sarg gelegt. (Lech)

147 Dethlefs 2000a, S. 281-284, hier: S. 283.
148 LAV NRW W, B 501/DK PB, Akten, Nr. 1956, unpag., Protokolle vom 15. Mai 1646 und vom 1. Dezember 1646.
149 LAV NRW W, B 501/DK PB, Akten, Nr. 1958, Bl. 59.
150 LAV NRW W, B 401u/Fstb. PB, Urk., Nr. 2433 (18. Juli 1651).
151 LAV NRW W, B 501/DK PB, Akten, Nr. 1958, Bl. 83v; ebd., Akten, Nr. 40.33.
152 von Rüden 1997b, S. 95.

Die Stirnseite

Die Stirnseite zeigt im zentralen, von zwei Säulen gerahmten Feld einen Bogen (H. 26,8 cm), der einem Tor gleicht, das von zwei korinthischen Säulen, die das Dachgeschoss tragen, gesäumt wird. Vor den Torbogen ist die von Heinrich Gröninger modellierte Kreuzigungsszene gestellt, da Jesus gemäß biblischem Bericht vor den Toren Jerusalems (Hebr 13,12) gekreuzigt wurde. Das Kreuz mit dem Korpus (H. 12,2 cm), der Totenschädel Adams am Fuß des Kreuzes und die Assistenzfiguren der Gottesmutter Maria und des Apostels und Lieblingsjüngers Johannes sind vollplastisch ausgeführt. Den Hintergrund bilden als Relief die Konturen der turmreichen Stadt Jerusalem, die beiden Schächer, die mit Jesus gekreuzigt wurden, samt den Soldaten und dem zahlreichen Volk, das bei der Kreuzigung anwesend war. Ebenfalls als Relief winden sich auf der Fläche, auf der das Kreuz befestigt ist, zwei Schlangen sowie weiteres Getier im Gebüsch. Im Zentrum des Giebelfeldes thront als vollplastische Statue die Gottesmutter Maria (H. 9,3 cm), gekleidet in einen Mantel voller Sterne, mit dem Jesuskind auf ihrem rechten Knie. In ihrer leeren linken Hand dürfte sie ein Zepter gehalten haben, das verloren gegangen ist. Im Hintergrund wird sie von zwei Engelreliefs gerahmt. Die theologische Aussage der vorderen Schmalseite des Schreins ist offenkundig. Der Tod Jesu am Kreuz ermöglicht den Durchgang durch das Tor zum Haus Gottes, das geöffnet ist durch die Menschwerdung des Gottessohnes, der von Maria geboren wurde. Maria wird in der Liturgie als *porta coeli* (= Pforte des Himmels) bezeichnet. Die Geburt und der Tod Jesu sind der zentrale Verständnisschlüssel für alles, was am Schrein abgebildet und ausgesagt wird.

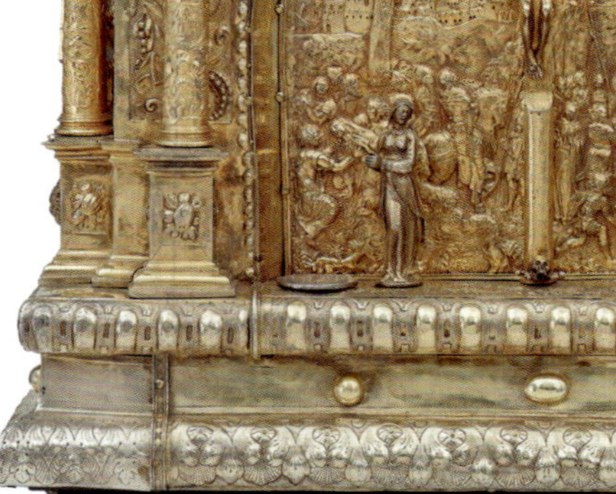

Gesamtansicht der vorderen Stirnseite des Schreins mit der Kreuzigungsszene im Zentrum

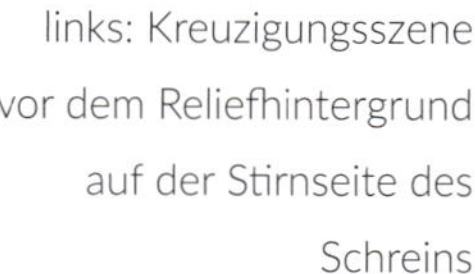

links: Kreuzigungsszene vor dem Reliefhintergrund auf der Stirnseite des Schreins

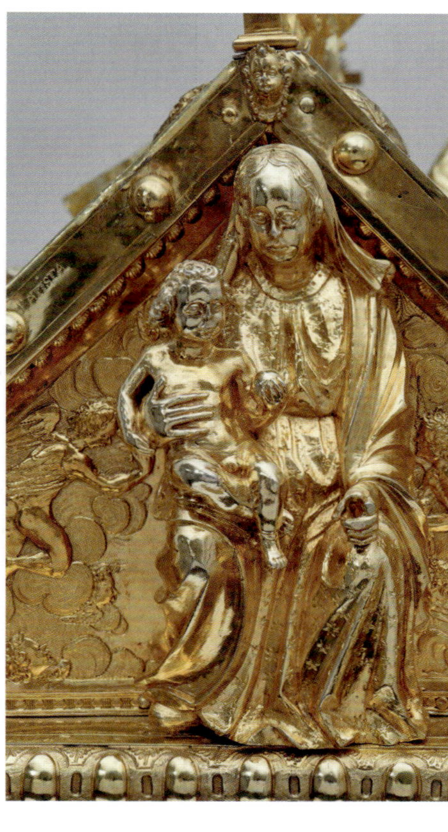

rechts: Die Statue der Gottesmutter und ihres Sohnes mit zwei anbetenden Engeln im Relief im Hintergrund im Giebel der Stirnseite des Schreins

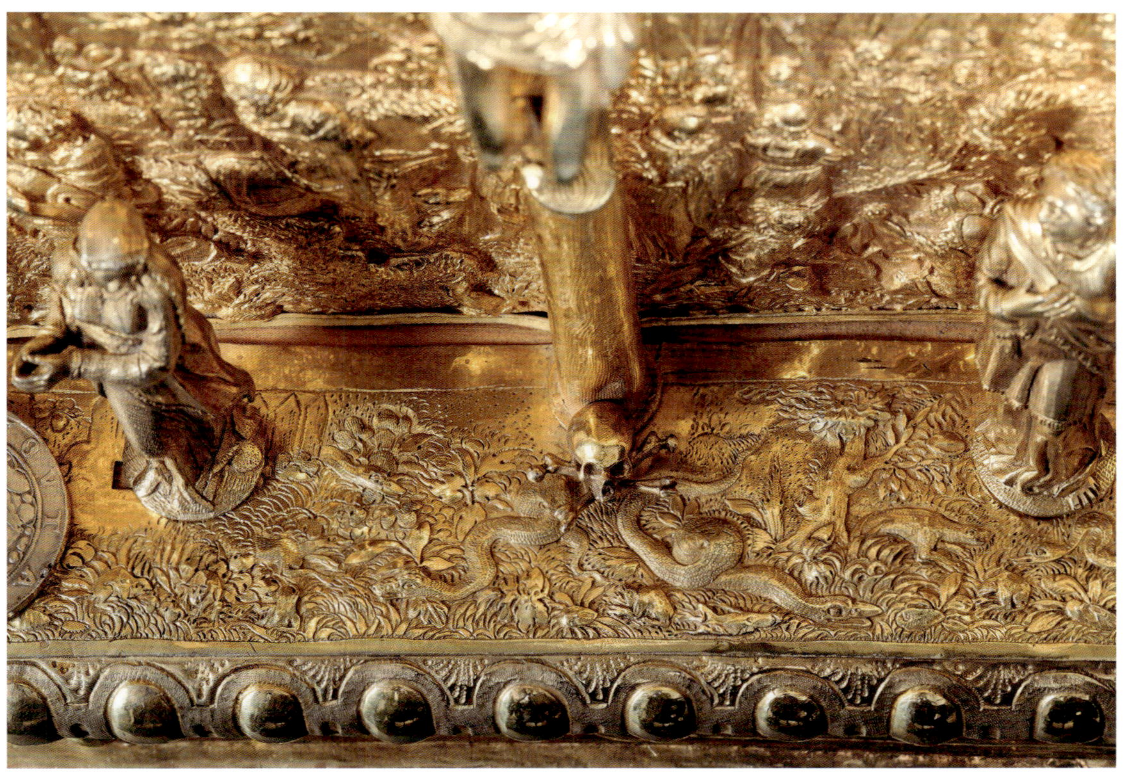

Am Fuß des Kreuzesstammes liegt ein Totenschädel, von dem zwei Schlangen ausgehen.

Die Längsseiten

Auf beiden Längsseiten sind jeweils sechs Rundbogennischen zu erkennen. Die Rundungen werden von Muscheldarstellungen gebildet. Die Nischen werden auf jeder Seite von sieben korinthischen Säulen (H. 29,3 cm), die das Dachgesims tragen, gesäumt. In den Nischen stehen auf der Kante eines Absatzes die von Heinrich Gröninger modellierten, aus Bronze gegossenen und feuervergoldeten Statuetten der zwölf Apostel. Sie halten zumeist übergroße Attribute in ihren Händen, die auf ihr Martyrium verweisen. In der anderen Hand halten die meisten Apostelstatuen ein Buch, das auf das Evangelium anspielt, zu dessen Verkündigung die Apostel bestellt waren. Zu ihren Füßen verraten kleine Schilder ihre Namen gemäß der Vision des himmlischen Jerusalems, dessen Mauern auf zwölf Grundsteinen ruhen, auf denen die zwölf Namen der zwölf Apostel zu lesen sind (Offb 21,14).

Auf der linken Längsseite stehen von rechts nach links die Apostel S. ANDREAS mit dem nach ihm bekannten Andreaskreuz (H. 19 cm), S. IOHANNES mit einem Kelch in der linken Hand, dem eine Schlange entweicht (H. 18,5 cm), S. BARTOLME mit einem Buch in der rechten und einem Schermesser in der linken Hand, mit dem ihm bei seiner Hinrichtung die Haut abgezogen worden sein soll (H. 19 cm). Laut Namensschild sollte sodann S. MATTEVS folgen, doch wurde seine Statue bei einer Renovierung mit

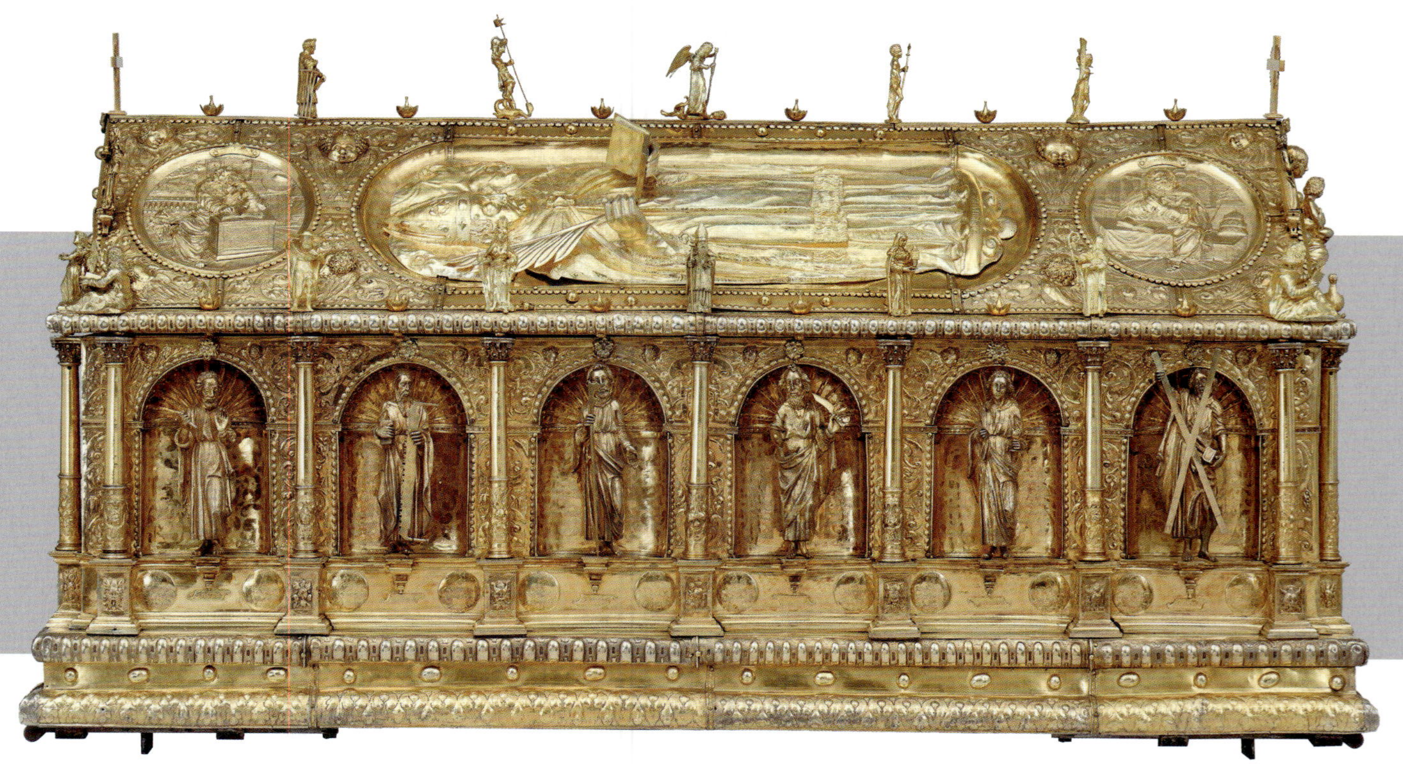

Die linke Längsseite des Schreins mit dem heiligen Kilian auf der Dachschräge, erkennbar am Märtyrerpalmzweig

jener des Jakobus des Jüngeren (H. 18,9 cm) vertauscht.[153] Dieser ist an der Tuchwalkerstange in seiner rechten Hand zu erkennen, mit der er gemäß der Tradition das Martyrium erlitt. Die Reihe wird von S. SIMON fortgesetzt, der eine große Säge in der linken und ein Buch in der rechten Hand hält (H. 18,1 cm), und beschlossen von dem nach Jesu Auferstehung in den Kreis der Apostel hineingewählten Matthias, S. MATTIVS, mit dem Schaft einer Axt in der rechten Hand (H. 18,3 cm). Die Schneide ist abgebrochen.

Auf der rechten Längsseite stehen von links nach rechts die Statuetten der Apostel S. PETRVS mit einem Schlüssel in der rechten und einem Buch in der linken Hand (H. 19,1 cm), der ältere Jakobus, S. IACOBVS MA(jor), mit einem Pilgerstab in der rechten Hand und einem Pilgerhut auf dem Kopf (H. 18,5 cm), S. PHILIP mit einem Stab in der linken und einem Buch in der rechten Hand (H. 19 cm) und Thomas, S. TOMAIS, mit einer Lanze in seiner Linken (H. 19 cm). Es sollte laut Namensschild der jüngere Jakobus, S. IACOBVS MI(nor), folgen, doch steht an seiner Stelle der Apostel Matthäus (H. 19,1 cm) mit einem Schwert in der Linken und dem Buch in der Rechten. Die Reihe wird beschlossen von S. IVDAS TA(däus) mit einer Keule in der linken und einem Buch in der rechten Hand (H. 18 cm).

Die Apostel als Zeitgenossen Jesu und Augen- und Ohrenzeugen seiner Predigten und Wunder sind die ersten, die Jesu Menschwerdung, Tod und Auferstehung bezeugt und in aller Welt verkündet haben. Auf ihrer Glaubensverkündigung baut der Tempel Gottes, die Kirche, auf (Eph 2,20-22).[154]

Die rechte Längsseite des Schreins mit dem heiligen Liborius auf der Dachschräge

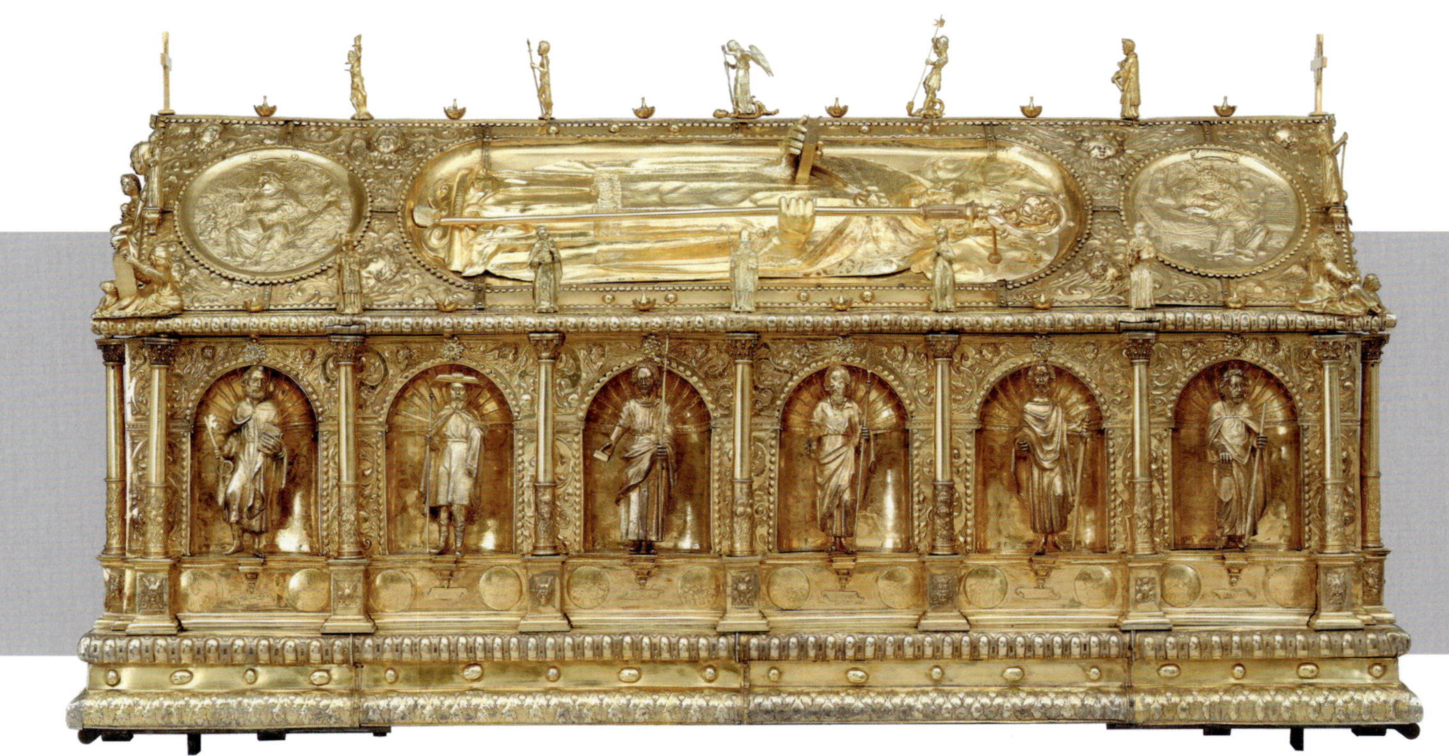

153 Die Vertauschung wurde bislang nicht korrigiert.
154 Niggemeyer 1997, S. 84-86.

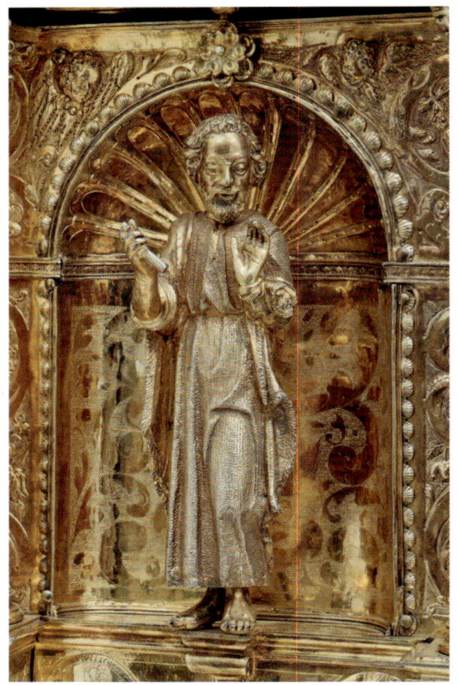
Statuette des Apostels Matthias

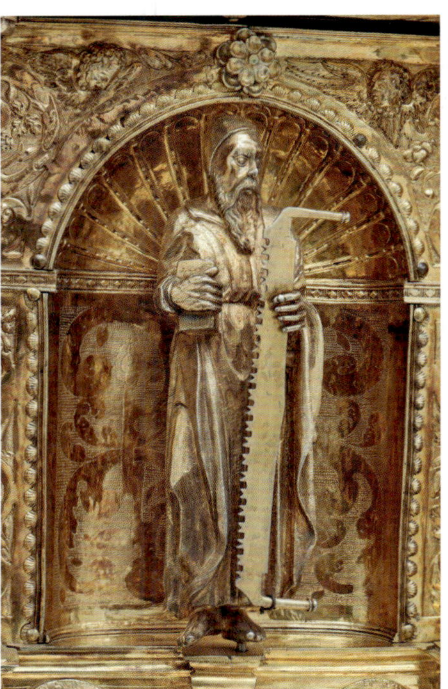
Statuette des Apostels Simon

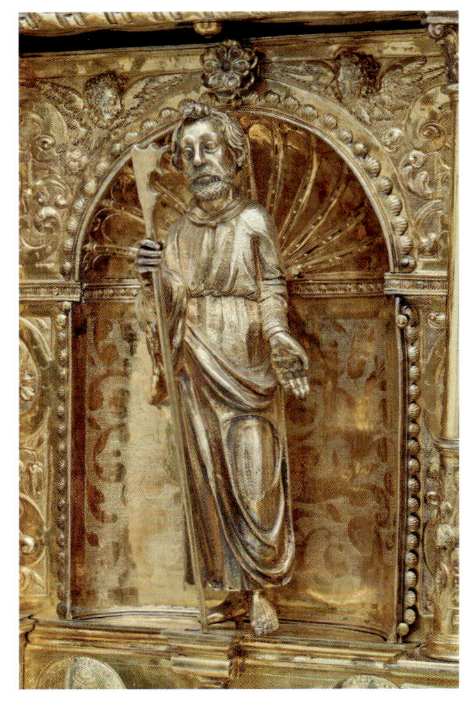
Statuette des Apostels Jakobus des Jüngeren

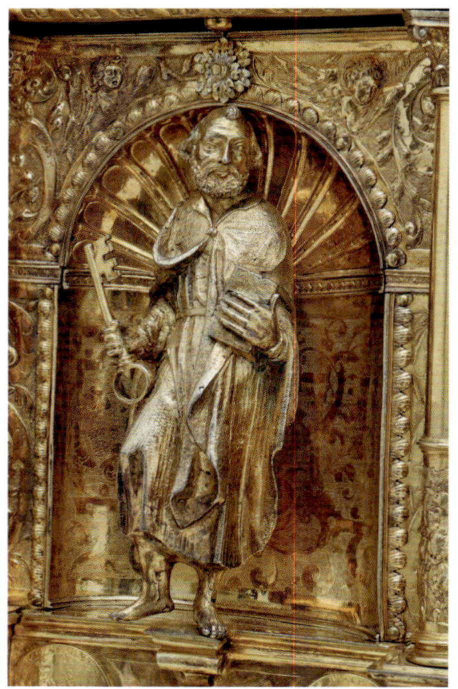
Statuette des Apostels Petrus

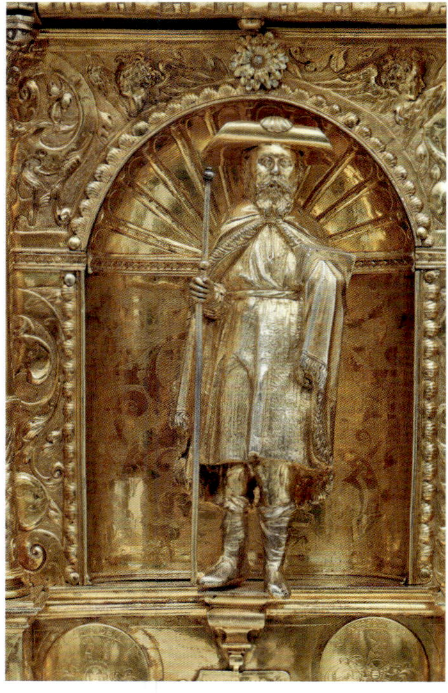
Statuette des Apostels Jakobus der Ältere

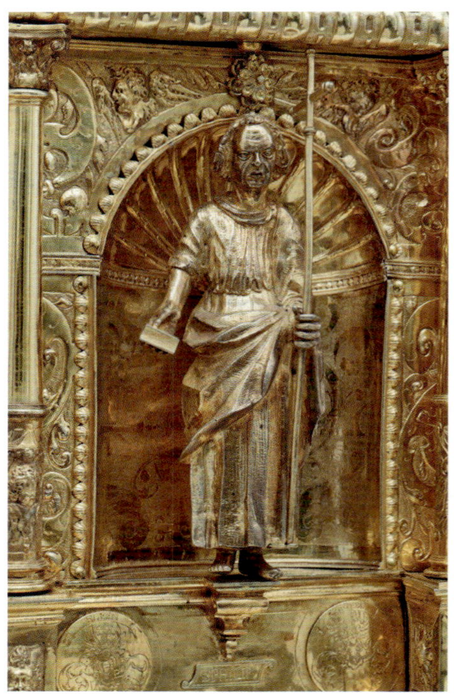
Statuette des Apostels Philippus

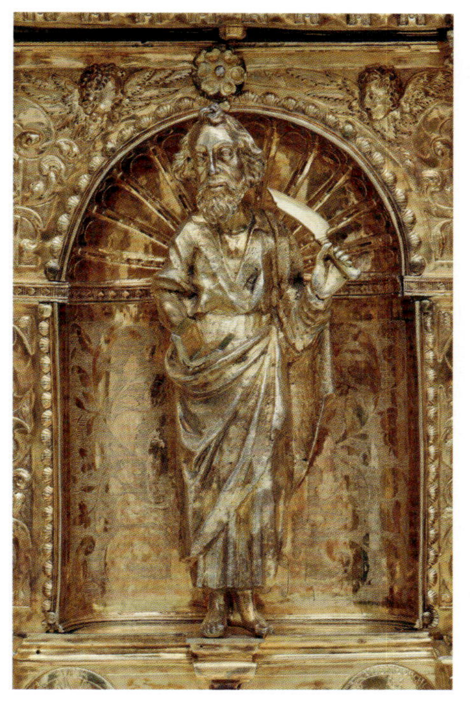

Statuette des Apostels Bartholomäus

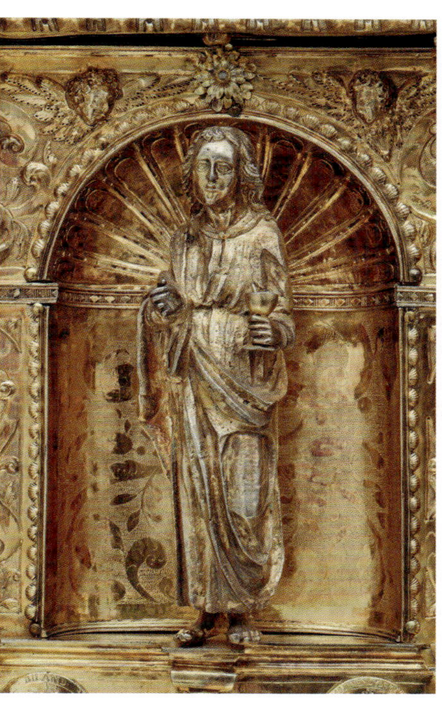

Statuette des Apostels Johannes

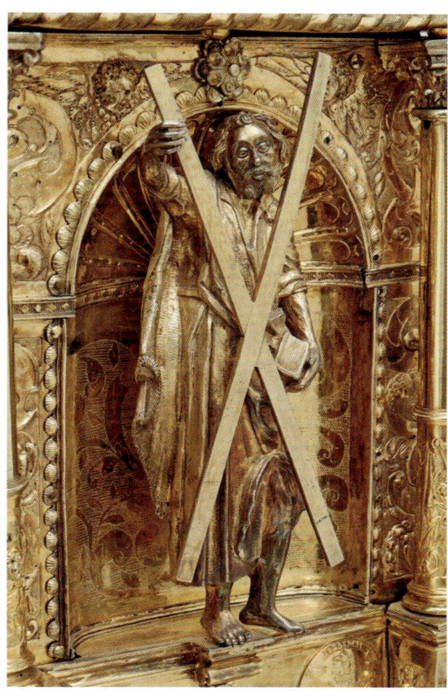

Statuette des Apostels Andreas

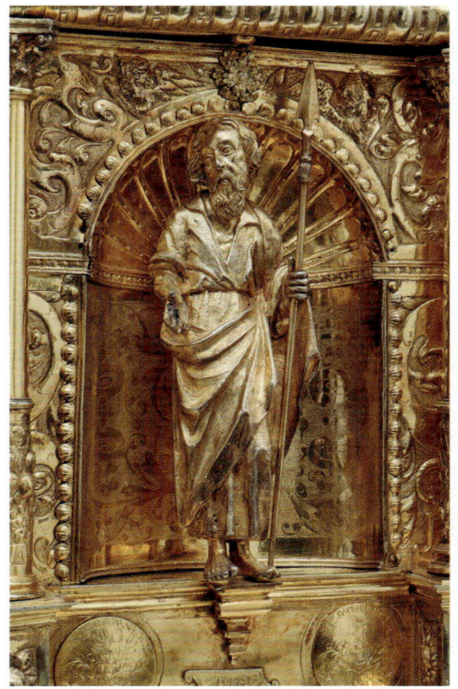

Statuette des Apostels Thomas

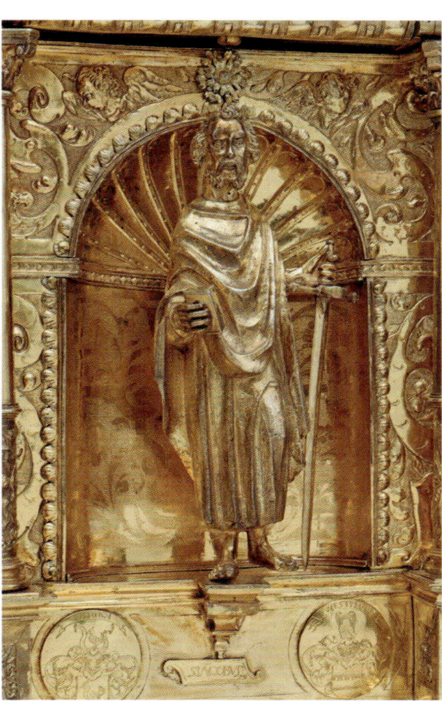

Statuette des Apostels Matthäus

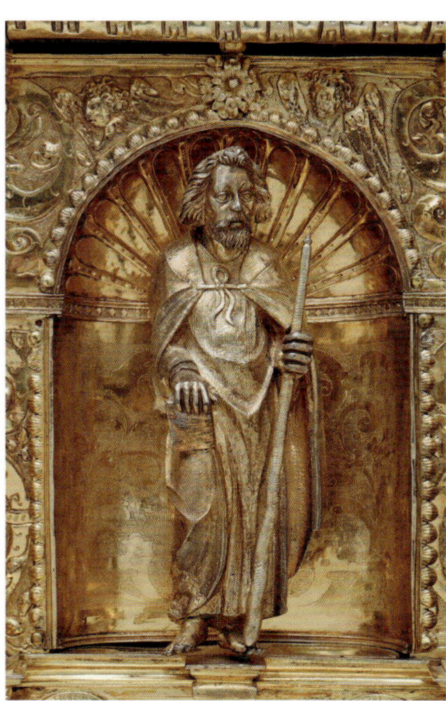

Statuette des Apostels Judas Thaddäus

Das Satteldach

Das Dachgesims wird von je sieben Säulen an den Längs- und jeweils zwei korinthischen Säulen an den Schmalseiten getragen. Auf den beiden Seiten des Satteldaches liegen in Längsrichtung Bilder der beiden Konpatrone des Domes, Liborius auf der rechten, Kilian auf der linken Dachseite, jeweils die Füße zur Stirnseite gewandt. Sie sind dargestellt wie mittelalterliche Grabfiguren, die auf einer Tumba ruhen, aber nur reliefartig ausgearbeitet. Beide tragen eine Mitra und einen Chormantel. Die Häupter ruhen auf einem Kissen, die Füße stehen auf einem Podest. Einzig ihre Hände heben sich samt ihren Attributen vollplastisch ab. Liborius trägt einen Bischofsstab in seiner Linken, ein geschlossenes Buch mit drei Steinen in seiner Rechten. Kilian hält in der rechten Hand einen Palmzweig, der ihn als Märtyrer kennzeichnet, in seiner linken ein aufgeschlagenes Buch. Der Palmzweig wurde 1953 erneuert.[155] Die Bücher erweisen beide als Verkünder des Evangeliums. Die Attribute wurden bereits bei einer Restaurierung im 19. Jahrhundert erneuert. Indem die Darstellungen von Liborius und Kilian die zentralen Flächen beider Dachseiten einnehmen, werden sie als Schutzpatrone verstanden, die das Haus Gottes durch ihre Fürbitte schützen.

Die 62 cm langen Darstellungen von Liborius und Kilian bedecken die Dachflächen nicht in ihrer Gesamtlänge, sondern lassen Raum für jeweils zwei Rundmedaillons, die die Patrone in ihre Mitte nehmen. Die im Durchmesser ca. 19 cm großen Rundmedaillons zeigen im Relief die vier lateinischen Kirchenväter. In den oberen Rundungen angebrachte Namensschilder verraten ihre Identität. Zu Füßen des heiligen Liborius ist S. AVGVSTINVS als Bischof abgebildet, dem ein Junge, der mit einer Muschel das Wasser des Meeres

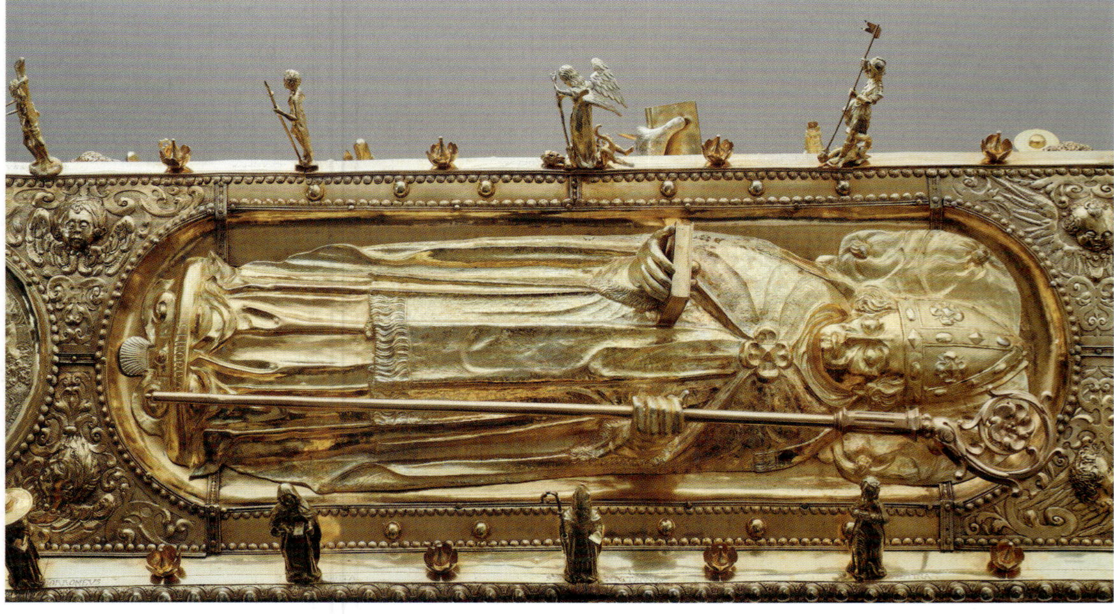

Die liegende Halbplastik des heiligen Liborius auf dem Satteldach

155 A MK PB, Protokollbuch 1924-1954 (8. Mai 1953).

hinter sich nicht auszuschöpfen vermag, verdeutlicht, dass er, der hochgebildete Kirchenlehrer, ebenso wenig jemals das Geheimnis Gottes wird ergründen können. Am Kopfende ist S. AMBROSIVS dargestellt. Er sitzt an einem Tisch vor einem aufgeschlagenen Buch, neben dem eine Bischofsmitra steht. Seitlich der Beine des Ambrosius ist ein Bienenkorb zu erkennen, der als Hinweis auf süßen Honig (*Ambrosia*) zu deuten ist, dem seine Verkündigung gleicht. Zu Füßen des heiligen Kilian erscheint eine Darstellung des Kirchenvaters und Papstes S. GREGORIVS, der an einem Tisch mit einem aufgeschlagenen Buch sitzt. Als Attribut ist ihm eine Tiara beigegeben, die auf einem Hocker neben seinen Beinen zu erkennen ist, und ein dreifaches Kreuz als Verweis auf sein Hirtenamt. Auf Seiten des Hauptes von Kilian vervollständigt S. HIEGERONIMVS die Zahl der Kirchenväter. Hieronymus ist erkennbar am Kardinalshut und wird von einem Löwen begleitet, der auf seine Zeit als Einsiedler in der Wüste anspielt. Er sitzt an einem Tisch, vor sich ein aufgeschlagenes Buch, das an seine Übersetzung der Bibel ins Lateinische erinnert. Durch die Zuordnung von Liborius und Kilian zu den vier lateinischen Kirchenvätern werden auch sie als Lehrer des Glaubens eingeordnet.[156]

Jedes der vier Kirchenvätermedaillons ist von vier virtuos getriebenen Reliefs mit Puttenköpfen in Schweifwerk umgeben, die zwei Flügel besitzen. Jede der insgesamt 16 Puttendarstellungen weist Unterschiede in der Größe, der Kopf- und Flügelhaltung und sogar in der Mimik auf. Die übergroßen Stirnpartien der Puttenköpfe lassen vermuten, dass sie mit Absicht so proportioniert sind, um sie bei einer Sicht von unten auf den erhöht stehenden Schrein optisch hervortreten zu lassen.[157] Die Putten versinnbildlichen, dass die Kirche auf Erden stets von den Engeln des Himmels umfangen ist, wie die Bundeslade Israels von Cherubim begleitet wurde, die die Gegenwart der Herrlichkeit Gottes anzeigten.

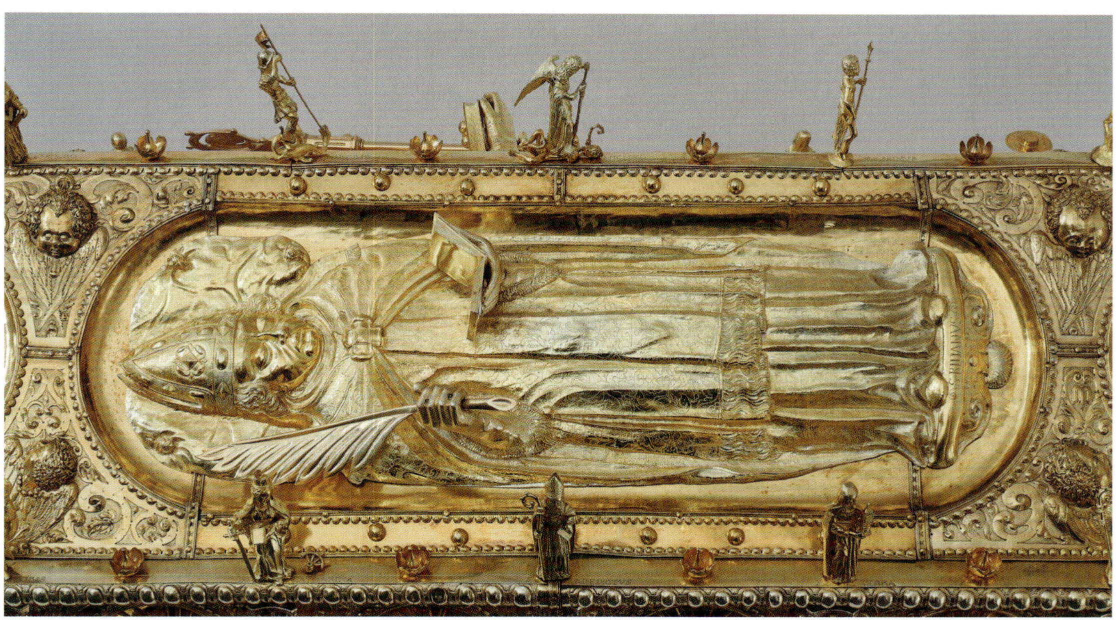

Die liegende Halbplastik des heiligen Kilian auf dem Satteldach

156 Niggemeyer 1997, S. 87-88.
157 Stiegemann 2014, S. 208.

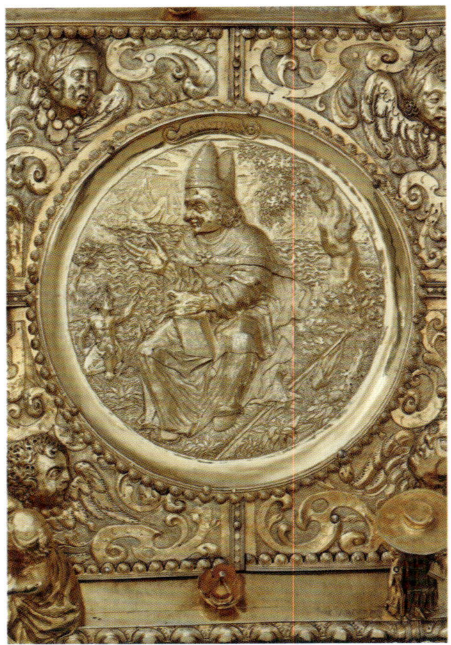

Medaillon des Kirchenvaters Augustinus

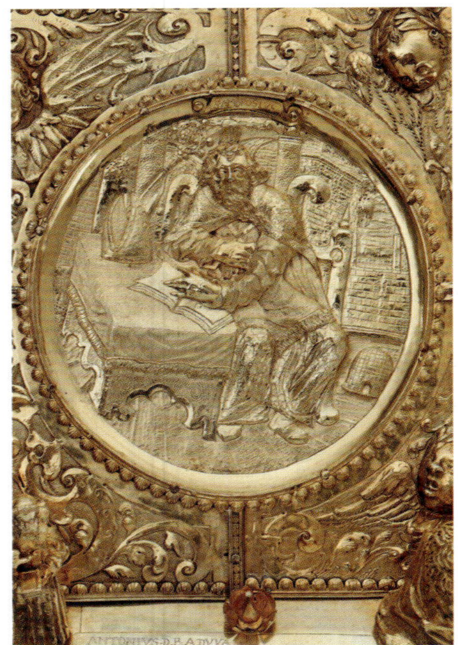

Medaillon des Kirchenvaters Ambrosius

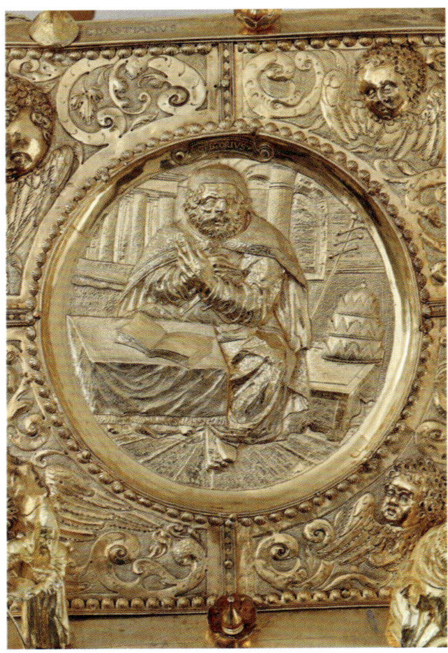

Medaillon des Kirchenvaters Gregorius

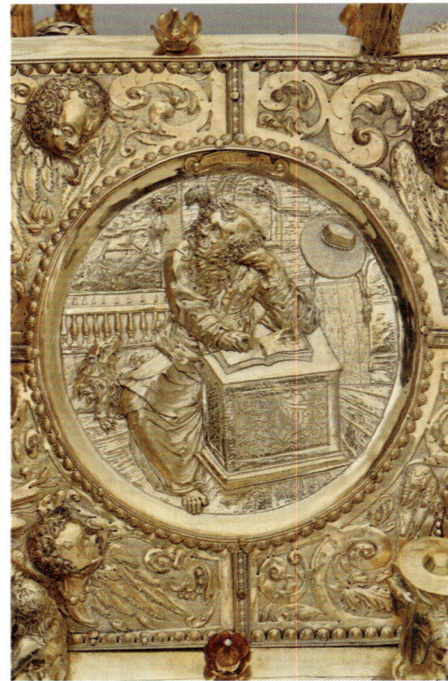

Medaillon des Kirchenvaters Hieronymus

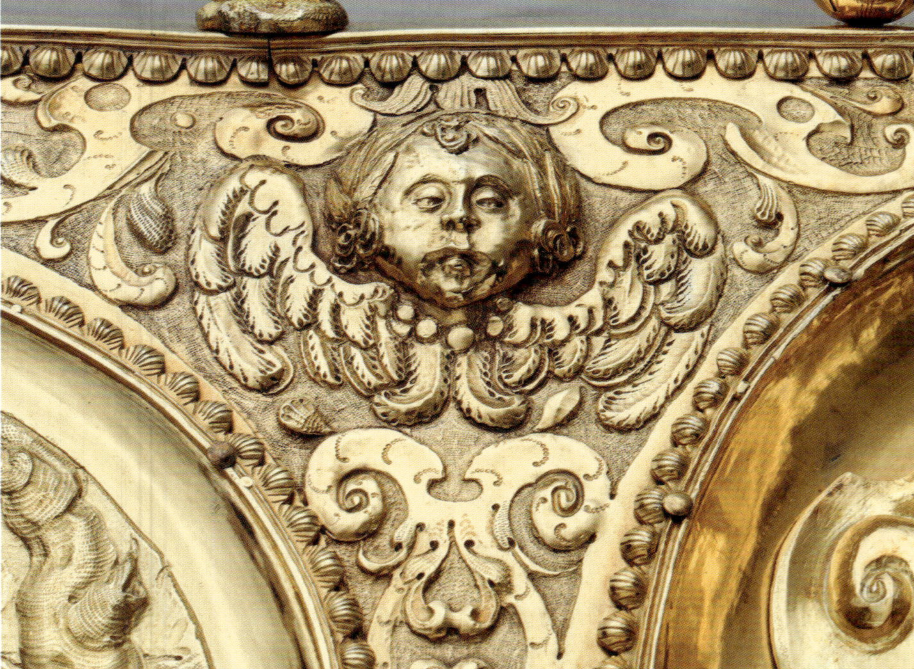

Einer der Puttenköpfe, die die Medaillons umgeben

Der Dachfirst

Der Dachfirst wird an seinen beiden äußeren Scheitelpunkten von schlichten, korpuslosen und 1953 verkleinerten Kreuzen gekrönt, denen im selben Jahre ein Strahlenkranz hinterlegt wurde.[158] Darüber hinaus trägt das Dach 23 vollplastische Heiligenfiguren, von denen fünf den First zwischen den beiden Kreuzen bekrönen, vier die Ecken des Kranzgesimses und jeweils fünf 8 cm hohe Statuen die Traufzonen der beiden Längsseiten säumen. Zwischen den Figuren des Firsts und der Traufzonen erwachsen Zierblüten, insgesamt sind es 22. Zwei weitere Figuren stehen jeweils auf kleinen Sockeln auf den beiden Dachschrägen der Stirn- und Rückseite. Zu den Füßen der Figuren sind die Namen der dargestellten Heiligen eingraviert.

Den Dachfirst bekrönen von vorn nach hinten S. SEBASTIANVS, an einem Pfahl gefesselt, S. ÆRASIMVS (Erasmus von Antiochia) mit einer Lanze in seiner Linken, der Erzengel S. MICHAEL, der mit einer Lanze den Teufel oder Dämon zu seinen Füßen tötet, in dem die Zeitgenossinnen und Zeitgenossen eine Anspielung auf Christian von Braunschweig erkennen konnten, S. GOR-

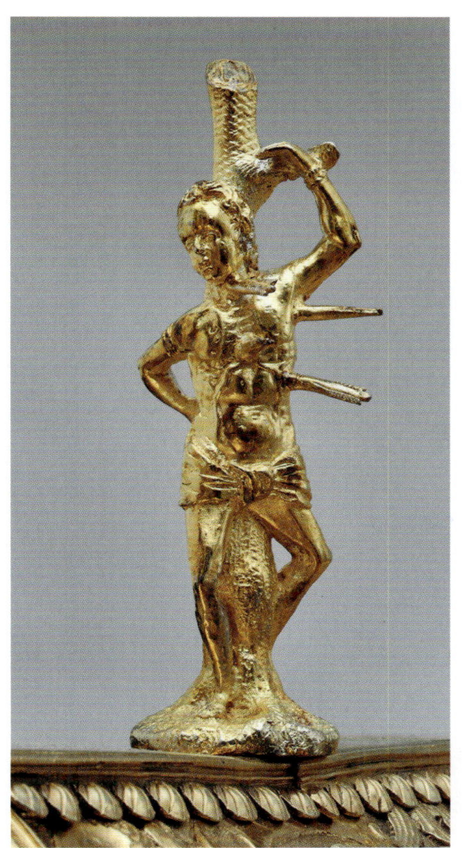
Statuette des heiligen Sebastian

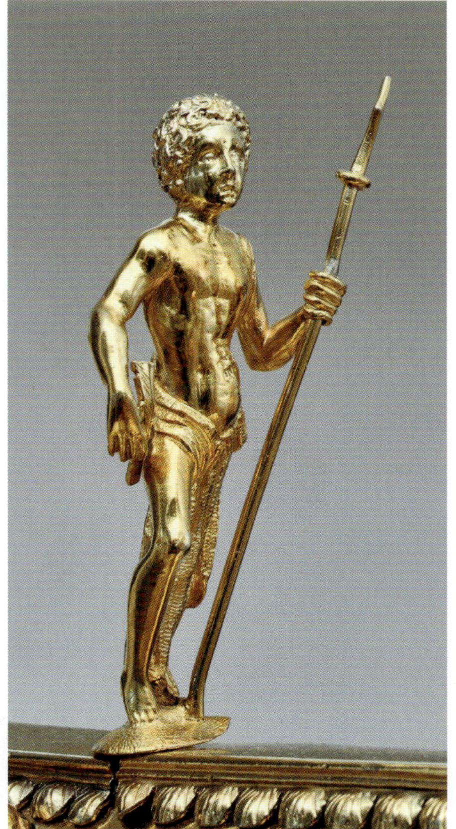
Statuette des heiligen Aerasimus (Erasmus)

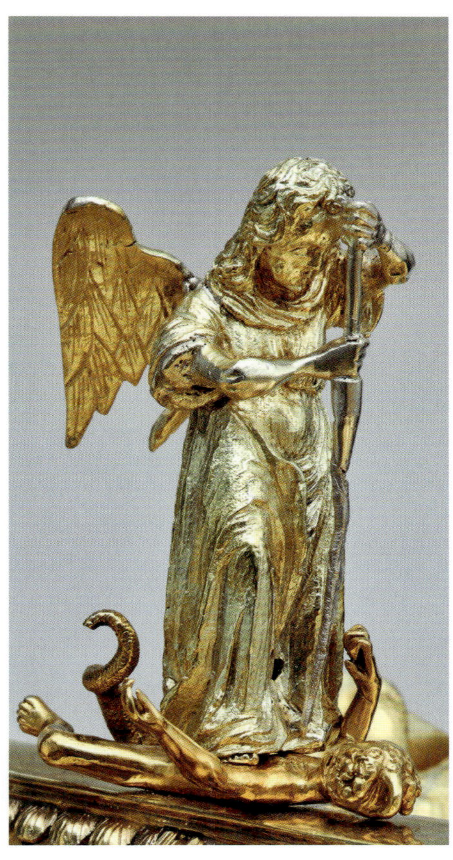
Statuette des Erzengels Michael mit dem Satan

158 A MK PB, Protokollbuch 1924-1954 (8. Mai 1953).

links: Statuette des heiligen Ritters Gorgius (Georg)

rechts: Statuette des Diakons Lorencius (Laurentius)

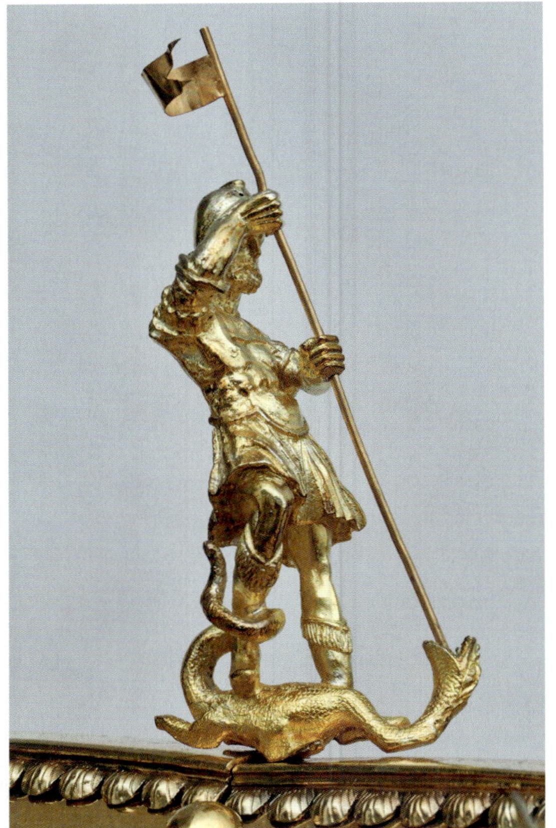

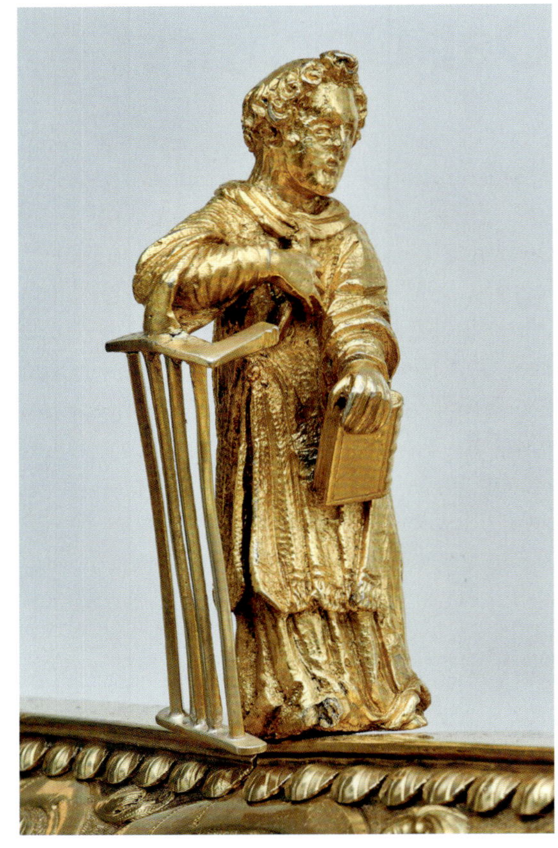

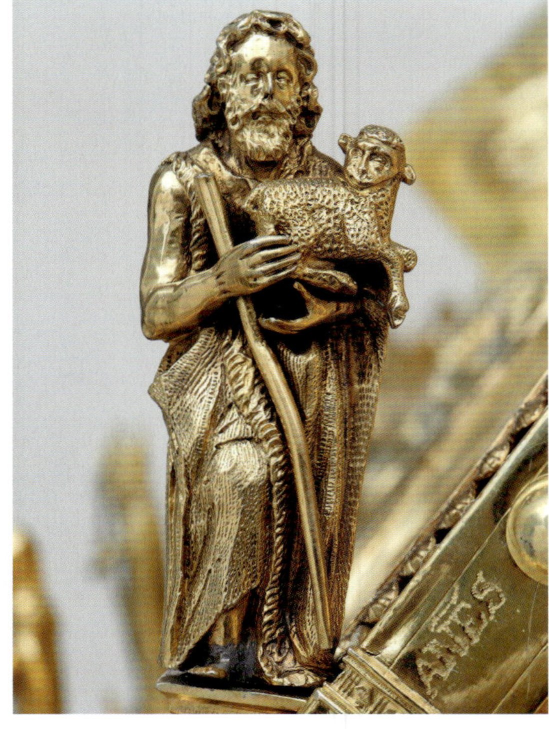

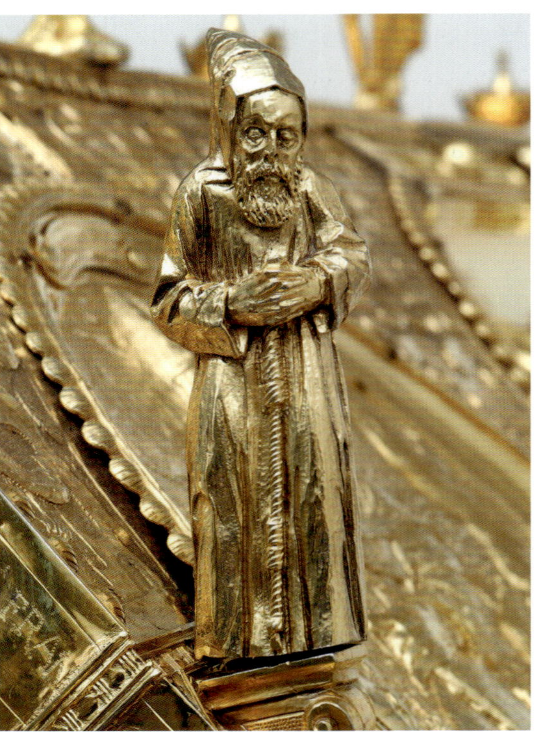

links: Statuette Johannes des Täufers auf der linken Seite des Firstkreuzes an der Stirnseite

rechts: Statuette von Franz von Assisi, rechts vom Firstkreuz, an der Stirnseite

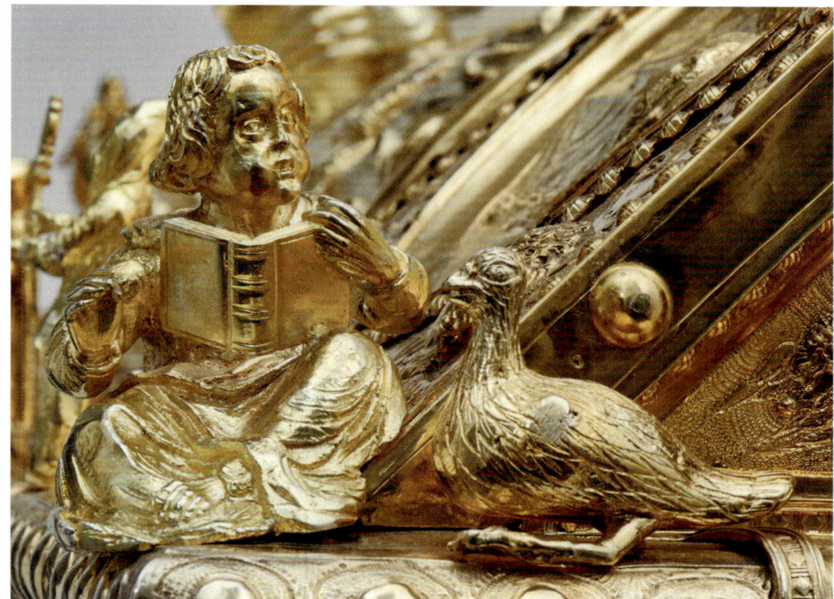

Statuette des Evangelistes Johannes mit dem Adler auf der linken Seite der Traufkante an der Stirnseite

GIVS (Georg), der mit einer Standarte einen Lindwurm zu seinem Füßen ersticht, und der römische Diakon S. LORENCIVS (Laurentius) mit einer Dalmatik, der seine Rechte auf einen aufrecht stehenden Rost stützt, auf dem er das Martyrium erlitt. Die fünf Heiligen des Dachfirsts spiegeln in geballter Form die Gewalterfahrungen der Entstehungszeit des Schreins. Als Kämpfer oder Märtyrer verteidigen sie in der Kraft Gottes die Kirche gegen die Angriffe des Bösen.

Das Firstkreuz auf der Stirnseite wird links von Johannes dem Täufer, IOHANES BATISTA, der einen Stab, von dem die Spitze abgebrochen ist, und ein Lamm trägt, auf das er mit seiner rechten Hand weist (Joh 1,29.36), und rechts vom heiligen Franziskus von Assisi, S. FRAN[CISCVS], gesäumt. Darunter sitzen auf der linken Ecke der Traufkante der Evangelist Johannes mit einem Adler und auf der rechten der Evangelist Lukas mit einem Stier. Dem Evangelisten Lukas wird gemäß der Tradition zugeschrieben, dass er Maria portraitiert habe. Deswegen hält er mit der einen Hand eine Tafel und in der anderen einen Pinsel. Auf der kleinen Tafel sind die Umrisse der Gottesmutter eingraviert.

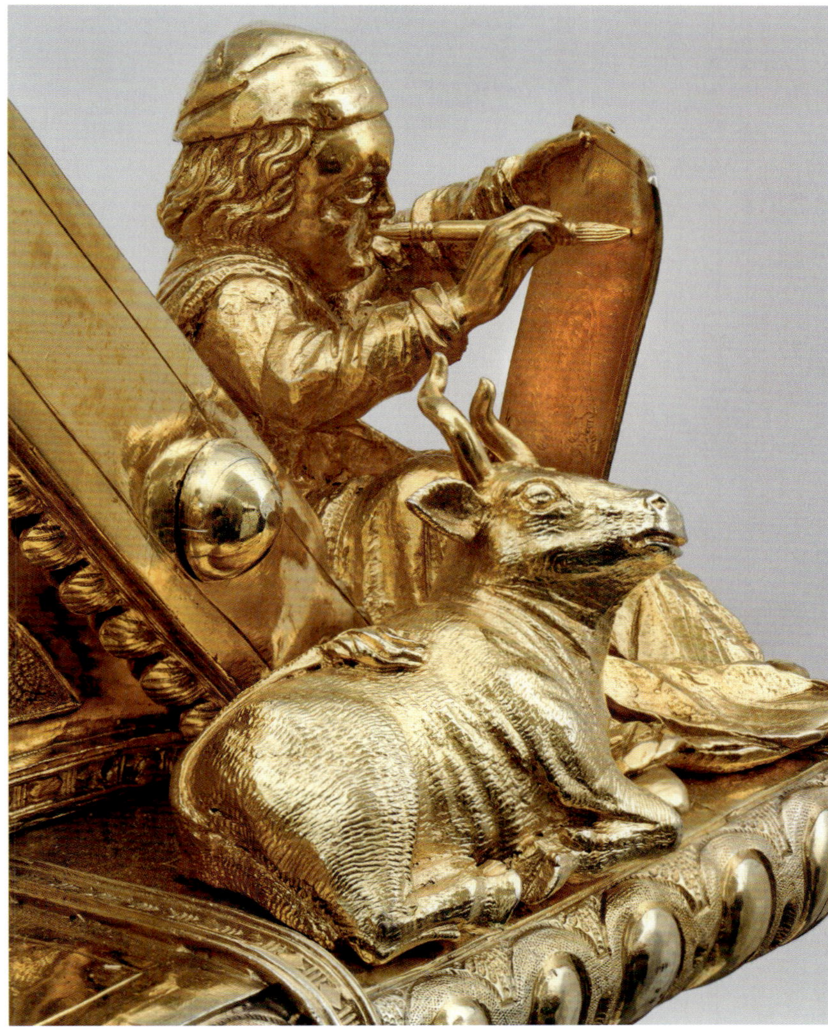

Statuette des Evangelisten Lukas mit dem Stier auf der rechten Seite der Traufkante an der Stirnseite. Er schreibt eine Ikone der Gottesmutter.

Das Kreuz auf der rückwärtigen Schmalseite wird links vom heiligen Einsiedler Wilhelm von Aquitanien, S. GWILHELMVS, mit einem Stab und Buch und rechts von der heiligen Elisabeth von Thüringen, S. ELISABET, Almosen verteilend, begleitet. Sie sind die Namenspatrone des Stifterehepaares. Darunter sitzen auf der linken Ecke der Traufkante der Evangelist Markus mit dem Löwen und auf der rechten der Evangelist Matthäus mit dem Engel. Die Evangelisten Markus, Matthäus und Johannes halten je ein Buch in der linken Hand und in der rechten den Rest eines Schreibwerkzeugs. Für die vier Evangelisten (H. 7 cm) gibt es weder Namensschilder noch sind ihre Namen neben ihnen eingraviert. Sie sind einzig an ihren Symbolen zu erkennen.

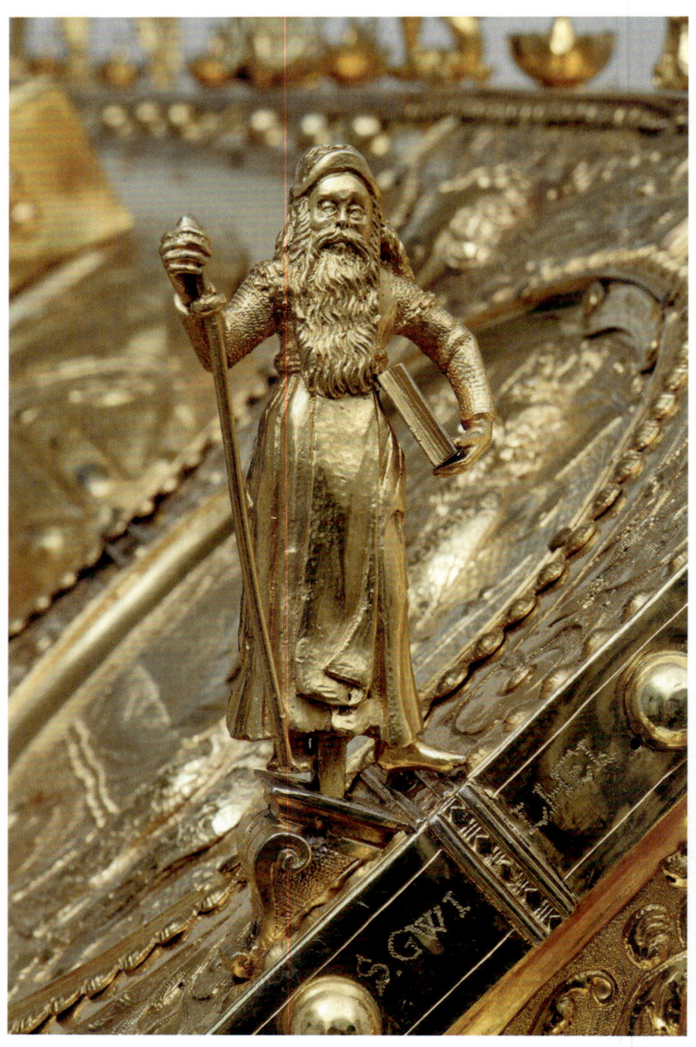

Statuette des heiligen Wilhelm von Aquitanien auf der linken Seite des Firstkreuzes an der Rückseite

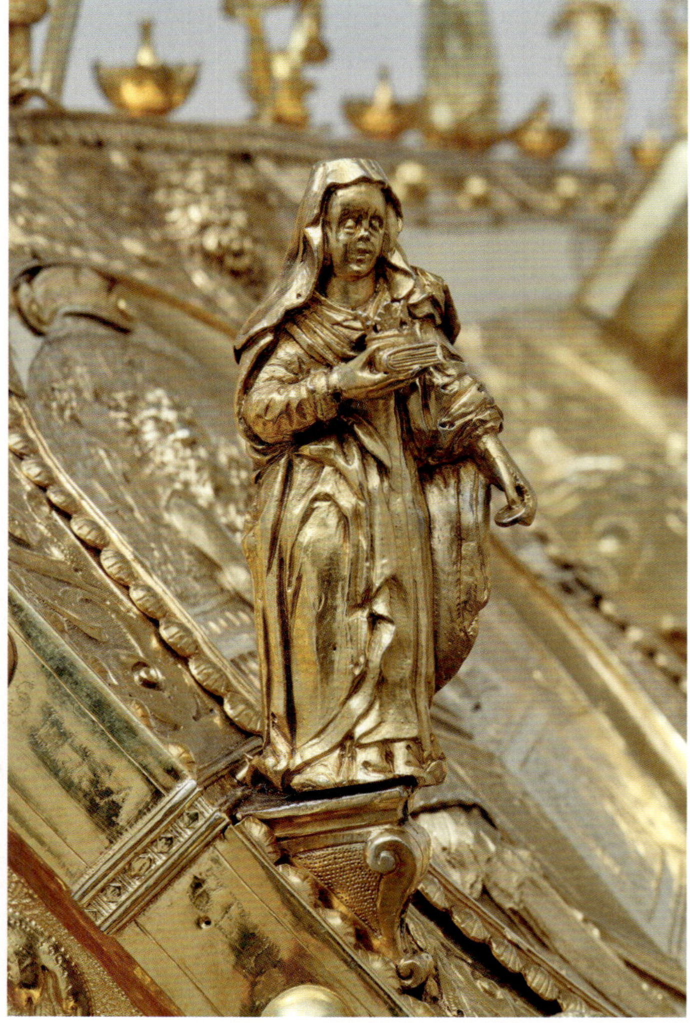

Statuette der heiligen Elisabeth von Thüringen auf der rechten Seite des Firstkreuzes an der Rückseite

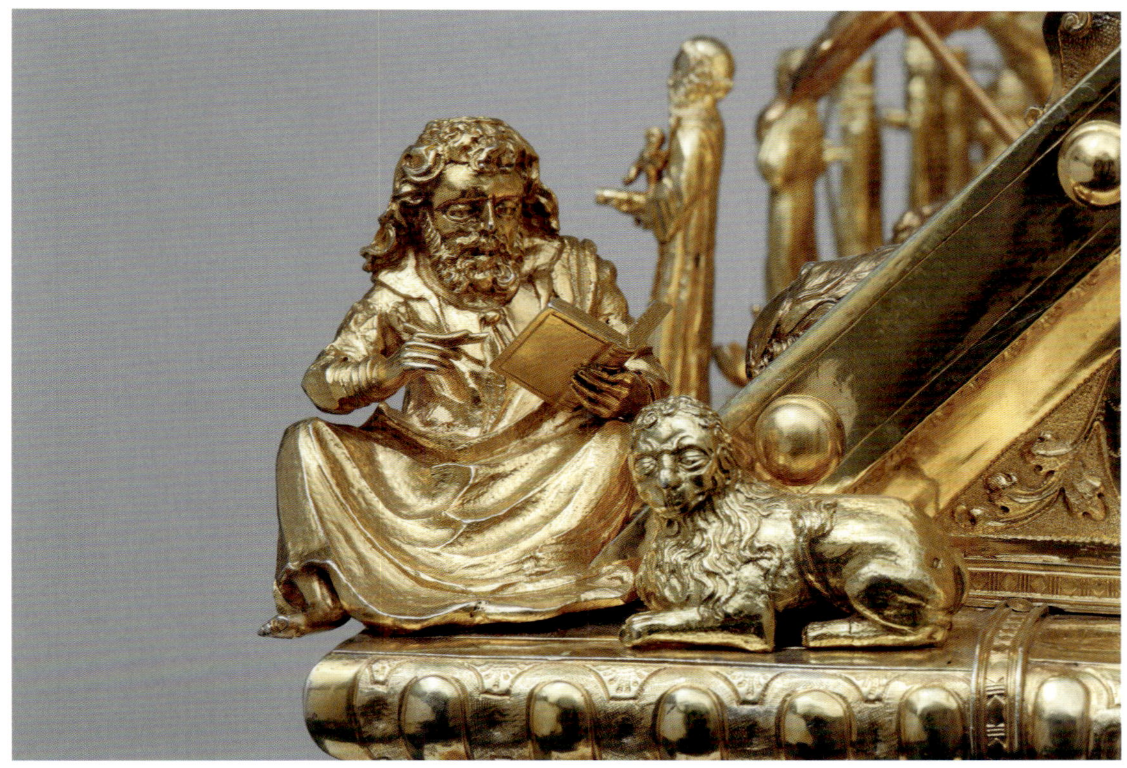

Statuette des Evangelisten Markus mit dem Löwen auf der linken Seite der Traufkante auf der Rückseite

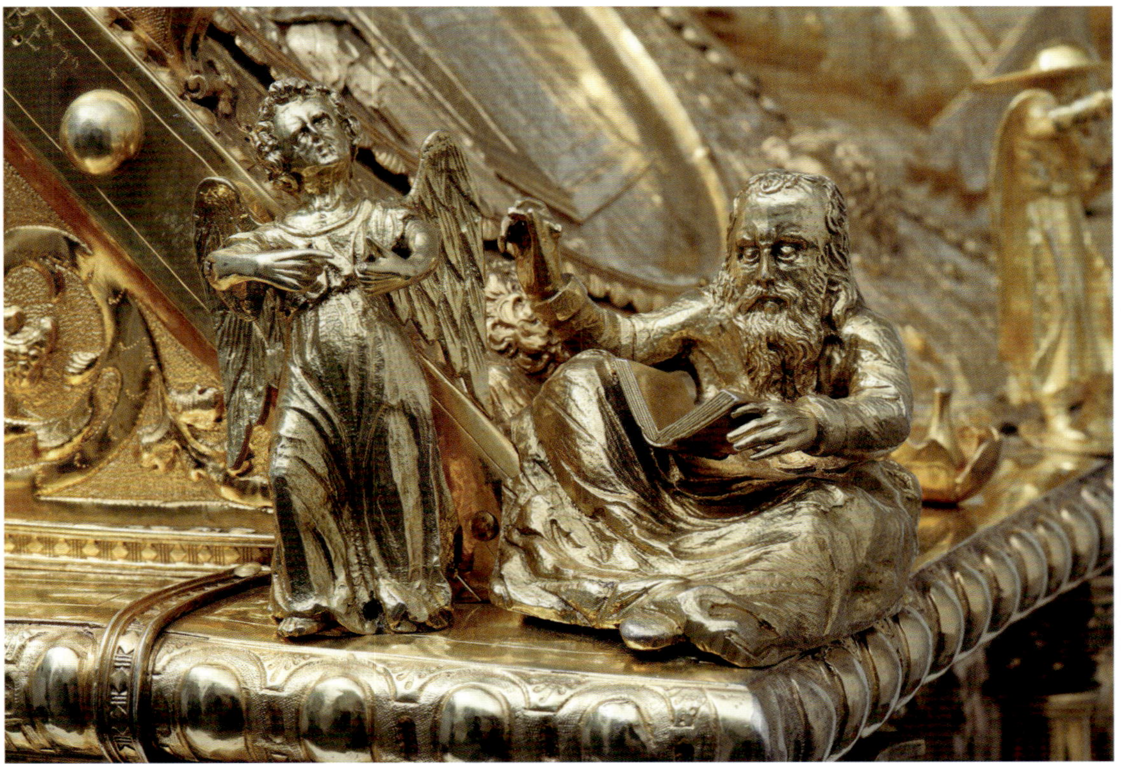

Statuette des Evangelisten Matthäus mit dem Engel auf der rechten Seite der Traufkante auf der Rückseite

Der Dachkranz

Auf der rechten Traufseite, der Seite des heiligen Liborius, sind von links nach rechts fünf Heiligenstatuetten aufgereiht (untere Bildreihe): Karl Borromäus, S. CAROLVS BORROMEVSS, mit einem Kardinalshut, einem Buch in der linken und einem (Bischofs?)-Stab in der rechten Hand, dem die obere Hälfte abhandengekommen ist, Birgitta von Schweden, S. BRIGITA, mit einem Buch in der rechten und dem Stumpf eines verlorengegangenen Gegenstands (eines Kreuzes?) in der linken Hand, Maternus, S. MATDERNVS, mit Mitra, Bischofstab in der rechten und Buch in der linken Hand, Justina von Padua, S. IVSTINA, die die Hände gefaltet hält, und zuletzt Antonius von Padua, ANTONIVS.D.BADDVVA, der daran zu erkennen ist, dass er ein Buch und das Jesuskind auf dem Arm trägt.

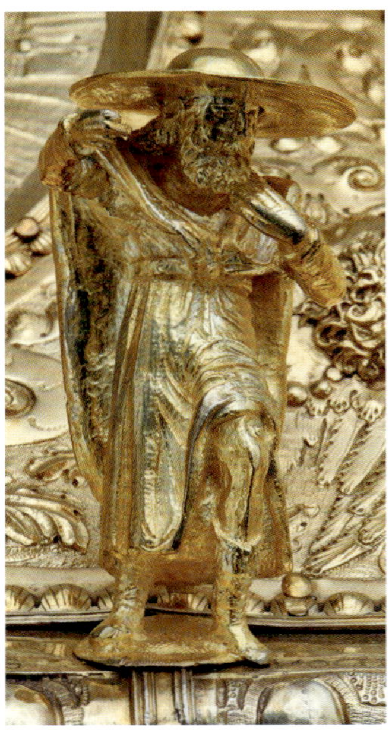

Statuette des heiligen Rochus auf der linken Traufseite

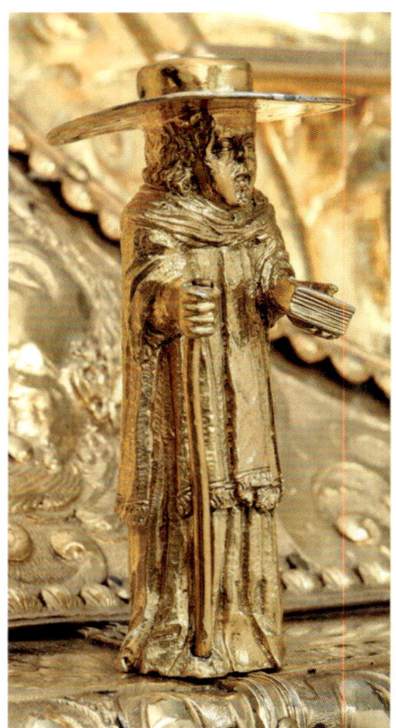

Statuette des heiligen Karl Borromäus auf der rechte Traufseite

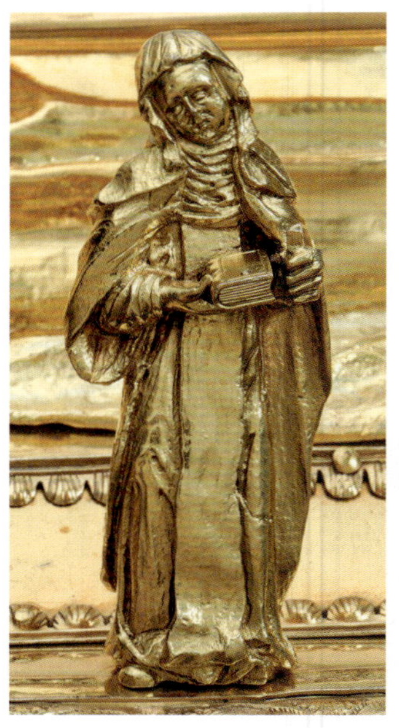

Statuette der heiligen Birgitta

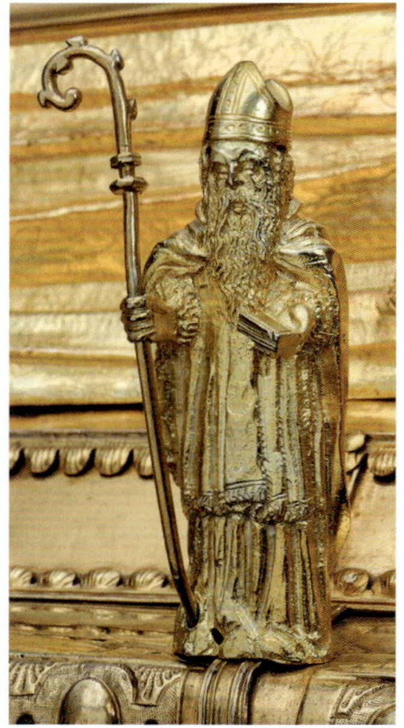

Statuette des heiligen Maternus

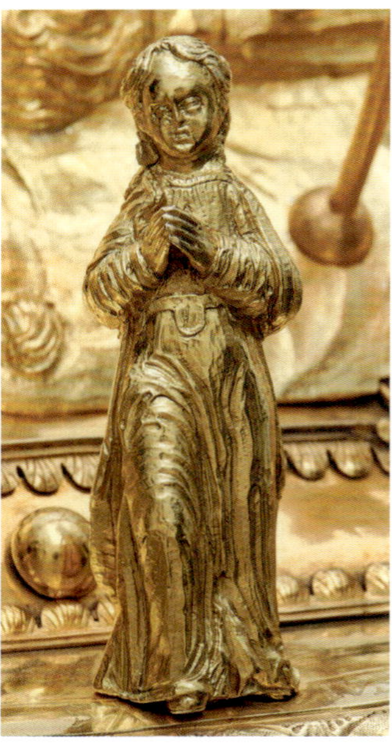

Statuette der heiligen Justina

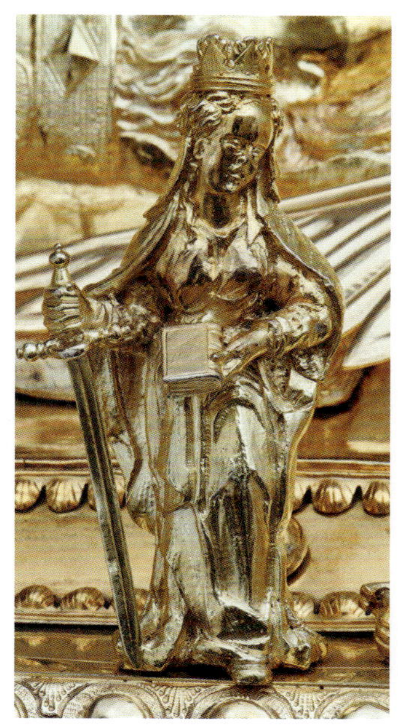
Statuette der heiligen Katharina von Alexandrien

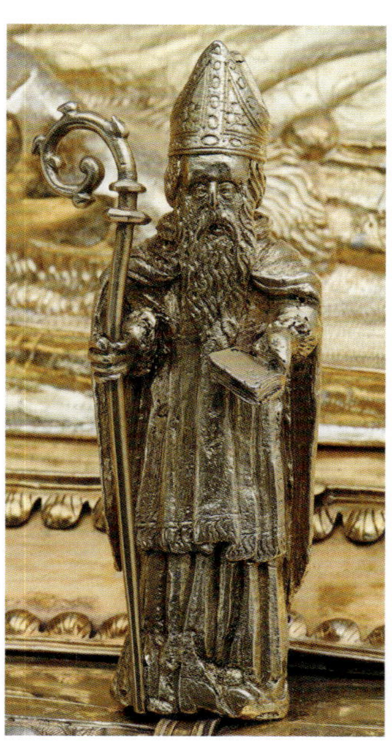
Statuette des heiligen Ordensgründers Benedikt

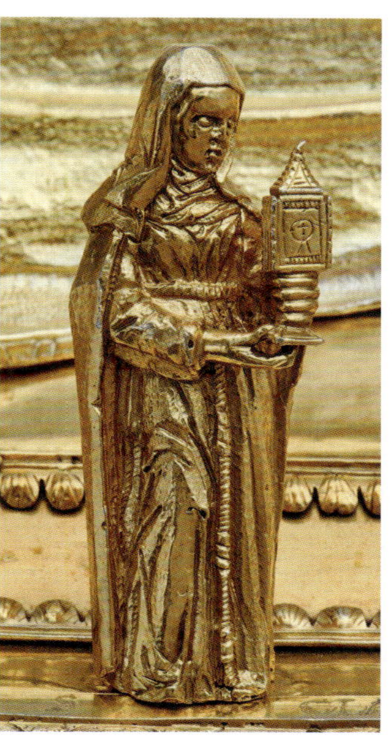
Statuette der heiligen Ordensgründerin Clara von Assisi

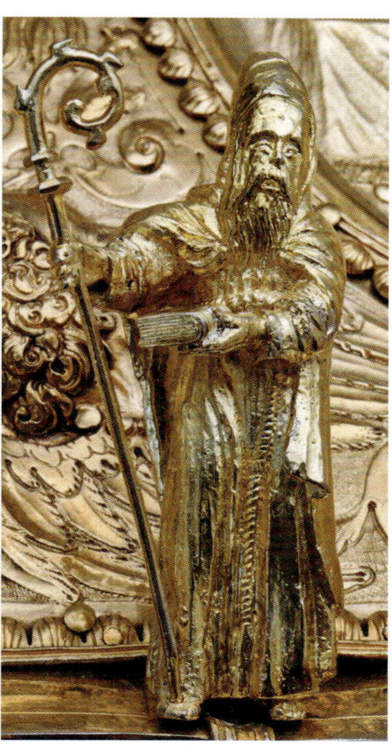
Statuette des heiligen Mönchsvater Antonius des Einsiedlers

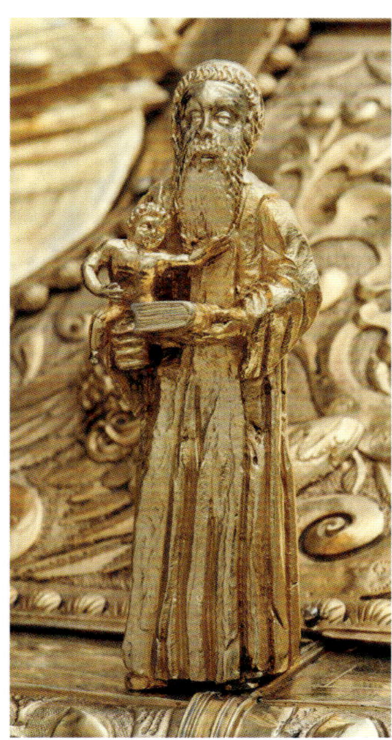
Statuette des heiligen Antonius von Padua

Auf der linken Traufseite, der Seite des heiligen Kilian, säumen von links nach rechts die Dachkante der Pestheilige Rochus, ROCHVS, mit einem breitkrempigen Hut, das Bein mit einer Pestwunde vorstreckend, Katharina von Alexandrien, CATHARINA, mit Krone, Schwert, Buch und zu ihren Füßen liegendem zerbrochenem Rad, der Ordensgründer Benedikt von Nursia, BENEDICTVS, mit Mitra, Stab und Buch, seiner Regel, die Ordensgründerin Klara von Assisi, CLARA, mit einer Monstranz und der Abt und Mönchsvater Antonius, ANTONIVS ABES, mit einem Abtsstab (obere Bildreihe).

Da schriftliche Quellen zum Konzept des Schreines fehlen, lässt sich bis auf die Namenspatrone des Stifterehepaares nicht mehr rekonstruieren, in wieweit Wilhelm von Westphalen und Elisabeth von Loe Einfluss auf die Auswahl der dargestellten Heiligen genommen haben.

Die Rückseite

Die rückwärtige Schmalseite des Schreins gleicht im Aufbau der Vorderseite. Vor dem Giebelfeld ragt als vollplastische Figurengruppe die Krönung Mariens hervor (H. ca. 9,3 cm). Maria kniet, dem Betrachter zugewandt, zwischen Gottvater auf der rechten Seite, der durch eine Weltkugel gekennzeichnet ist, und ihrem Sohn, der das Kreuz trägt. Gottvater und Jesus Christus sitzen auf je einer Wolke und strecken jeweils einen Arm zur Gottesmutter hin aus. Die verbindende Krone über dem Haupt Mariens fehlt spätestens seit 1914.[159] Über ihrem Kopf schwebt jedoch, ebenfalls vollplastisch ausgeführt, die Figur einer Taube, der Heilige Geist. Paul Michels ist überzeugt, dass die Figurengruppe nachträglich vor das Giebelfeld gesetzt wurde, denn sie verdeckt nahezu vollständig die Wappen des Stifterehepaares.[160] Erkennbar an der Helmzier befindet sich hinter der Christus-Figur das Wappen Wilhelms von Westphalen, hinter der Figur von Gottvater das Wappen seiner Frau Elisabeth von Loe. Ihre Namen werden in der Stifterinschrift genannt. Diese befindet sich im zentralen, von einem Bogen sowie von zwei korinthischen Säulen gerahmten Feld, das wie auf der Stirnseite einem Tor gleicht.

Die vollplastische Krönung Mariens vor den Wappen des Stifterehepaares. Die Krone fehlt.

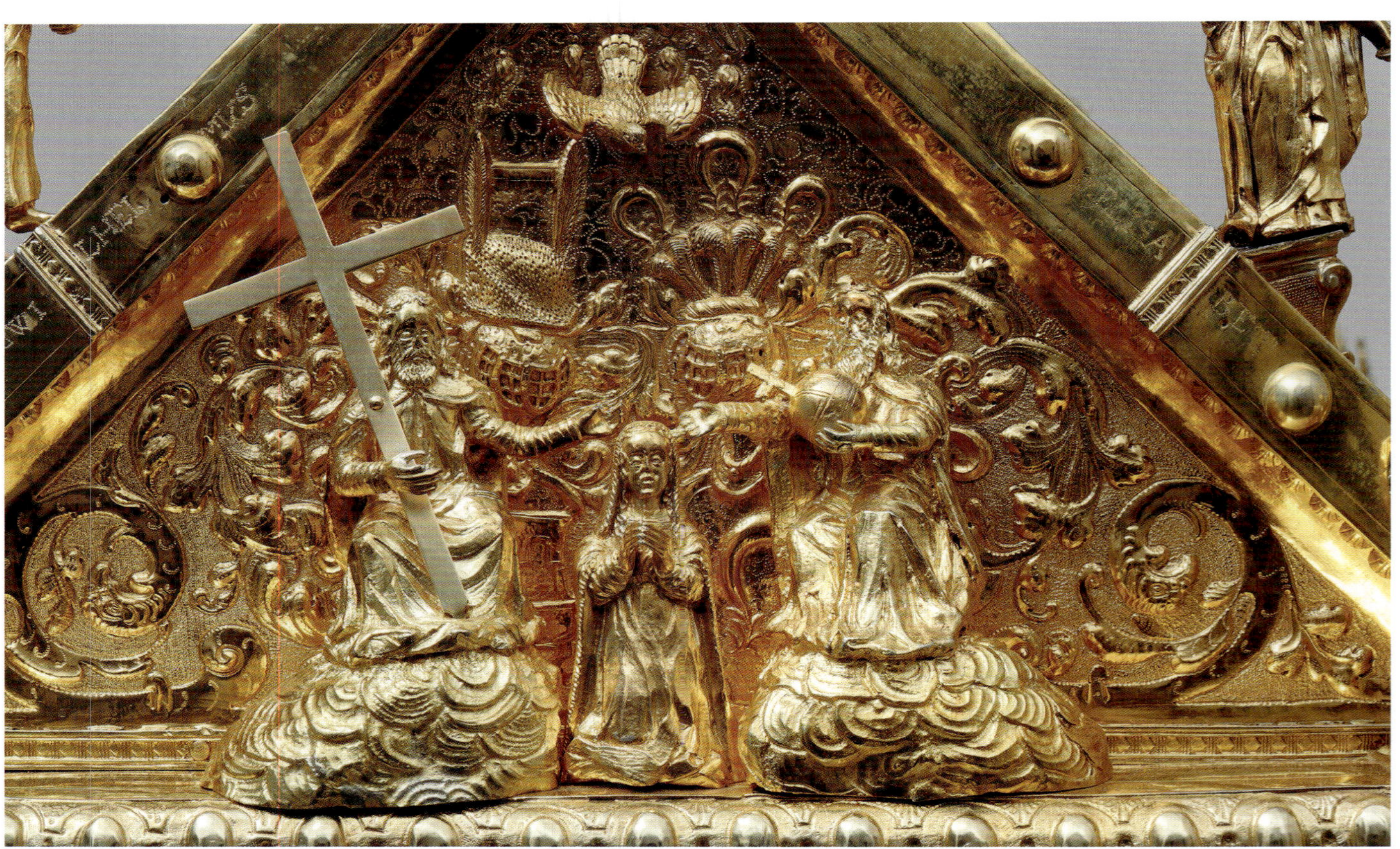

159 Fuchs 1914, S. 9.
160 Michels 1967, S. 267.

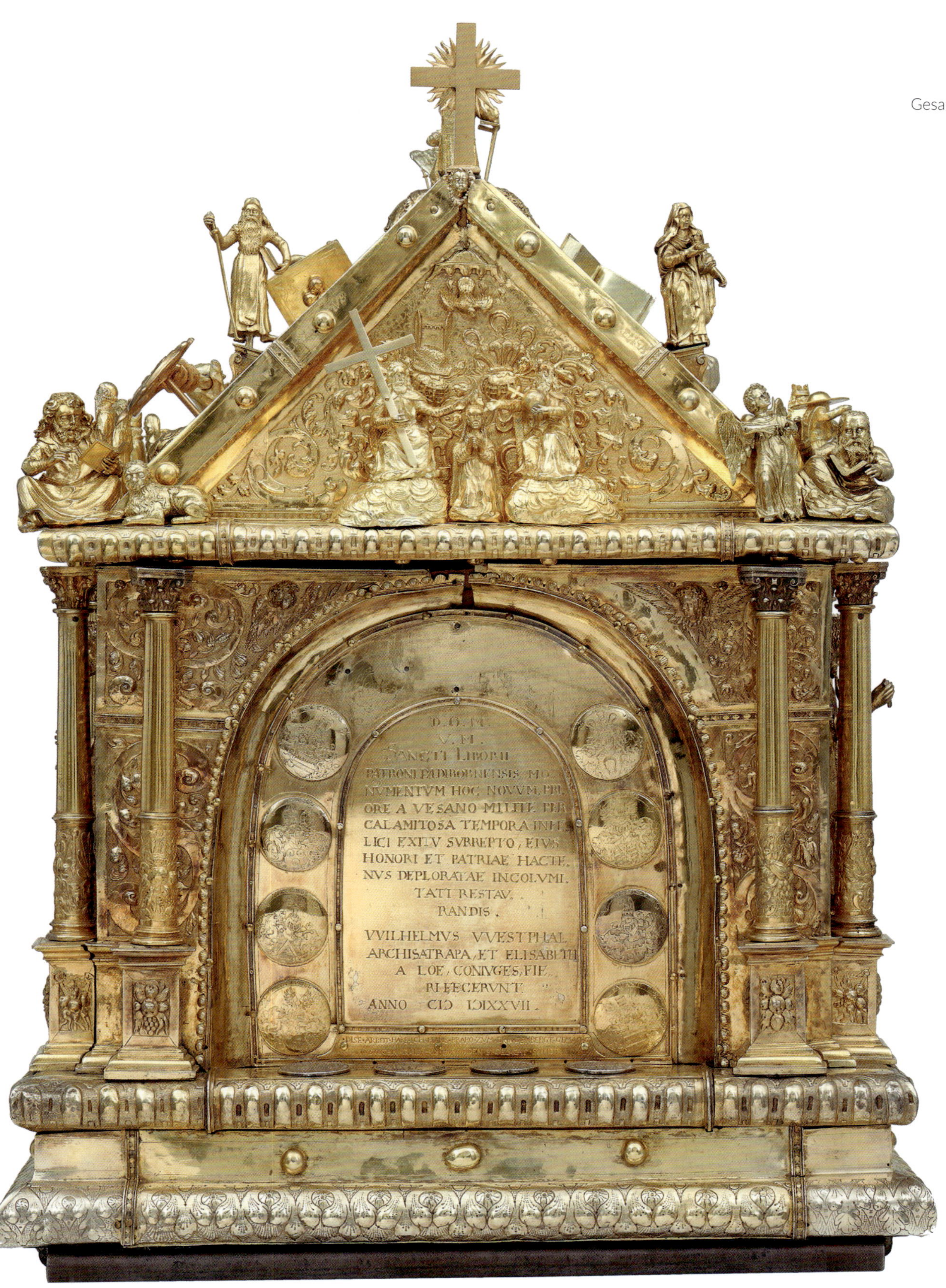

Gesamtansicht der Rückseite

Die lateinische Inschrift lautet:

D.O.M./ V.M. / SANCTI LIBORII / PATRONI PADERBORENSIS MO-/ NVMENTVM HOC NOVUM, PRI-/ORE A VESANO MILITE PER / CALAMITOSA TEMPORA INFE-/LICI EXITV SVRREPTO, EIVS / HONORI ET PATRIAE HACTE-/NVS DEPLORATAE INCOLVMI-/ TATI RESTAV-/RANDIS. / VVILHELMVS VVESTPHAL / ARCHISATRAPA, ET ELISABETH / A LOE, CONIVGES FIE-/RI FECERVNT. / ANNO CIↃ IↃIXXVII.

Die in ungewöhnlicher Weise eingravierten lateinischen Zahlzeichen sind zu lesen als MDCXXVII[161]. Sie ergeben das Jahr 1627.

Die deutsche Übersetzung lautet:

Gott, dem Besten und Höchsten, [und] der Jungfrau Maria [gewidmet]. Dieses neue Denkmal des heiligen Liborius, des Paderborner Schutzpatrons, haben die Eheleute Wilhelm von Westphalen, Landdrost, und Elisabeth von Loe im Jahre 1627 herstellen lassen, um dessen Ehre und das Wohl des bis heute beklagten Vaterlandes wiederherzustellen, nachdem das frühere von einem rasenden Soldaten in betrüblichen Zeiten mit unglücklichem Ausgang geraubt war.

161 Mertens 1873, S. 105, liest dementsprechend „CIↃIↃCXXVII“, damit die Addition 1627 ergibt, doch tatsächlich steht vor „XXVII“ ein „I“ und kein „C“.

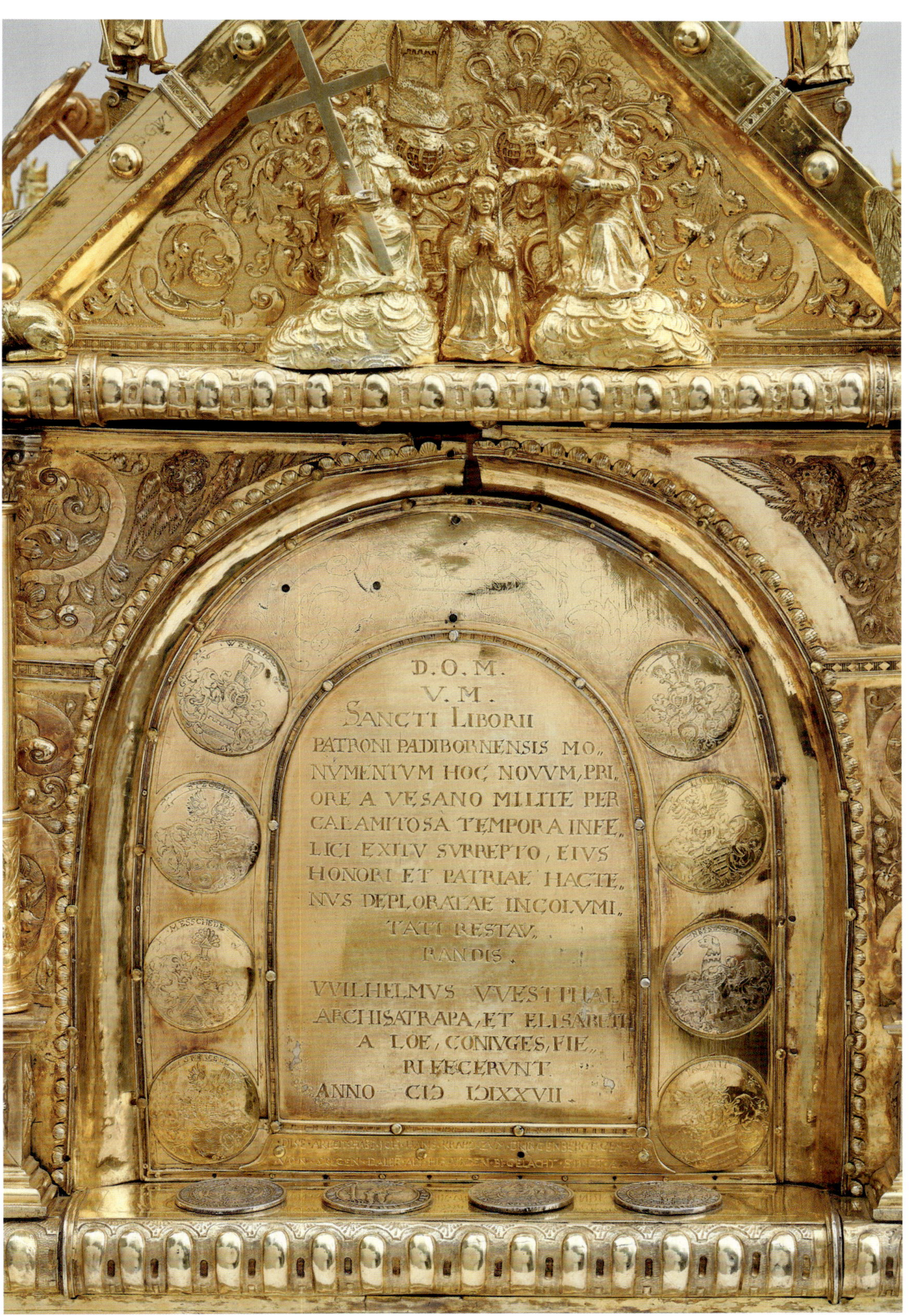

Die Stifterinschrift auf der Rückseite des Schreins

Die Wappen des Stifterehepaares und ihrer Vorfahren

Die Stifterinschrift, die auf den Raub des Schreins und der Reliquien durch Christian von Braunschweig anspielt, ohne ihn namentlich zu nennen, wird auf dem sie rahmenden Bogen auf jeder Seite von vier Wappendarstellungen der Vorfahren des Stifterpaares gesäumt[162]. Die linke Reihe widmet sich den Vorfahren Wilhelm von Westphalens. Sie zeigt von oben nach unten die Wappen des Vaters Raban von Westphalen († 1598), der Mutter Margarethe von Spiegel zu Peckelsheim († 1600), der Großmutter väterlicherseits Clara von Meschede zu Alme und der Großmutter mütterlicherseits Goda von Spiegel zum Desenberg. Die rechte Reihe gilt dementsprechend den Vorfahren Elisabeth von Loes. Sie präsentiert von oben nach unten die Wappen ihres Vaters Bertram von Loe zu Geist und Palsterkamp († 1611), ihrer Mutter Margarethe von der Horst zu Horst († 1610), ihrer Großmutter väterlicherseits Sophia von Nesselrode und ihrer Großmutter mütterlicherseits Anna Maria von Palant.[163]

Wappen der Vorfahren des Stifterehepaares auf beiden Seiten der Stiftungsinschrift (aus: Pöppel 1989, S. 14)

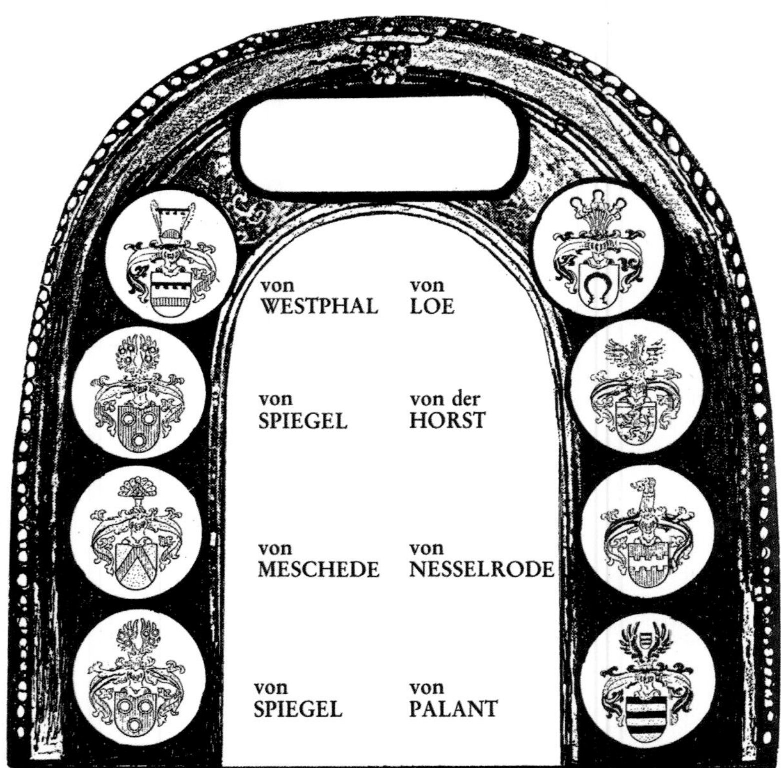

Den Scheitel des Wappenbogens zieren Ziselierungen. Der Paderborner Stadtbaurat Paul Michels (1882-1970) und ihm darin folgend der Dringenberger Pfarrer Diether Pöppel (1930-2008) vertraten die These, der Platz sei für das Wappen und Namensschild eines ersehnten Sohnes freigehalten worden. Sie betrachten die Stiftung des Schreins somit als Bitte an den heiligen Liborius um Fürsprache zur Erlangung eines Sohnes.[164] Diese Vermutung muss jedoch Widerspruch wecken, da Elisabeth von Loe zum Zeitpunkt der Stiftung aufgrund ihres Alters unzweifelhaft nicht mehr in der Lage war, Kinder zu gebären.

Die Wappenreihen sind demnach dem adeligen Stolz und Selbstbewusstsein des Stifterehepaares geschuldet, die sich ihrer Abstammung und der tragenden Bedeutung ihrer Familien für das staatliche und kirchliche Gefüge bewusst waren. Nicht zuletzt verdeutlichen sie durch die Wappen, dass sie mit ihren Vorfahren wie die Heiligen, die den Schrein schmücken, zur großen Schar der

162 Michels 1967, S. 276.
163 Michels 1967, S. 268.
164 Michels 1967, S. 266; Pöppel 1980, S. 163-165; ders. 1989, S. 10-11.

durch Christus Erlösten gehören und Glieder der zeitübergreifenden Kirche Jesu Christi sind. Dieses Selbstverständnis der Stifter wird zusätzlich dadurch unterstrichen, dass sie es nicht bei der Darstellung der Wappen ihrer Eltern und Großeltern beließen, sondern auch die Wappen ihrer jeweils vier Ur- und acht Ururgroßmütter am Schrein anbringen ließen. Jeweils links und rechts neben den Namensschildchen der zwölf Apostel sind in Rundmedaillons unter den jeweiligen Familiennamen insgesamt 24 Wappen eingraviert. Auf der rechten Seite finden sich die Wappen der Vorfahrinnen des Wilhelm von Westphalen, auf der linken jene der Ahnenmütter der Elisabeth von Loe[165]. Erst Paul Michels machte 1967 darauf aufmerksam, dass die Wappen Ausdruck des Familienstolzes der Stifterin und des Stifters sind, und nicht, wie bis dahin vermutet[166], den 24 Domherren gehörten, die 1627 das Paderborner Domkapitel bildeten.[167]

Die Ehe von Wilhelm von Westphalen und Elisabeth von Loe blieb kinderlos. Elisabeth von Loe starb 1632. 1633 heiratete Wilhelm von Westphalen Anna Maria von der Recke († 1636), eine Schwester des Domdechanten und späteren Fürstbischofs Dietrich Adolf von der Recke, mit dem Wilhelm von Westphalen sich für die Rückkehr der Reliquien des heiligen Liborius eingesetzt hatte. Dieser Ehe entstammte das einzige Kind Wilhelms von Westphalen, die Tochter Brigitta von Westphalen († 9. Mai 1663)[168]. Brigitta heiratete 1655 einen gleichnamigen Verwandten (1624-1712) ihres Vaters, der als Geheimer Rat in kurkölnischen Diensten stand, und setzte mit diesem die Familie von Westphalen fort. Beide starben im Schloss Laer bei

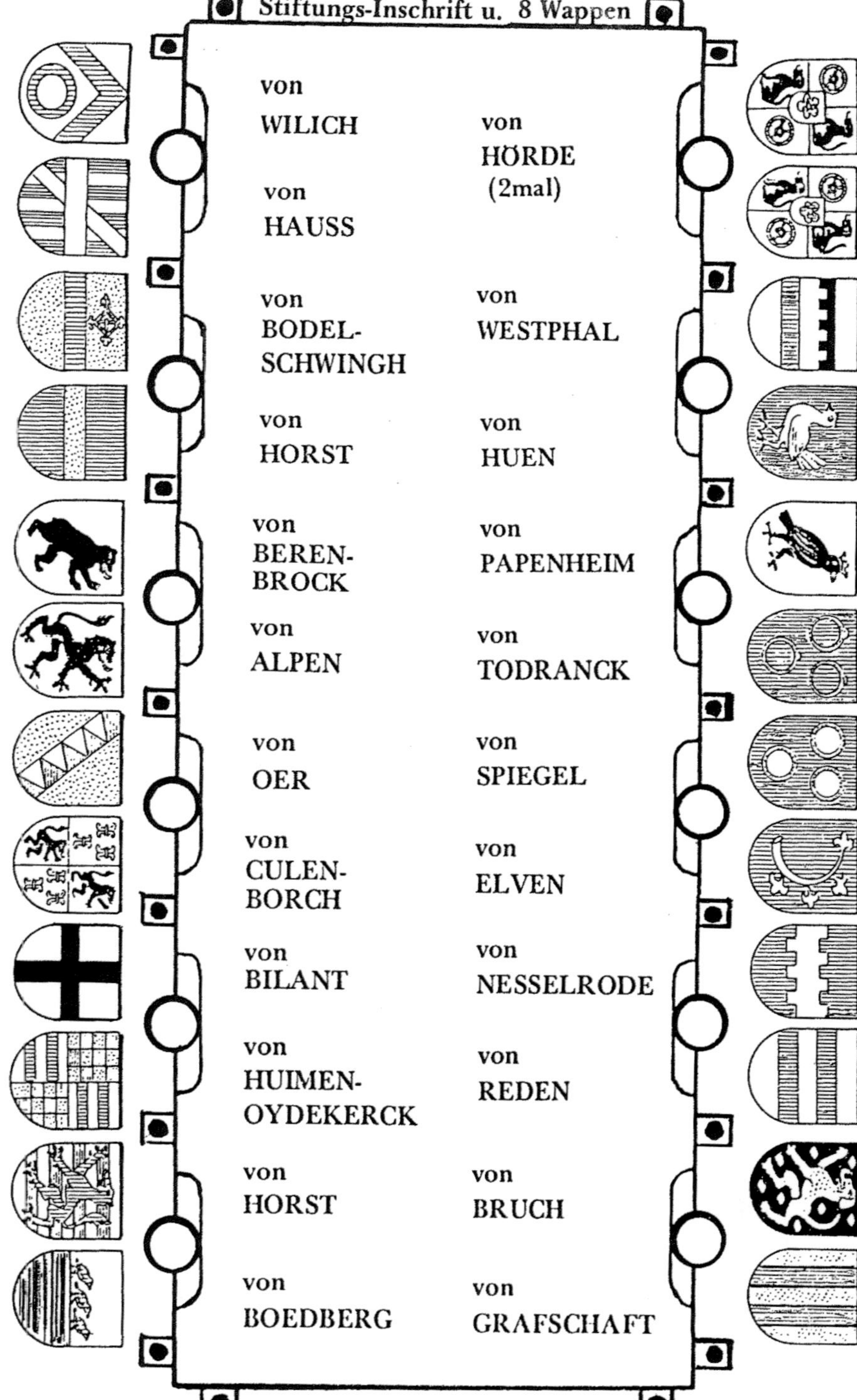

Wappen der Vorfahren des Stiftehepaares an den Längsseiten des Schreins (aus: Pöppel 1989, S. 15)

165 Michels 1967, S. 268-278.
166 Brand 1844; Nordhoff 1881, S. 127; Mertens 1873, S. 105.
167 Michels 1967, S. 267.
168 KB Meschede, Bd. 1, S. 96.

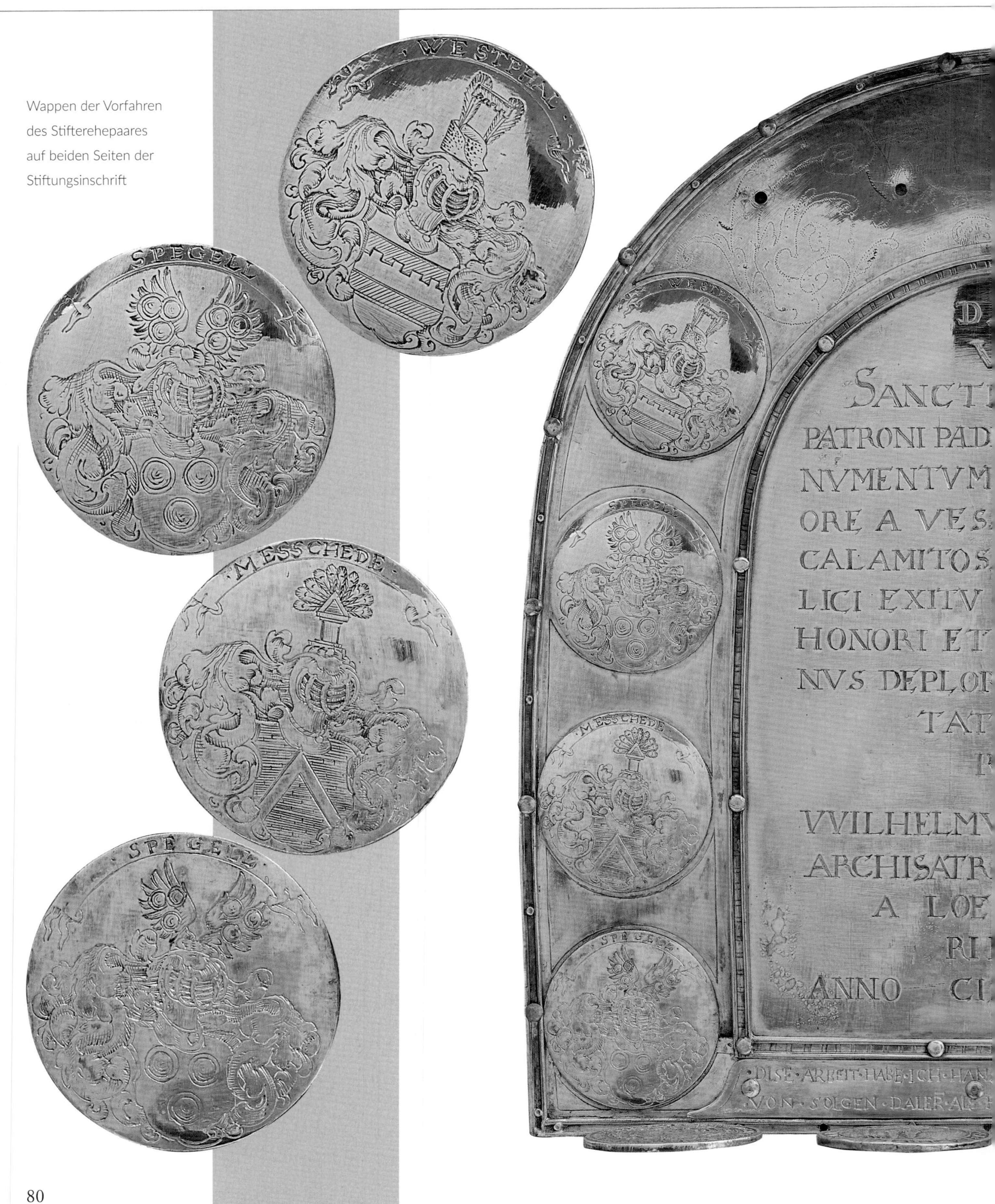

Wappen der Vorfahren des Stifterehepaares auf beiden Seiten der Stiftungsinschrift

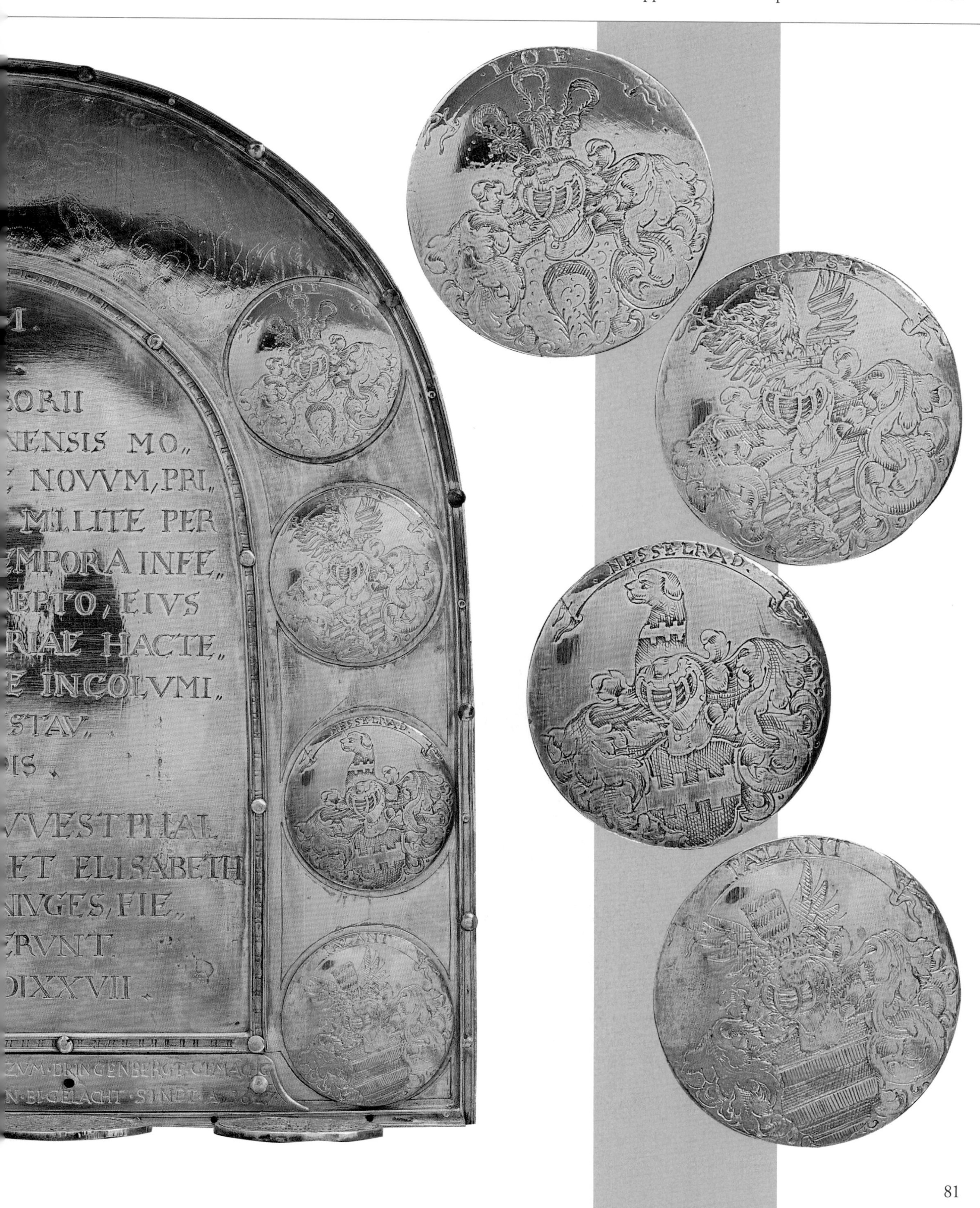
LOE
NESSELRAD.
PALANT
BORII
NENSIS MO„
NOVVM, PRI„
MILITE PER
EMPORA INFE„
RIAE HACTE„
E INCOLVMI„
STAV„
VVESTPHAL
ET ELISABETH
NIVGES, FIE„
ERVNT.
DIXXVII

Meschede und wurden im Kloster Böddeken begraben.[169] Der Schreinstifter Wilhelm von Westphalen schloss 1640 mit Katharina Hedwig von Schilder seine dritte Ehe, die wie die erste kinderlos blieb.[170] Er erlitt am 7. August 1655 einen Schlaganfall[171] und starb am Ostertag, 16. April 1656[172].

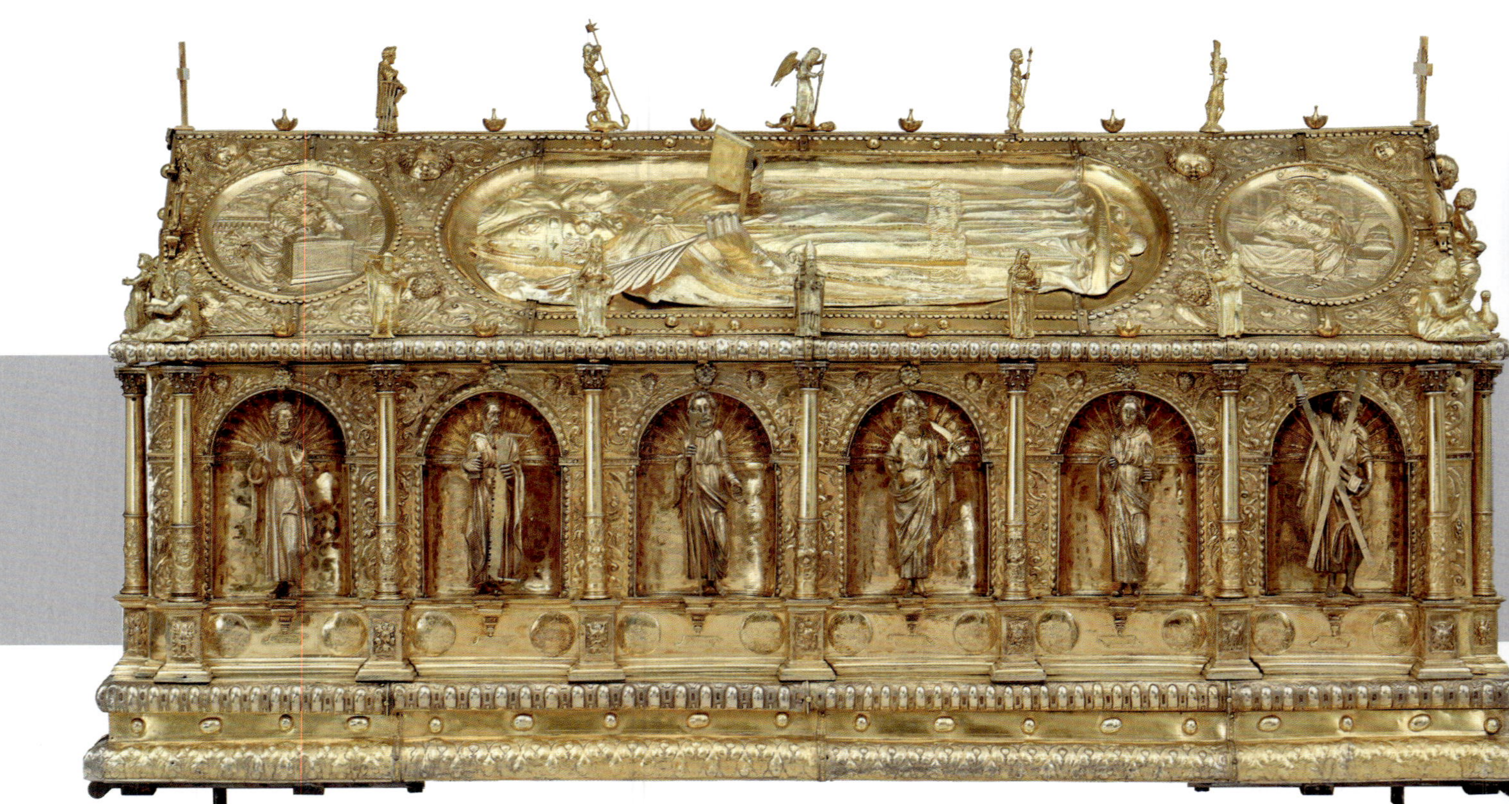

Auf der Kilianseite befinden sich die zwölf Wappen de- Vorfahren der Elisabeth von Westphalen, geb. von Loe.

169 Michels 1967, S. 266.
170 Pöppel 1980, S. 166-168.
171 Löer 1939, S. 89; Pöppel 1980, S. 169.
172 EBAP, MK PB, Urk., Nr. 49a; ebd., GR, Bd. XVII, Bl. 418-421. Löer 1939, S. 89, und wohl nach Löer, Pöppel 1980, S. 169, und ders. 1989, S. 17, geben den 22. Juni 1656 als Sterbedatum für Wilhelm von Westphalen an.

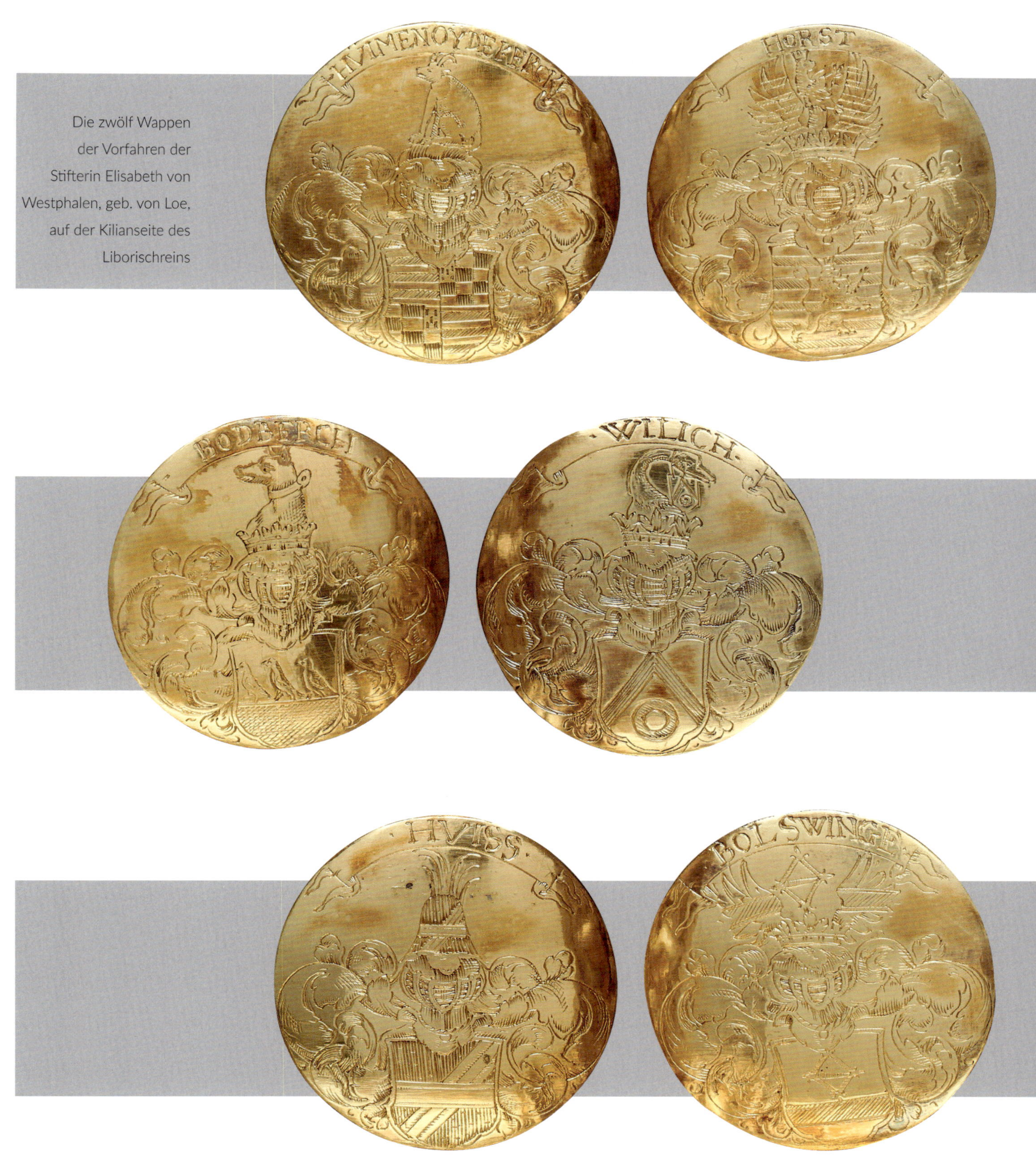

Die zwölf Wappen der Vorfahren der Stifterin Elisabeth von Westphalen, geb. von Loe, auf der Kilianseite des Liborischreins

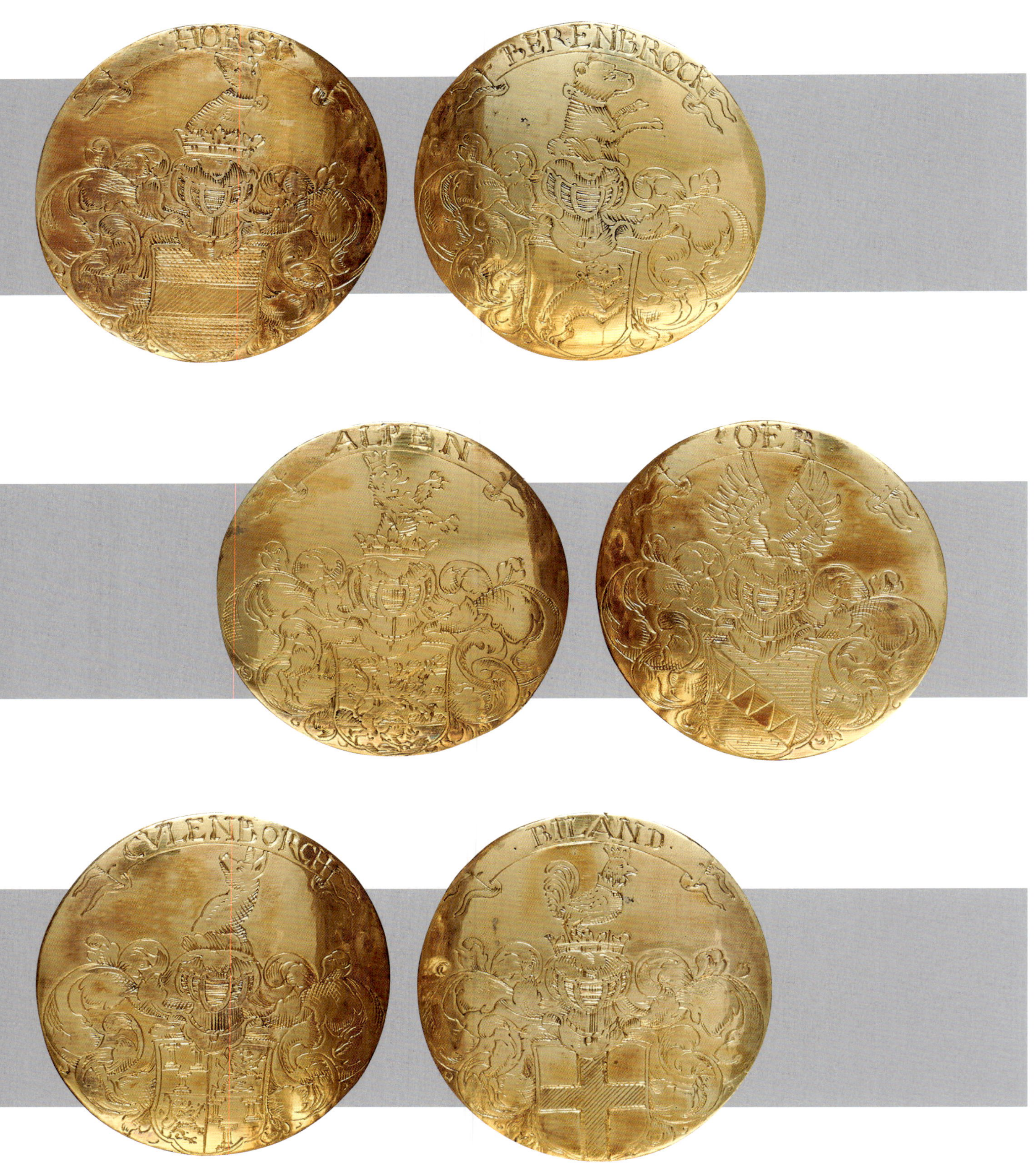
HORST
BERENBROCK
ALPEN
OER
CVLENBORCH
BILAND

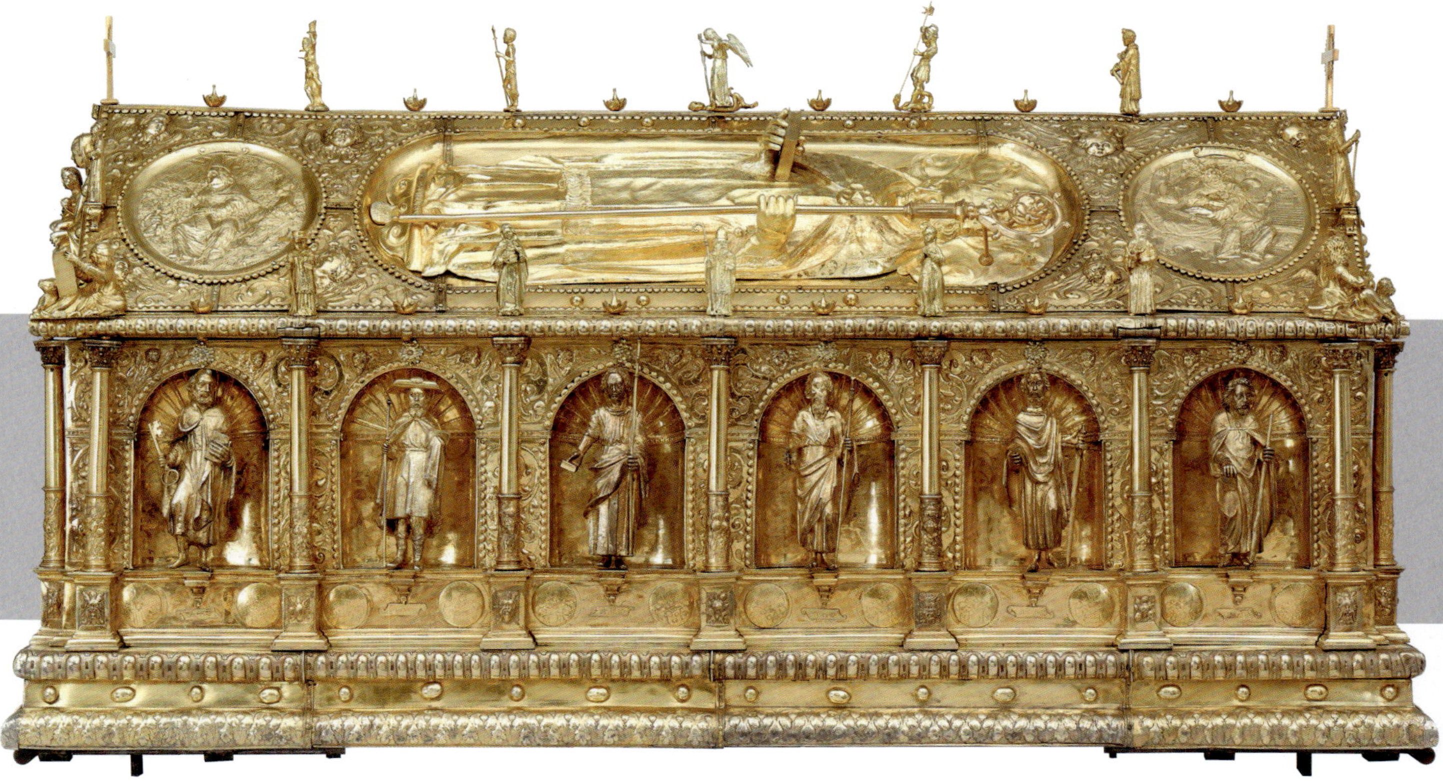

Auf der Liboriusseite befinden sich die zwölf Wappen der Vorfahren des Stifters Wilhelm von Westphalen.

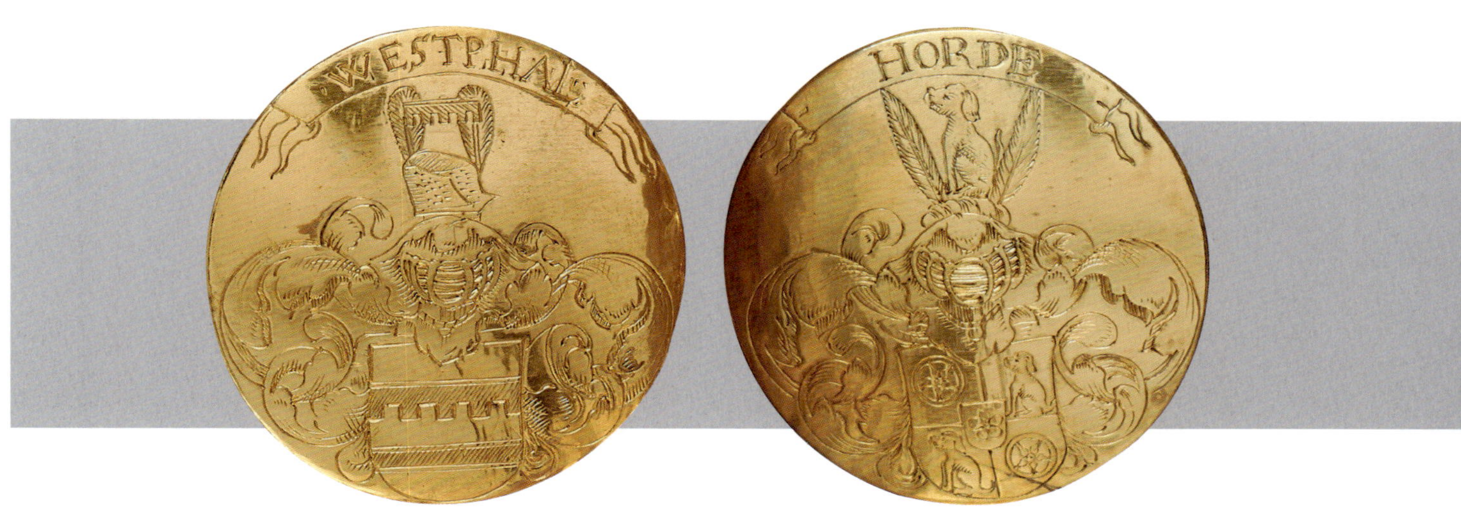

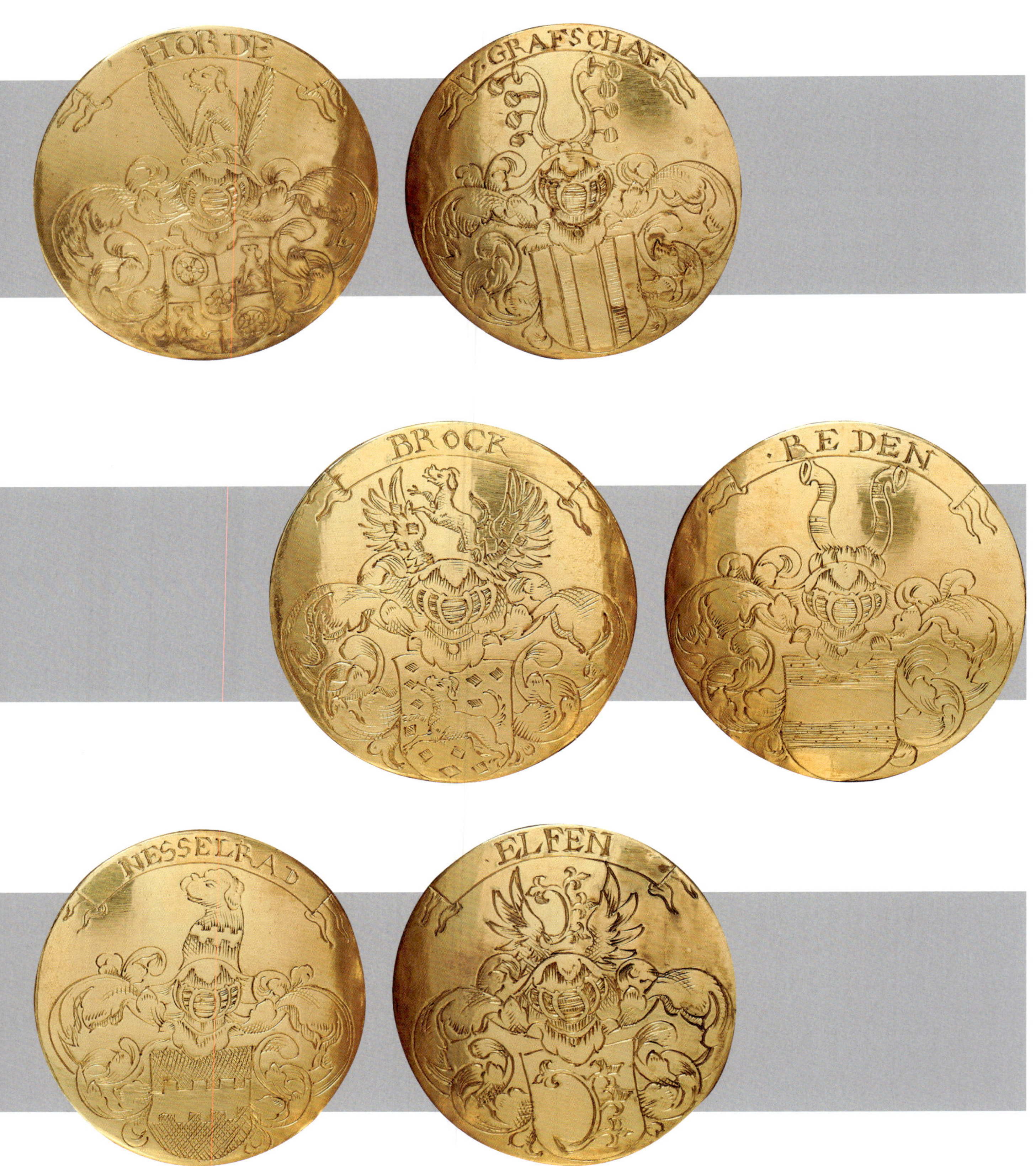
HORDE
V. GRAFSCHAF
BROCK
REDEN
NESSELRAD
ELFEN

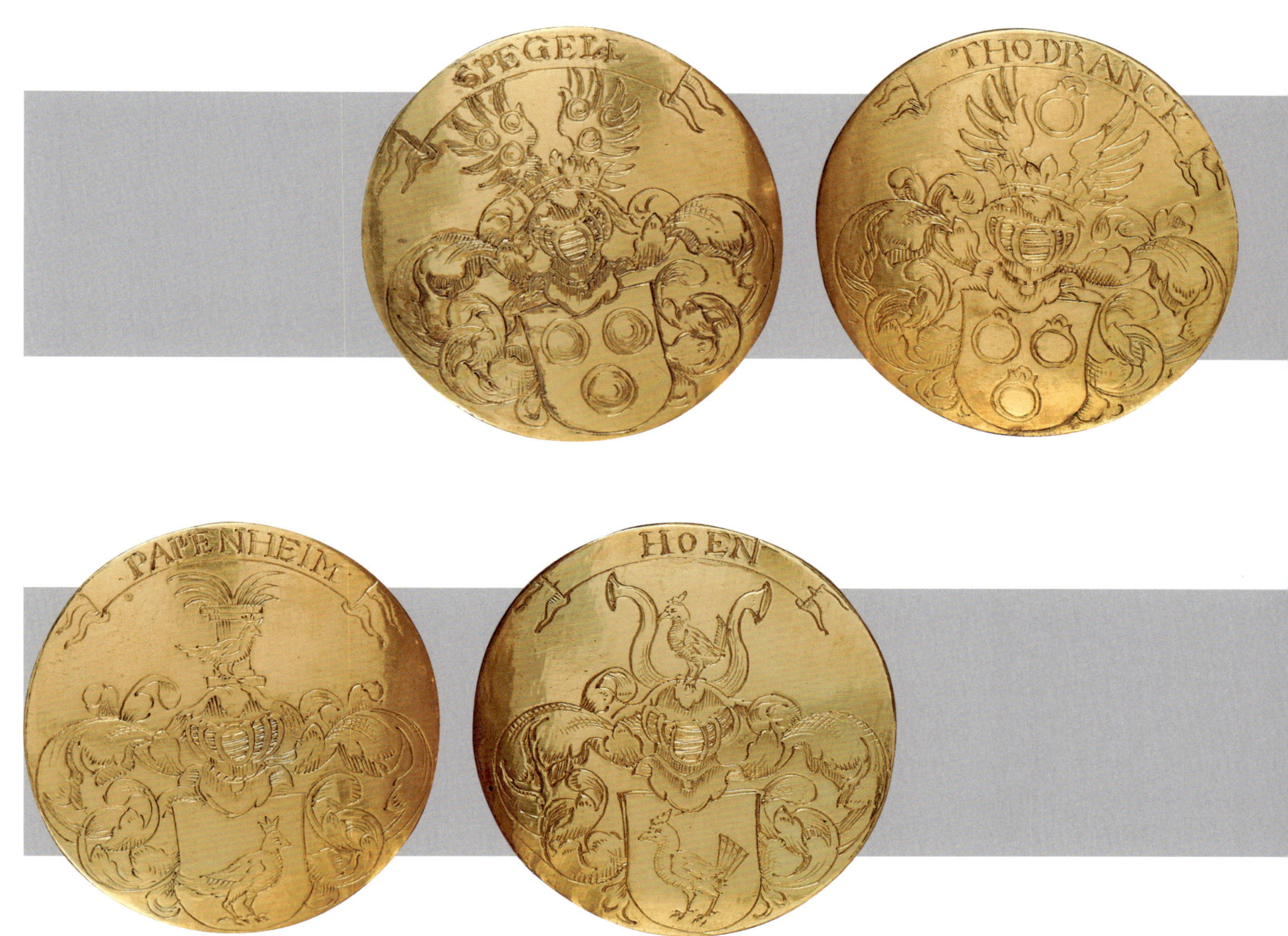
SPEGELL
THODRANCK
PAPENHEIM
HOEN

Das Innere des Schreins

1844 berichtete Franz Joseph Brand, Ordinarius am Paderborner Gymnasium Theodorianum, im Kölner Domblatt, der *Kasten des heil. Liborius* habe im Innern einen roten Anstrich. Anscheinend war das Innere gegliedert, denn er beschreibt zugleich, dass ein kleinerer Kasten in Gestalt eines Hauses, der mit weißer Seide überzogen, an den Rändern mit Silberborten geziert und mit zwei Schlössern verschlossen sei, in der *größeren Mitte* stehe. Der kleine Kasten berge ein Behältnis von blauer Seide, dessen Nähte versiegelt seien. Auf einer beiliegenden Pergamentrolle seien jene Personen verzeichnet, die anwesend waren, als die Reliquien in den neuen Schrein gelegt wurden, darunter auch der *Magister Johannes Kracho* und sein Geselle.[173] Conrad Mertens, der diese Beschreibung nahezu wörtlich übernahm, bestätigt 1873, dass der kleinere Kasten durch hölzerne Leisten im Schrein stabilisiert werde, damit er sich nicht verschiebe. Aus der Hand des Gymnasiallehrers Brand

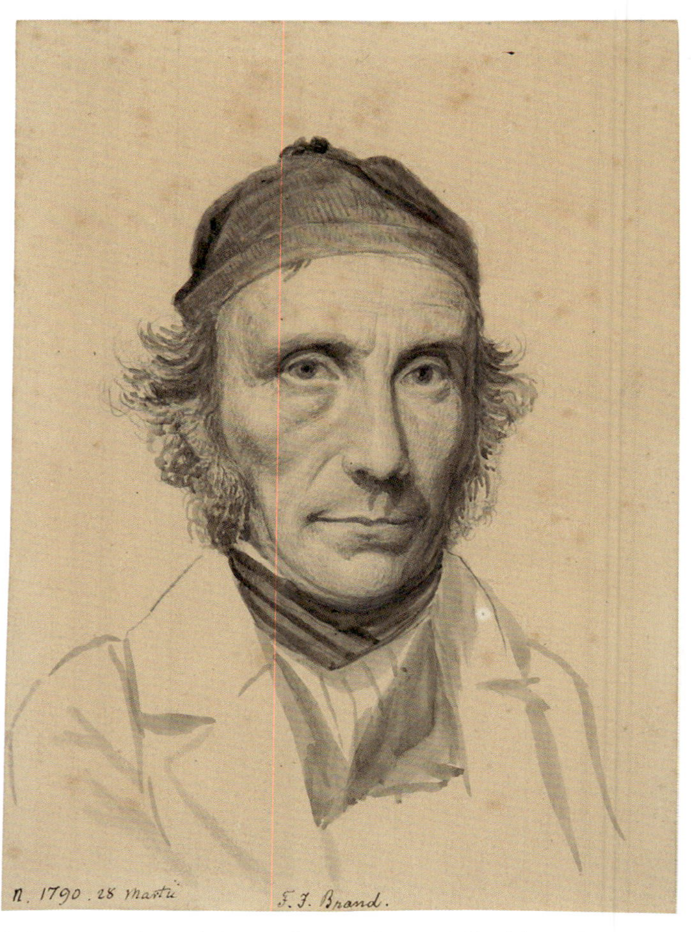

Selbstportrait des Paderborner Gymnasial- und Zeichenlehrers Franz Joseph Brand. AV PB, Cod 177. (EAB PB)

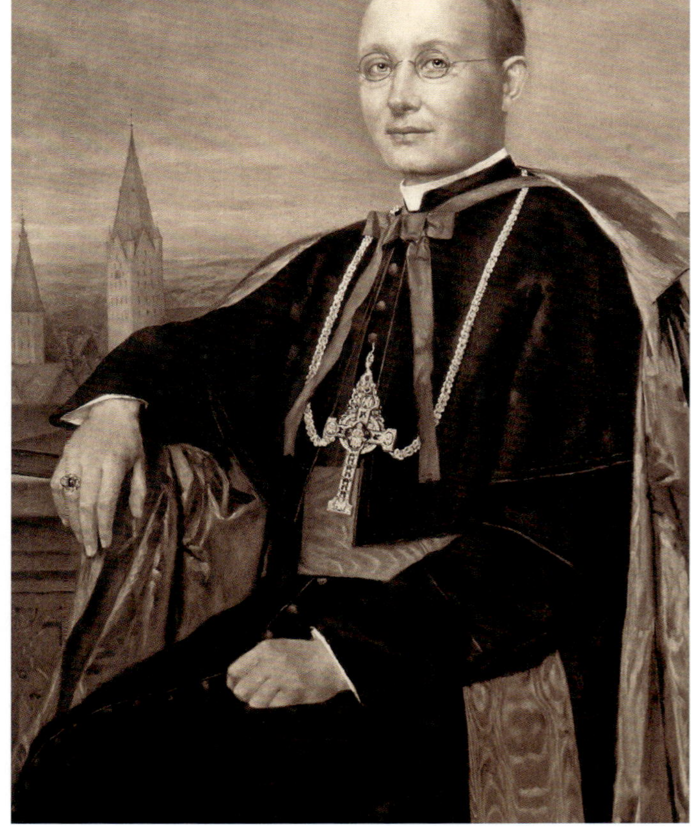

Portrait des Paderborner Bischofs Carl Josef Schulte

173 Brand 1844.

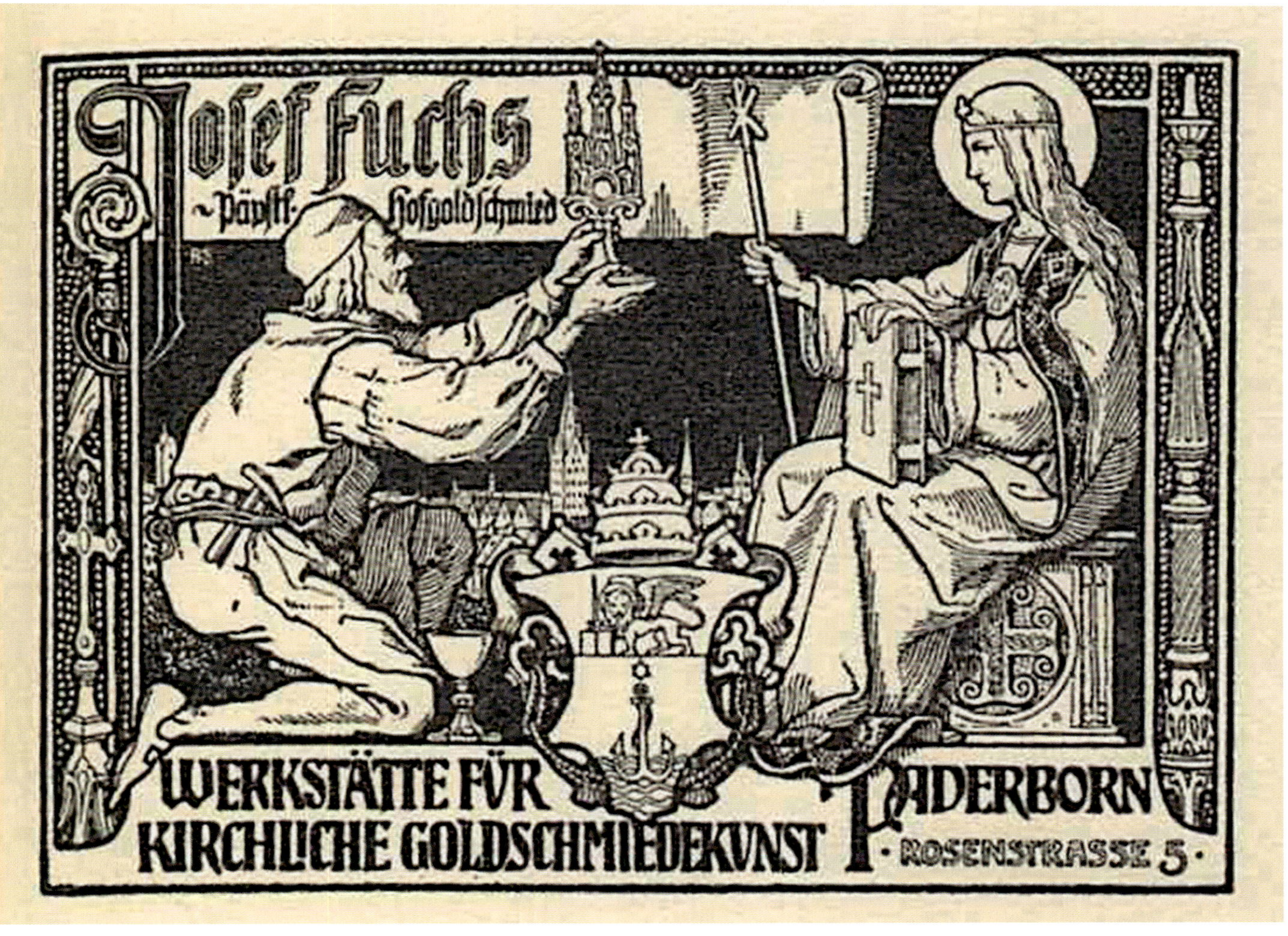

Briefkopf des Paderborner Goldschmieds Joseph Fuchs, 24. Juli 1917. EBAP, MK PB, Bd. XVII, Bl. 414 (EBAP)

stamme eine in den Zwischenräumen eingelegte Urkunde, die über die Restaurierung des Schreins 1836 berichte.[174] Als der Schrein 1915 geöffnet wurde, wurden die Maße des zwischen den zwei Holzleisten eingesetzten Kästchens mit 34,05 cm Länge, 23 cm Breite und 31 cm Höhe erfasst.[175] Mit einem Nagel war eine Blechbüchse im Schrein befestigt, die Urkunden von 1628, 1651, 1656, 1682, 1789, 1805 und 1836 enthielt.[176]

1915 beschloss das Domkapitel, für die Aufnahme des mit weißer Seide umschlossenen Kästchens, in das die Reliquien am 23. September 1656 hineingelegt worden waren,[177] eine hölzerne Kassette in würdiger Form und Ausstattung zu beschaffen.[178] Bischof Carl Josef Schulte, der von 1910 bis 1920 das Bistum Paderborn leitete[179], stellte für dieses *Weihegeschenk* an den Diözesanpatron 1.000 Mark zur Verfügung.[180] Der Ebenholzkas-

174 Mertens 1873, S. 106. EBAP, MK PB, Urk., Nr. 86 (11. Juli 1836).
175 EBAP, MK PB, GR, Bd. XVII, Bl.416-416v.
176 EBAP, MK PB, GR, Bd. XVII, Bl. 418-421.
177 EBAP, MK PB, Urk., Nr. 49a; ebd., GR, Bd. XVII, Bl. 418-421.
178 A MK PB, Protokollbuch 1894-1924, S. 210 (20. September 1915).
179 Brandt / Hengst 1984, S. 327-333.
180 A MK PB, Protokollbuch 1894-1924, S. 215 (10. Januar 1916).

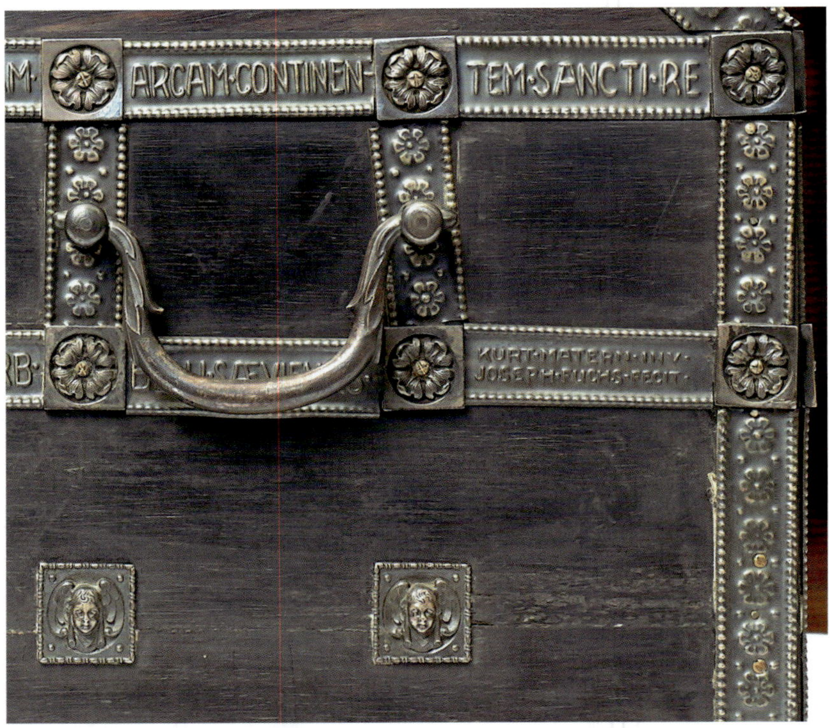

Nahaufnahme der Inschrift des Ebenholzschreins mit den Namen des Architekten Kurt Matern, der den Schrein entworfen, und des Goldschmieds Joseph Fuchs, der den Entwurf umgesetzt hat.

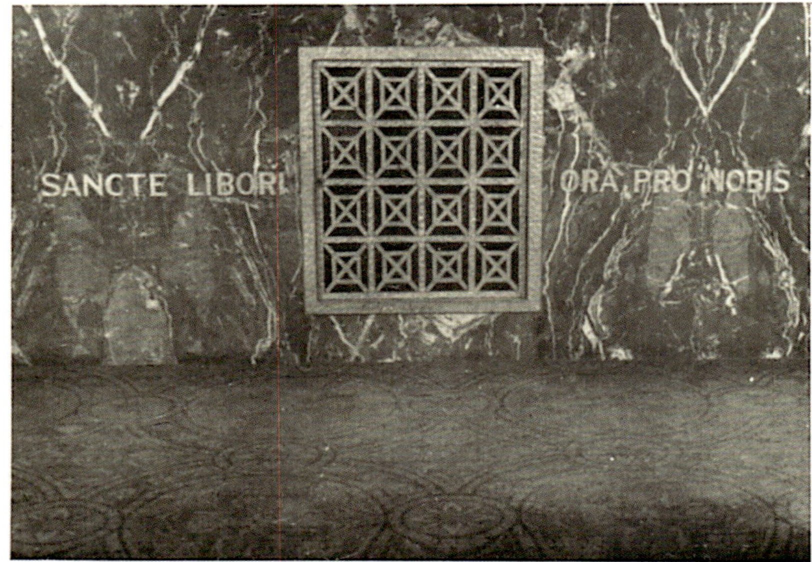

Stipes des 1915 geschaffenen Krypta-Altars, 1936. EBAP, Nachlass Joseph Brockmann (EBAP)

ten (40x28x86,5 cm) in Form eines Hauses wurde 1917 nach einem Entwurf des Dombaumeisters Kurt Matern (1884-1968)[181] durch den Paderborner Tischlermeister Franz Schwarzendahl (1852-1916) geschaffen und vom Goldschmidt Joseph Fuchs sen. (1876-1946) mit Silberbändern beschlagen.[182] Diese tragen umlaufend die lateinische Inschrift[183]:

RMUS. ET. ILLMUS. DOMINUS. CAROLUS. JOSEPHUS. SCHULTE. S. THEOL. DR. EPPUS. PADERB. APOST. VICARIAT. ANHALTINI. ADMINISTR. IN. HOC. SCRINIO. APPLAUDANTE. CAP. CATH. IN. HON. S. LIBORII. PATRONI. COMPARATO. REPOSUIT. VETEREM. ILLAM. ARCAM. CONTINENTEM. SANCTI. RELIQUIAS. IN. VELO. SERICO. CONVOLUTAS. ET. IN. STIPITE. ALTARIS. IN. KRYPTA. DE. NOVO. ERECTI. RECONDIDIT. UT. ADITUS. AD. EAS. EXPEDIATUR. CHRISTI. FIDELIBUS. ET. AD. VENERATIONEM. PATEAT. A° 1917 TEMP. INTER. OMNES. FERE. GENTES. ORB. BELLI. SÆVIENTIS. KURT. MATERN. INV. JOSEPH. FUCHS. FECIT.

Die deutsche Übersetzung lautet:

Der hochwürdigste Herr Carl Joseph Schulte, Doktor der hl. Theologie, Bischof von Paderborn und Administrator des Apostol. Vikariats Anhalt, hat in diesem mit Zustimmung des Domkapitels zu Ehren des hl. Patrons Liborius bereiteten Schrein den alten, die in ein Seidentuch gehüllten Reliquien des Heiligen enthaltenden Behälter eingeschlossen und im Stipes des in der Krypta von neuem errichteten Altares beigesetzt, damit den Christgläubigen der Zutritt zu ihnen erleichtert werde und der Verehrung offenstehe.

181 Steinmann / Schwieters / Assmann 1994, S. 158-160.
182 N. N. 1917.
183 EBAP, MK PB, GR, Bd. XVII, Bl. 423.

Im Jahre 1917, während des unter fast allen Völkern des Erdkreises wütenden Krieges.[184]

1917 legte das Kapitel fest, dass der Ebenholzschrein ab dem Kleinliborifest desselben Jahres im neuen Altar der Krypta aufbewahrt werden soll[185] . Die Überführung erfolgte am 28. Oktober 1917.[186] Links und rechts neben dem Gitter, hinter dem der Ebenholzschrein eingesetzt wurde, stand: *Sancte Libori ora pro nobis* – Heiliger Liborius bitte für uns. Entgegen der Intention, den Zugang zu den Reliquien zu erleichtern, blieb der Ebenholzschrein hinter dem Gitter des Kryptaaltares den Augen der Gläubigen weiterhin verborgen.

Am 27. Juli 1923 wurden die Gebeine durch Dompropst Prof. Dr. Johannes Linneborn (1867-1933) und Domdechant Weihbischof Heinrich Hähling von Lanzenauer (1861-1925) in eine neue Seidenhülle, die mit einer Silberborte zugebunden und mit dem Siegel des Domkapitels versiegelt wurde, geborgen.[187] Dieses umschließt heute ein weißes Säckchen, das ein von der Paderborner Textilkünstlerin Edith Ostendorf (1911-1985) gestickter Pfau ziert.

Seit 1953 ist der goldene Schrein im Inneren *für den Einsatz des Ebenholzkastens praktisch hergerichtet* und mit *rotem Seidensamt ausgeschlagen, der für die Krönung der englischen Königen Elisabeth in Krefeld angefertigt ist.*[188] Die Paderborner Firma Pommer erhielt für die Ausfütterung 120 DM[189] .

Am 23. Juni 2021 wurde das weiße Säckchen mit dem aufgestickten Pfau, das die Reliquien des heiligen Liborius enthält, in ein neu erstelltes schlichtes Holzkästchen, das in

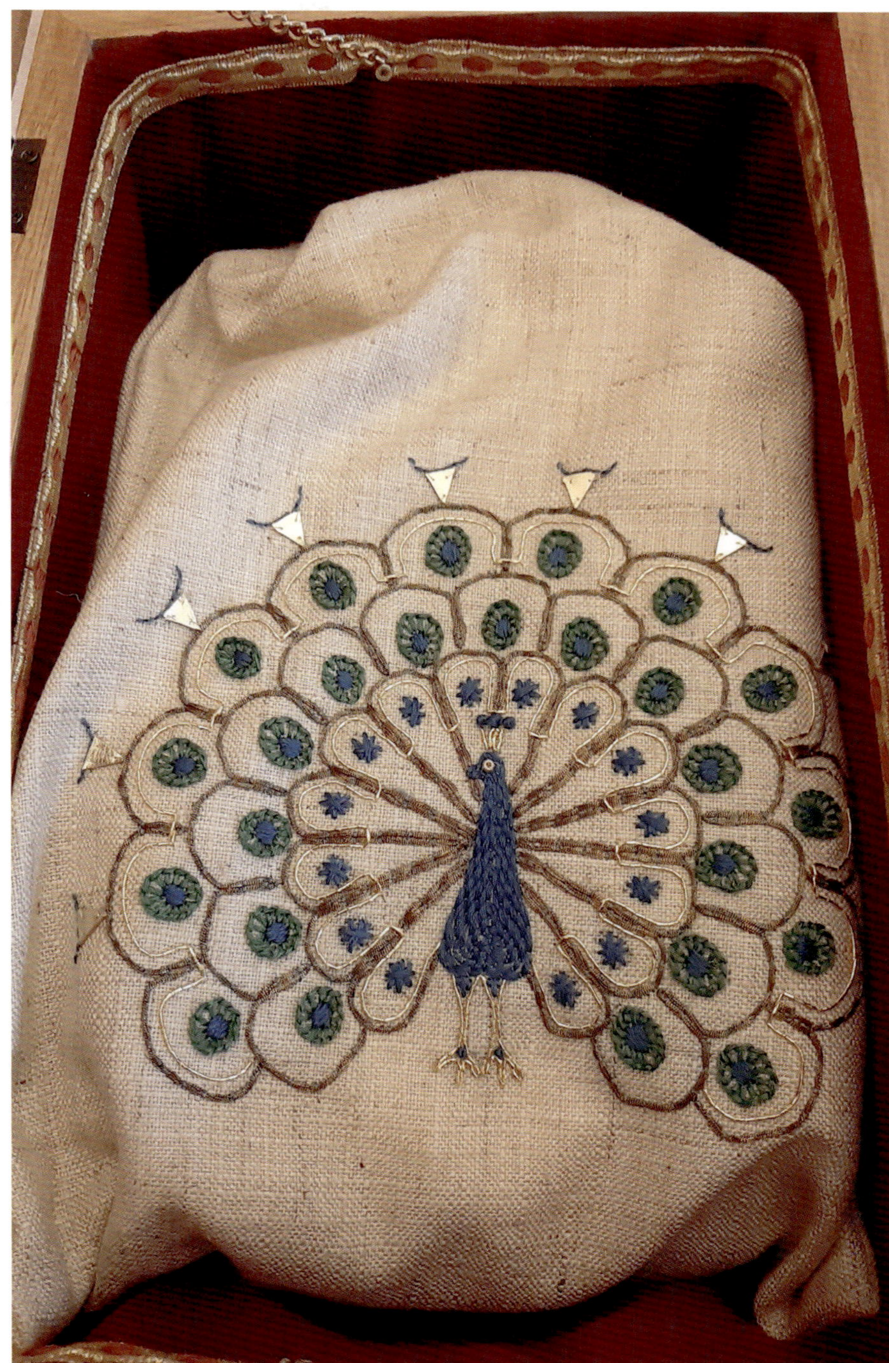

Der von der Textilkünstlerin Edith Ostendorf gestickte Pfau auf dem Reliquiensäckchen, 23. Juni 2021 (HJR)

184 Tack 1934, S. 189.
185 A MK PB, Protokollbuch 1894-1924, S. 231 (22. Oktober 1917).
186 Tack 1934, S. 189.
187 EBAP, MK PB, GR, Bd. XVII, Bl. 512.
188 A MK PB, Protokollbuch 1924-1954 (8. Mai 1953).
189 EBAP, MK PB, Journal der Domkasse vom 1. Juli 1951 bis 31. Juli 1954, Bl. 83v (15. Mai 1953).

seiner Form dem Ebenholzschrein folgt, hineingelegt, da das bisherige morsch geworden war und Beschädigungen aufwies. Das neue Kästchen, das von Manfred Schniedermeier (* 1968), Museumstechniker im Paderborner Diözesanmuseum, angefertigt worden ist, wurde danach in den Ebenholzschrein eingesetzt und dieser wieder unter den Kryptaaltar geschoben.

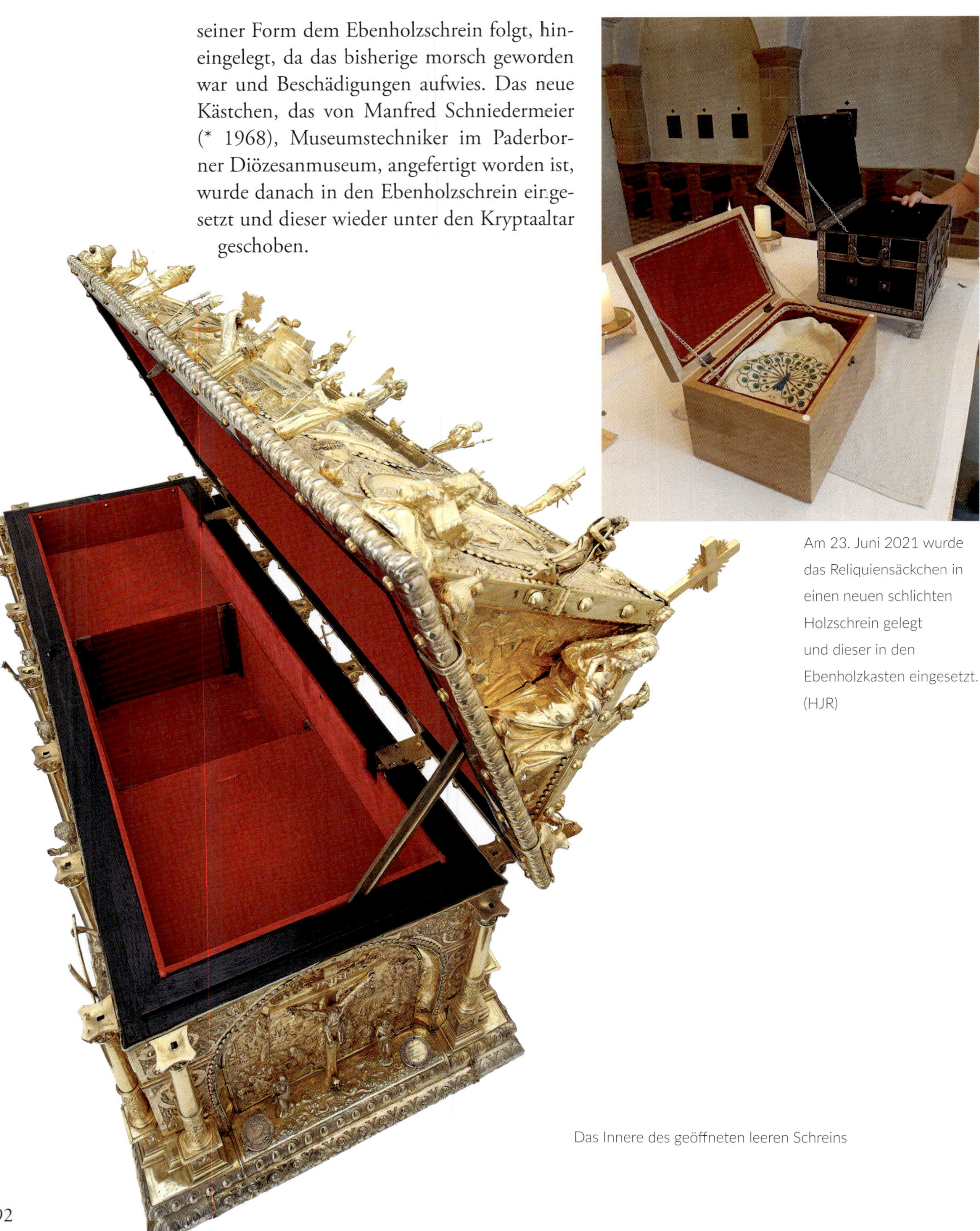

Am 23. Juni 2021 wurde das Reliquiensäckchen in einen neuen schlichten Holzschrein gelegt und dieser in den Ebenholzkasten eingesetzt. (HJR)

Das Innere des geöffneten leeren Schreins

Restaurierungen

1734 musste ein *kleines Bildgen* des *Reliquienkastens*, das *wegen Abrupfung der Blumen abbrüchig* geworden war, erneut am Schrein befestigt werden. Der Domsakristan Friedrich Hermann Harding (1682-1746) machte für den Abbruch die sechs Dombenefiziaten verantwortlich, die den Liborischrein während der Prozession am Liborifest getragen hatten.[190] Offensichtlich gehörte es zu ihren Aufgaben, den Schrein vom Blumenschmuck zu befreien, mit dem er an Festtagen bekränzt wurde.

Als der innere Schrein am 13. August 1805 geöffnet werden sollte, um ein Stück der Reliquien zu entnehmen, stellte man fest, dass einer der Schlüssel verlorengegangen war. Das Schloss musste erbrochen werden.[191]

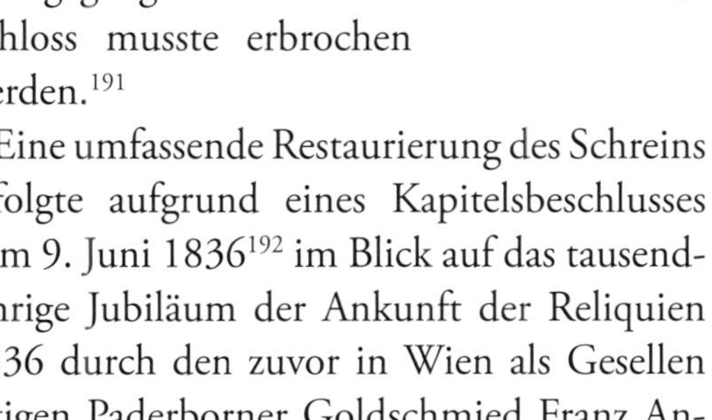

Siegel des Paderborner Goldschmieds Franz Anton Evers, 17. Juni 1836. EBAP, MK PB, Bd. XVII, Bl. 410 (EBAP)

Eine umfassende Restaurierung des Schreins erfolgte aufgrund eines Kapitelsbeschlusses vom 9. Juni 1836[192] im Blick auf das tausendjährige Jubiläum der Ankunft der Reliquien 1836 durch den zuvor in Wien als Gesellen tätigen Paderborner Goldschmied Franz Anton Evers (1803 bis vor 1891)[193], der ihn reinigte und an vielen Stellen neu vergoldete, so dass er *seitdem in einer vorher nicht geahnten Schönheit* glänzte.[194] Er erhielt für seine Arbeit am Schrein und anderen Kunstgegenständen 182 Taler 5 Silbergroschen. Um die Sicherheit der ihm am 17. Juni 1836 übergebenen 220 Silberteile des Schreins zu gewähren, wurden ihm während 21 Nächten zwei Ulanen-Posten als Wachen vor das Haus gestellt. So war es auch geschehen, als zuvor der Goldschmied Johann Heinrich Rhin (ca. 1726-1805)[195] Ausbesserungsarbeiten am Schrein vorzunehmen hatte.[196] Als Verehrer des heiligen Liborius erstellte der Gymnasiallehrer Franz Joseph Brand am 11. Juli 1836 eigenhändig eine Pergamenturkunde, in der er die Renovierungsarbeiten durch den Goldschmied Evers und die Wiedereinsetzung der Reliquien in Gegenwart des Dompropstes Weihbischof Richard Dammers (1762-1844) und des Domdechanten Generalvikar Heinrich Drüke (1876-1844) beschrieb.[197] Im *Conversations-Lexikon für Bildende Kunst* von 1850 wird die gelungene Restaurierung überaus gelobt.[198] 1865 wurde die *Liborius-Tragbahre* durch den Sattler Gunst ausgebessert.[199]

190 LAV NRW W, B 501/DK PB, Akten, Nr. 1981, Bl. 101-101v.
191 EBAP, MK PB, Urk., Nr. 81 (13. August 1805).
192 EBAP, MK PB, BR, Bd. III,1a, unpag. (9. Juni 1836).
193 Scheffler 1973, S. 893-894, Nr. 39; Humperdinck 1891, S. 42; 1842 eröffnete er die *Curanstalt Inselbad bei Paderborn* (Völkel / Fässler 2012, S. 8); Evers 1855; seine Werkstatt befand sich in den Schildern 19 in Paderborn.
194 Brand 1844.
195 Scheffler 1973, S. 890, Nr. 21.
196 EBAP, MK PB, GR, Bd. XVII, Bl. 408-412. Mertens 1873, S. 107.
197 EBAP, MK PB, Urk., Nr. 86 (11. Juli 1836).
198 *Durch diesen Goldarbeiter* [Evers, d. V.] *ist der im Pad. Dom befindliche, bildwerkreiche Krako'sche Liborisarg in solcher Schönheit restaurirt, wie er sich kaum bei seiner Anfertigung gezeigt haben mag.* Faber 1850, S. 281.
199 EBAP, MK PB, Rechnungen der Domkirchenkasse 1844-1878.

Die vom Paderborner Gymnasiallehrer Franz Joseph Brand eigenhändig geschriebene Urkunde vom 11. Juli 1836 über die Restaurierung des Liborischreins. EBAP, MK PB, Urk., Nr. 86 (EBAP)

Während der letzten Jahre des Zweiten Weltkriegs wurde der Liborischrein samt den Reliquien[200] in einem neu erstellten Tresorraum im Totengewölbe unter der Marktkirche aufbewahrt. 1945 gelang es Unbekannten, in den Tresorraum einzudringen. Sie erbrachen den im Liborischrein befindlichen Ebenholzschrein und beschädigten ihn dabei stark.[201] Nach seiner Reparatur[202] wurde er ab dem Liborifest 1948 wieder unter dem Kryptaal-

200 *Der Reliquienkasten des hl. Liborius soll ganz in den Tresor der Jesuitenkirche gebracht werden.* A MK PB, Protokollbuch 1924-1954 (13. Januar 1944)

201 Esser 1959; Kampmann 1986, S. 159-163.

202 Der *Libori-Reliquien-Kasten* wurde durch Nerger, Wewelsburg, für 80,00 Mark repariert. Die Ausgabe wurde am 19. Juli 1948 verbucht (EBAP, MK PB, Journal der Domkasse vom 8. April 1947 bis 20. Mai 1949, S. 52).

tar aufbewahrt.[203] Auch am goldenen Schrein mussten 1948 durch den Paderborner Goldschmied Joseph Fuchs jun. (1905-1978) Reparaturarbeiten durchgeführt werden.[204] Der Paderborner Polsterer Johannes Robert Steiner (1892-1960) versah die Tragbahre des Schreins 1947 mit einem neuen Polster.[205]Am 5. Februar 1953 beschloss das Metropolitankapitel eine weitere umfangreiche Überarbeitung des Liborischreins.[206] Zuletzt wurde der Deckel des Schreins von 2009 bis 2011 sukzessive durch den Paderborner Goldschmied Thomas Schnorrenberg (* 1956) restauriert. Nach der Demontage aller Teile erfolgten Reparaturen am Holzkern, die Schließung von Löchern im Silberblech der getriebenen Liegefiguren, die Ergänzung fehlender und die Fixierung loser Teile, die erneut feuervergoldet wurden.

1981 gab das Metropolitankapitel beim Paderborner Schlossermeister Bruno Eikel ein neues Tragegestell in Auftrag, das dieser aus Stahl fertigte und allein 70 kg wog, so dass über 230 kg auf den Schultern der Schreinträger lasteten. Auf Anregung von Klaus Meilwes, der von 1996 bis 2017 die Liborizunft der Schreinträger als Bruderschaftsmeister leitete, entwickelte der damals angehende Diplom-Ingenieur Eugen Djarkow unter Anleitung von Prof. Dr.-Ing. Hans-Jürgen Maier am Lehrstuhl für Werkstoffkunde der Universität Paderborn nach dem Vorbild der vorherigen hölzernen und stählernen Tragegestelle eines aus Aluminium, das mehr als 40 kg leichter als das Vorgängergestell ist und dennoch maximale Sicherheit für den Schrein und seine Träger bietet.[207] Erstmals kam das Aluminium-Tragegestell, das zudem mit einer neuen, die Schultern der Träger schonenden Polsterung versehen wurde, beim Liborifest 2010 zum Einsatz. Ebenso wurden Schutzkappen aus Polyester entwickelt, die vor der Vorder- und Rückseite des Schreins angebracht werden können, um die fein gearbeiteten Figuren und Beschläge während des Transports vom Diözesanmuseum in den Hohen Dom und zurück sowie innerhalb des Domes vom Hochchor in den Tresorraum, wo der Schrein während des Libori-Triduums über Nacht gesichert wird, zu schützen. Um den Tresorraum zu erreichen, müssen schmale Türen und eine steile und enge Treppe überwunden werden.[208]

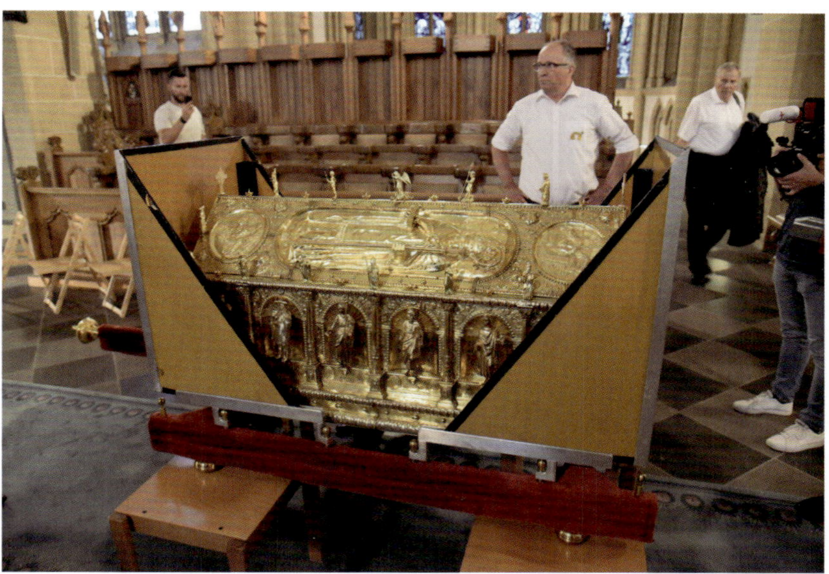

Zum Transport wird der Schrein seit 2010 mit Schutzkappen versehen. (EGVT)

203 EBAP, Archiv der Dompfarrei, Ordner „Chronik“, undatierter Bericht des Dompropstes [Joseph Brockmann] über die Liboriprozession sowie zur Aufbewahrung des Schreins und der Libori-Reliquien in der Nazi- und Nachkriegszeit.

204 Joseph Fuchs erhielt beim ersten Mal 1275,00 Mark, bei zweiten Mal 1450,00 Mark (EBAP, MK PB, Journal der Domkasse vom 8. April 1947 bis 20. Mai 1949, S. 49 [23. Juni 1948] und S. 64 [12. Oktober 1948]).

205 Die Neupolsterung der Trage kostete 62,50 Mark (EBAP, MK PB, Journal der Domkasse vom 8. April 1947 bis 20. Mai 1949, S. 11 [12. August 1947]).

206 A MK PB, Protokollbuch 1924-1954 (5. Februar 1953). An der Reparatur beteiligt waren die Paderborner Handwerker Soethe, H. Wille und Fuchs. EBAP, MK, Journal der Domkasse vom 1. Juli 1951 bis 31. Juli 1954, Bl. 84v (22. Mai 1953).

207 Asshauer 2010.

208 Steinmetz 2010.

Der Pfauenwedel

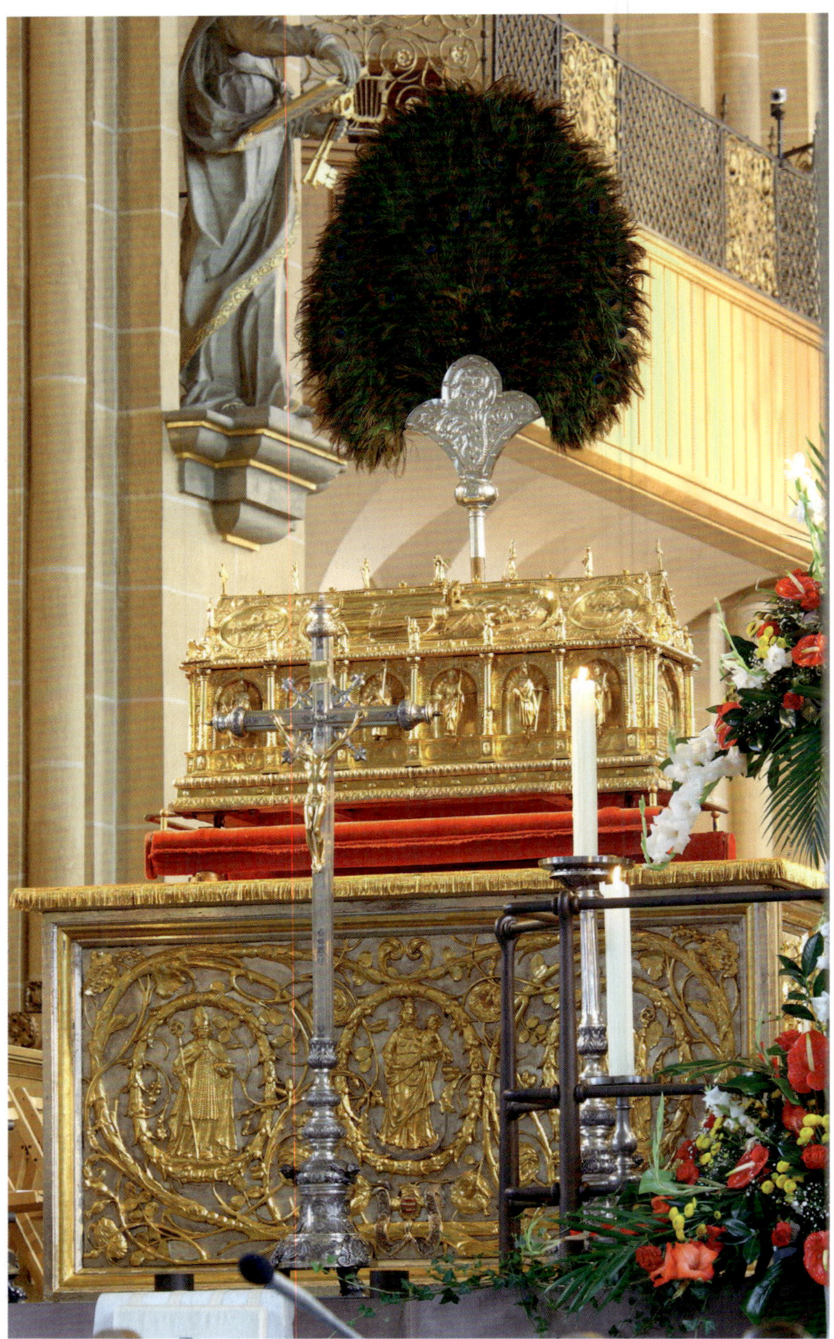

Der Pfauenwedel überragt den Schrein bei der Aufstellung im Hochchor des Hohen Domes.

Während der Prozessionen mit dem Schrein des heiligen Liborius wird diesem ein Pfauenschweif (*Flabellum* = Fächer) vorausgetragen.[209] Bei der Ausstellung des Schreins wird das *Flabellum* hinter dem Schrein aufgestellt. Ein Pfauenschweifträger wird erstmals 1483 in den Statuten der städtischen Verwaltung Paderborns schriftlich bezeugt. Der, *de den Pauwen quast dregett*, wurde ebenso wie der Festprediger mit seinem Kaplan und dem Sakristan nach der Christi-Himmelfahrts-Prozession um die Stadtmauern, bei der der Schrein mitgetragen wurde, von der Stadtverwaltung zu einem Festessen eingeladen[210].

Der Brauch, dem Schrein einen Pfauenwedel voranzutragen, ist aber weitaus älter. Möglicherweise lernte die Paderborner Delegation, die im Jahr 836 die Reliquien des heiligen Liborius aus Le Mans holte, dort die Tradition eines *Flabellums* kennen und brachte sie mit nach Paderborn. Die Nutzung von liturgischen Fächern in Le Mans lässt sich für das frühe 12. Jahrhundert nachweisen, dürfte dort aber zu jener Zeit bereits eine jahrhundertealte Tradition dargestellt haben. Wedel oder Fächer wurden ursprünglich benutzt, um Fliegen und andere Insekten zu verscheuchen. Sie fanden Eingang in die antiken Kaiserzeremonien und von dort auch in die Liturgie der römischen und byzantinischen Kirche. Die aufwändige Gestaltung der künstlerisch gearbeiteten Halterungen für die kostbaren Pfauenfedern verwandelte das praktische Instrument mehr und mehr in ein Statussymbol und Hoheitszeichen. Hierfür sorgt allein schon der prachtvolle Anblick der Federn. Jean Bol-

209 Rade 2023f, S. 148-149.

210 SKAP, S-A 5000, Bl. 251-252; Richter 1899, S. CXXVII; Stambolis 1995, S. 13.

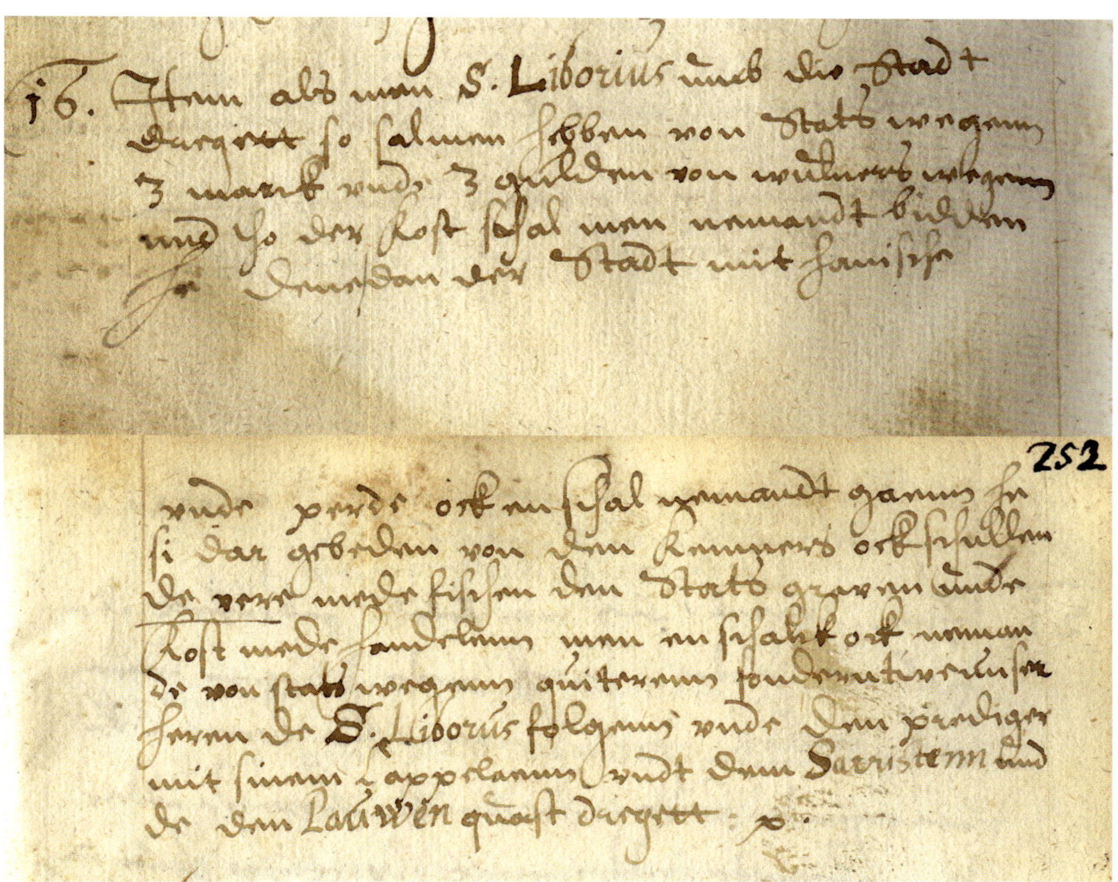

Die älteste Nennung desjenigen, *„de den Pauwen quast dregett"*, stammt vom 20. Dezember 1483. SKAP, S-A-5000, Bl. 251v-252, Nr. 16 (SKAP)

landus (1596-1665), der 1648 erstmals eine historisch-kritische Lebensbeschreibung des heiligen Liborius herausgab, erwähnt auch als erster die von ihm als merkwürdig bezeichnete Sitte, dem Schrein einen prachtvollen Pfauenfederwedel vorauszutragen. Den Ursprung dieser Tradition vermochte er nicht zu ermitteln. Er empfahl, sie beizubehalten.[211] 1871 berichten die Kapitelsprotokolle, dass der beschädigte Pfauenwedel durch *H. Gockel* repariert wurde.[212] Doch der Verfall schritt weiter fort. Zum Liborifest 1892 ließ Domkapitular Ferdinand Altstädt (1848-1919) einen *gänzlich neuen* Schweif in veränderter Form erstellen. Ein großer Teil der neuen Federn war ihm von einem Einwohner von Hüsten geschenkt worden. Während der bisherige Schweif eine geschlossene Form hatte und wie ein Büschel wirkte, bildete der neue *fast einen Kreis*. Der unterste Teil der Federn wurde durch eine kunstvoll ausgeführte Stickerei überdeckt. Während der alte Schweif über oder neben den Schrein gelegt wurde, wurde der neue fortan so hinter dem Schrein aufgestellt, dass er diesen in der Mitte überragte.[213] Als Kind nahm Kaspar Schulte (1899-1980) aus Rüthen-Kellinghausen 1906 an der Erhebung des Schreins teil. Er erinnerte sich 1975: *Wir staunten über den ausgestopften*

211 Bollandus 1648, S. 27; Freiherr von Fürstenberg 1979, S. 182-184.

212 EBAP, MK PB, BR, Bd. III,1c, unpag. (20. April 1871 und 26. Mai 1871). Laut EAPB, MK PB Rechnungen der Domkirchenkasse 1844-1876, erhielten die Geschwister Bukes (?) 1871 für Reparaturen am Pfauenschweif 9 Taler 28 Silbergroschen 9 Pfennig.

213 Westfälisches Volksblatt, Paderborn, 28. Juli 1892. Andreas Gaidt, SKAP, danke ich vielmals für den Hinweis auf diesen Artikel.

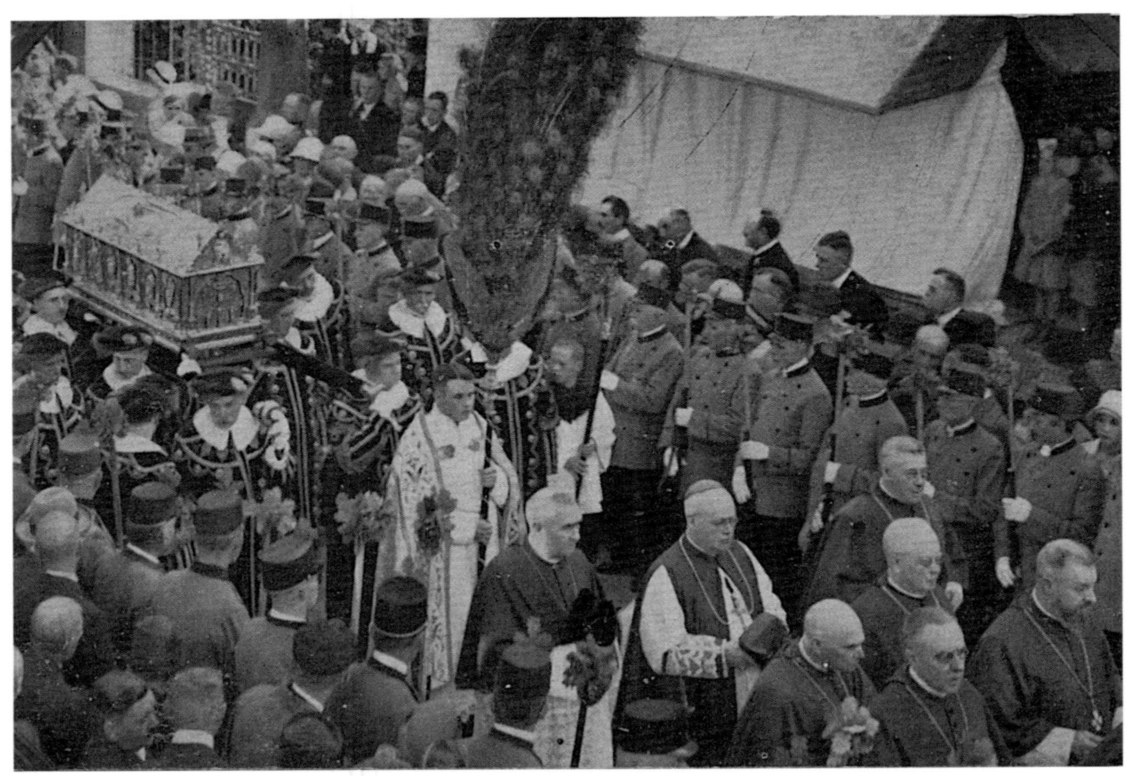

Eine Aufnahme der Liboriprozession 1929 zeigt einen Pfauenschweif in einer geschwungenen Form. EBAP, MK PB, Liboriofotosammlung, Nr. 26 (EBAP)

Pfau, der ihm vorgetragen wurde. Es war ein ganzer Pfau und nicht ein Wedel, wie er heute getragen wird.[214]

Zur Vorbereitung des 1100-jährigen Jubiläums der Translatio der Reliquien des heiligen Liborius beschloss das Metropolitankapitel, den *Pfauen-Schwanz* erneuern zu lassen.[215] Hierzu berichtet die handschriftliche Chronik[216] der Jubiläumsfeier ausführlich:

Von etwa 1910 bis 1936 wurde ein Schweif verwendet, der aus zwei gegeneinandergestellten Pfauen bestand; um die Anfertigung dieses Pfauenschweifes hatte sich der damalige Dompastor Domkapitular Prälat Ferdinand Altstädt besonders bemüht. Das sorgfältig gearbeitete Stück war aber mit der Zeit unansehnlich geworden. Man ließ darum für die Jubiläumsfeier 1936 einen neuen Pfauenschweif herstellen und zwar wieder in der alten Fächerform. Der hochbetagte Polsterer und Dekorateur Diermann (Paderborn, Leostrasse) fertigte den neuen Wedel an, den dritten, den er für den Dom geliefert hat. Die Rosette, aus der die Federn herauswachsen, - eine Treibarbeit aus vergoldetem Messing, mit Steinen besetzt – schuf der Goldschmied Joseph Fuchs (Paderborn, Rosenstraße). Den gedrehten Holzschaft stellte der Schreinermeister Anton Wippermann (Paderborn, An der warmen Pader) her.[217]

Der Dekorateur W. Diermann erhielt für den neuen Wedel 225,50 Mark, der Goldschmied Fuchs für die Fassung hingegen nur 218 Mark. Die neue Tragstange kostete 27,00

214 Schulte 1975.
215 A MK PB, Protokollbuch 1924-1954 (12. Juni 1936).
216 Rade 2023i, S. 280.
217 EBAP, MK PB, Hs., B I 18, S. 58-59.

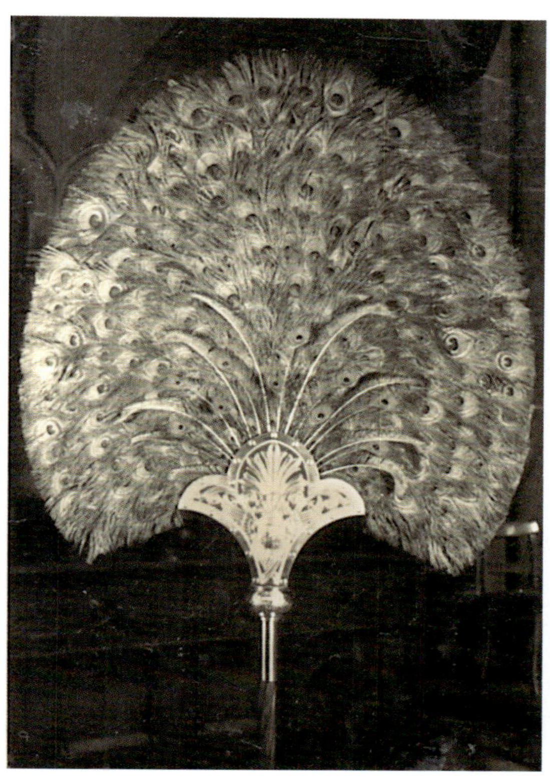

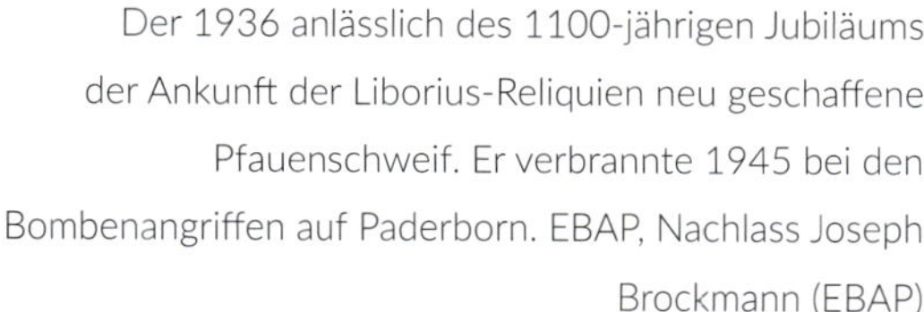

Der 1936 anlässlich des 1100-jährigen Jubiläums der Ankunft der Liborius-Reliquien neu geschaffene Pfauenschweif. Er verbrannte 1945 bei den Bombenangriffen auf Paderborn. EBAP, Nachlass Joseph Brockmann (EBAP)

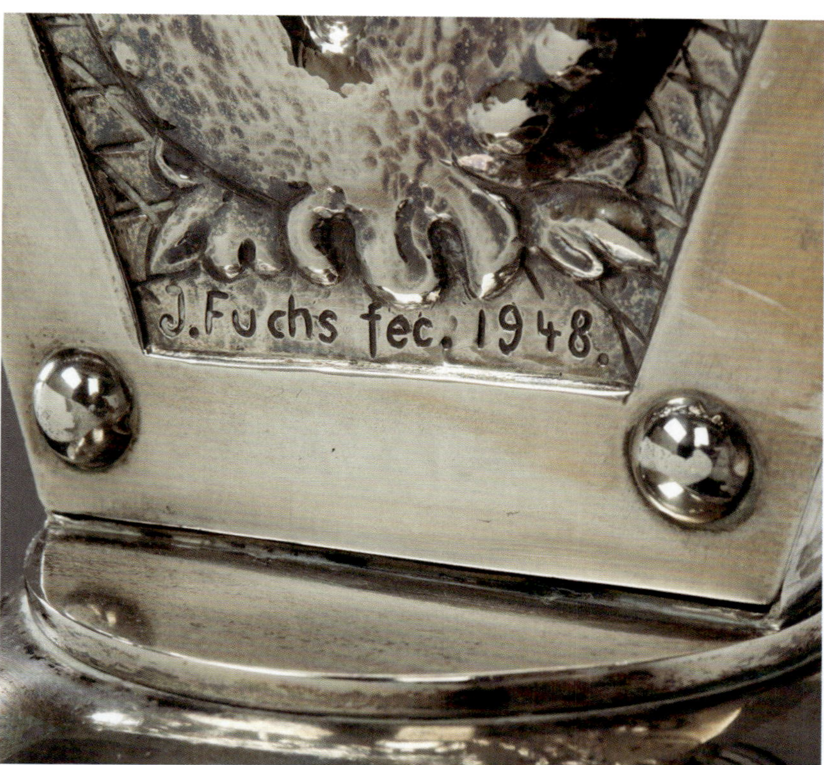

Die Halterung des Pfauenschweifs mit der Namensinschrift des Goldschmieds Joseph Fuchs

Mark. Der Schreiner Anton Wippermann fertigte 1936 auch eigens einen Schrank für den neuen Pfauenwedel an.[218]

Da der 1936 geschaffene Pfauenfederschweif 1945 aufgrund der Bombenangriffe auf den Dom und die Stadt verbrannte, trieb Joseph Fuchs mit Unterstützung seiner Mitarbeiter, des Gold- und Silberschmieds Fritz Loges und des Goldschmieds Bruno Berens, 1948 erneut eine Halterung aus Silber[219], die er auf der Vorderseite am Fuß mit der Inschrift *J. Fuchs fec. 1948* und auf der Rückseite seitlich mit den Namen *F. Loges* und *B. Berens* zierte. Bei der Gestaltung der Halterung ließen sich Joseph Fuchs und seine Mitarbeiter vom Aussehen der zerstörten leiten.[220] 500 Pfauenfedern wurden vom Paderborner Polstermeister und Dekorateur Johannes Robert Steiner gesteckt. Hierüber erstellte er am 8. Juni 1948 eine Bescheinigung, die er in die Halterung der Federn einfügte.[221] Als der Ehrenobermeister der Polster- und Dekorateur-

218 EBAP, MK PB, Rechnung (Manual) der Domkasse Paderborn 1936/37, S. 48 (Schrank für 79,60 Mark, 29. Dezember 1936) und S. 69 (Ausgaben für den neuen Pfauenwedel, 20. und 24. Juli 1936).

219 Ein Nachweis dafür, dass die Halterung erneut von Joseph Fuchs getrieben wurde, lässt sich außer der Inschrift derzeit nicht erbringen. Im Journal der Domkasse von 1947 bis 1949 ist keine Ausgabe an Joseph Fuchs hierfür verzeichnet.

220 Stiegemann 1986a, S. 83.

221 Freundliche Mitteilung von Wilhelm Krüggeler, Paderborn, 5. August 2021. Johannes Robert Steiner erhielt für seine Arbeit 316 Mark. EBAP, MK PB, Journal der Domkasse vom 8. April 1947 bis 20. Mai 1949, S. 48 (19. Juni 1948).

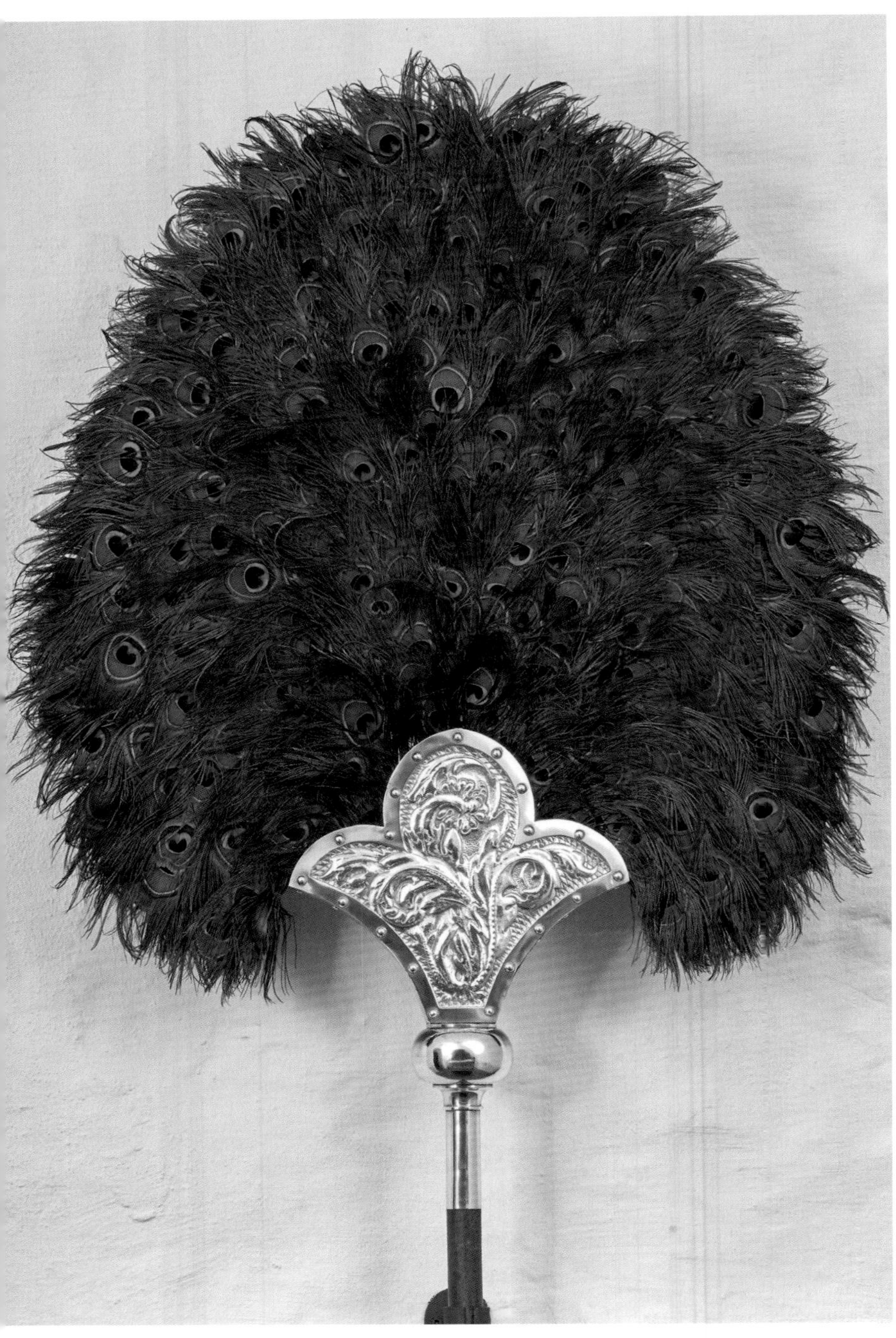

Die Vorderseite des aktuellen Pfauenschweifs

innung vor dem Liborifest 1960 den Federschweif erneuerte, fügte er auch zwei weiße Pfauenfedern ein, die überaus selten sind.[222] Die Bescheinigung von Johannes Robert Steiner von 1948 wurde 1988 bei der Restaurierung und Neubestückung des Schweifs durch den Paderborner Goldschmied Thomas Schnorrenberg entdeckt.[223] Der heutige Pfauenwedel ist mit ca. 600 Pfauenfedern bestückt und ca. 240 cm hoch.[224]

Der Träger des Pfauenwedels wird in der lateinischen Sprache als *Pavonicaudafer* bezeichnet. Bis heute übernimmt diese Rolle in der Regel ein Diakon des Priesterseminars, der mit einem *Pluviale* (Chormantel) bekleidet ist. Die Jubiläumschronik von 1936 vermeldet, dass dieser nach alter Tradition aus der Stadt Paderborn stammen müsse. *Beim Jubelfeste 1936 übte der Diakon Karl Wegener*[225] *das Amt eines Pavonicaudafer aus*[226]. Im ausgehenden 20. Jahrhundert besagte die mündliche Überlieferung, dass der Diakon, der den Ehrendienst des *Pavonicaudafers* übernimmt, aus dem Gebiet des Hochstifts Paderborn stammen solle. Während der mit barocker Üppigkeit begangenen Jubiläumsfeierlichkeiten im Jahr 1736 anlässlich der 900. Wiederkehr der Translatio der Reliquien des heiligen Liborius wurde das *Flabellum* durch den damaligen Generalvikar Bernard Ignaz von Wydenbrück (1682-1755) dem Schrein vorangetragen.[227] Dies unterstreicht die hohe symbolische Bedeutung, die dem Pfauenwedel im 18. Jahrhundert beigemessen wurde. Auf einem 1741 errichteten Bildstock an der Paderborner Liborikapelle, der dem Bildhauer Johann Philipp Pütt zuge-

222 Westfälisches Volksblatt, 22. Juli 1960.

223 Freundliche Mitteilung von Ulrike Frey, Diözesanmuseum Paderborn, 25. August 2021. Die eigenhändig geschriebene Bescheinigung von Johannes Steiner, Obermeister der Sattler-, Polster- und Dekorateur-Innung Paderborn, vom 8. Juni 1948 lautet: „*Dieser Schweif wurde neu gefertigt von Polstermeister Johannes Steiner, nachdem der erstere bei der Zerstörung Paderborns vernichtet wurde.*“

224 Domschatz, Inv.-Nr. 14. Stiegemann 1986a, S. 83.

225 Der 1899 geborene Karl Wegener wurde 1937 zum Priester geweiht, wirkte als Pfarrvikar in Schmechten und starb am 9. Oktober 1958 im Ruhestand in Bockwitz (Kurte 2021, S. 937).

226 EBAP, MK PB, Hs., B I 18, S. 59.

227 Mertens 1873, S. 137.

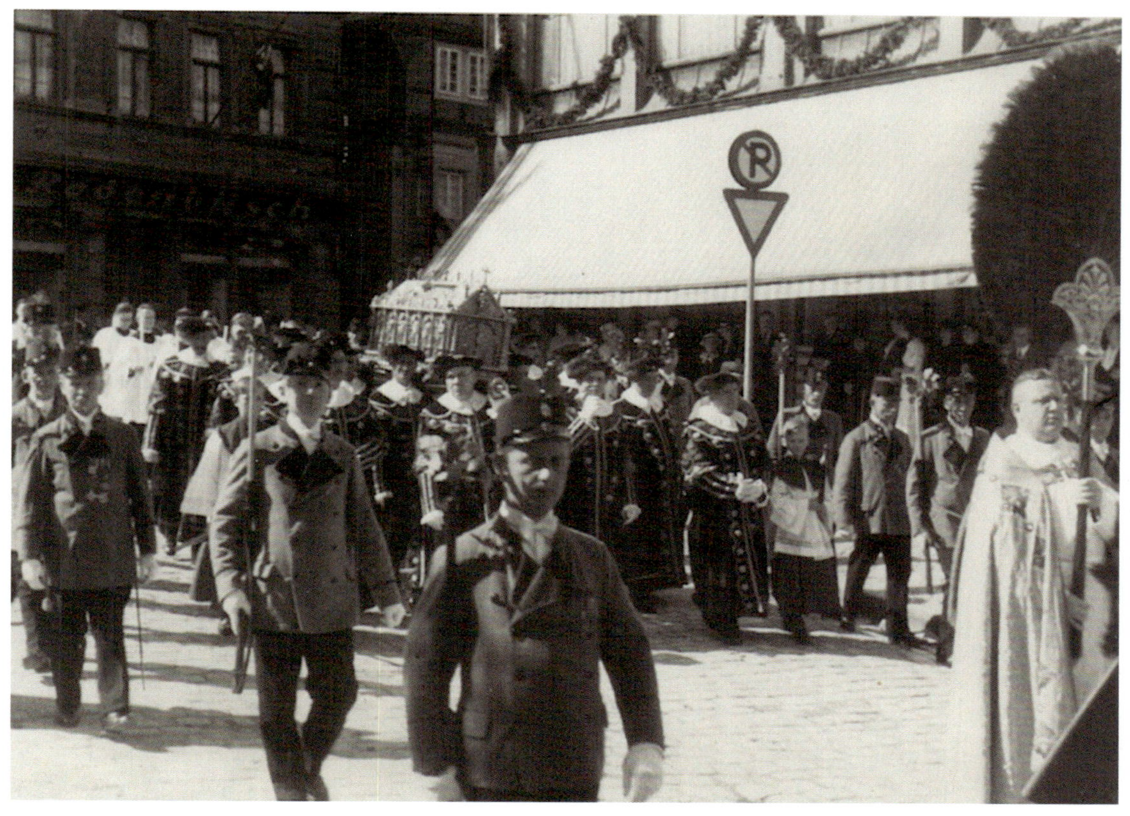

Diakon Karl Wegener mit dem Pfauenschweif, 1936. EBAP, MK PB, Nachlass Joseph Brockmann, Fotoalbum zum Liborijubiläum 1936 (EBAP)

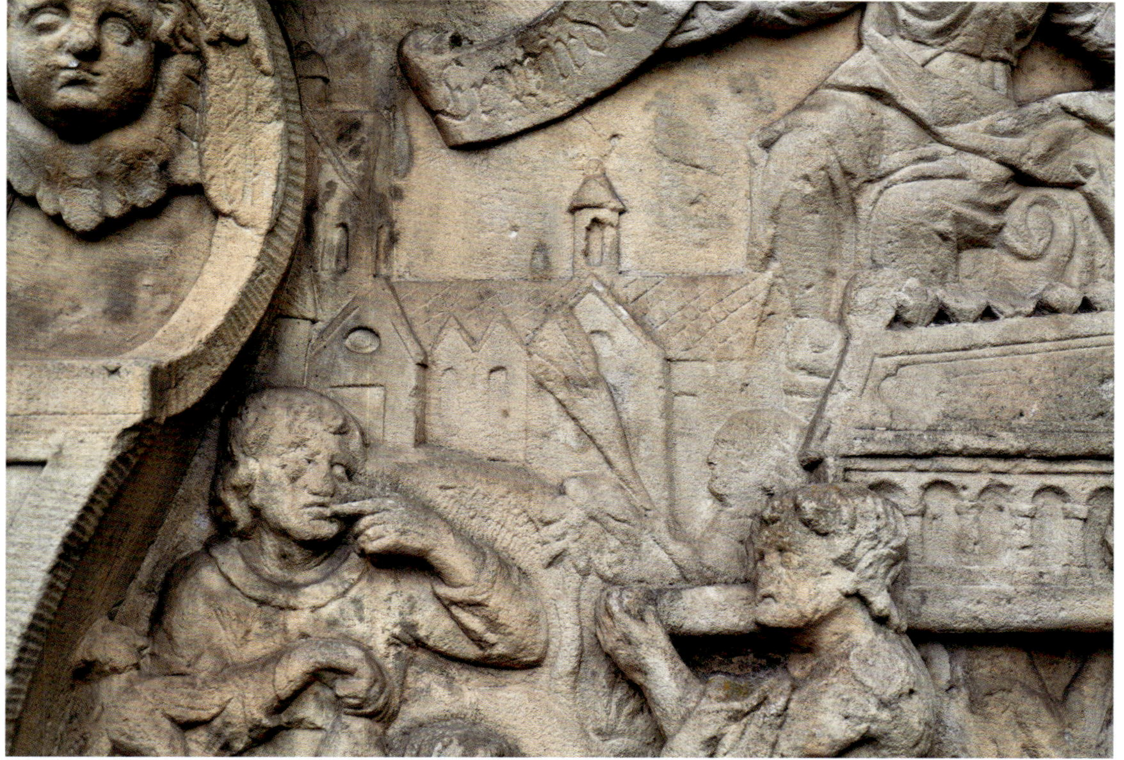

Die erste Darstellung eines Pfauenschweifs bei der Translatio der Liborius-Reliquien 836 auf dem Bildstock an der Ostseite der Libori-Kapelle in Paderborn von 1741

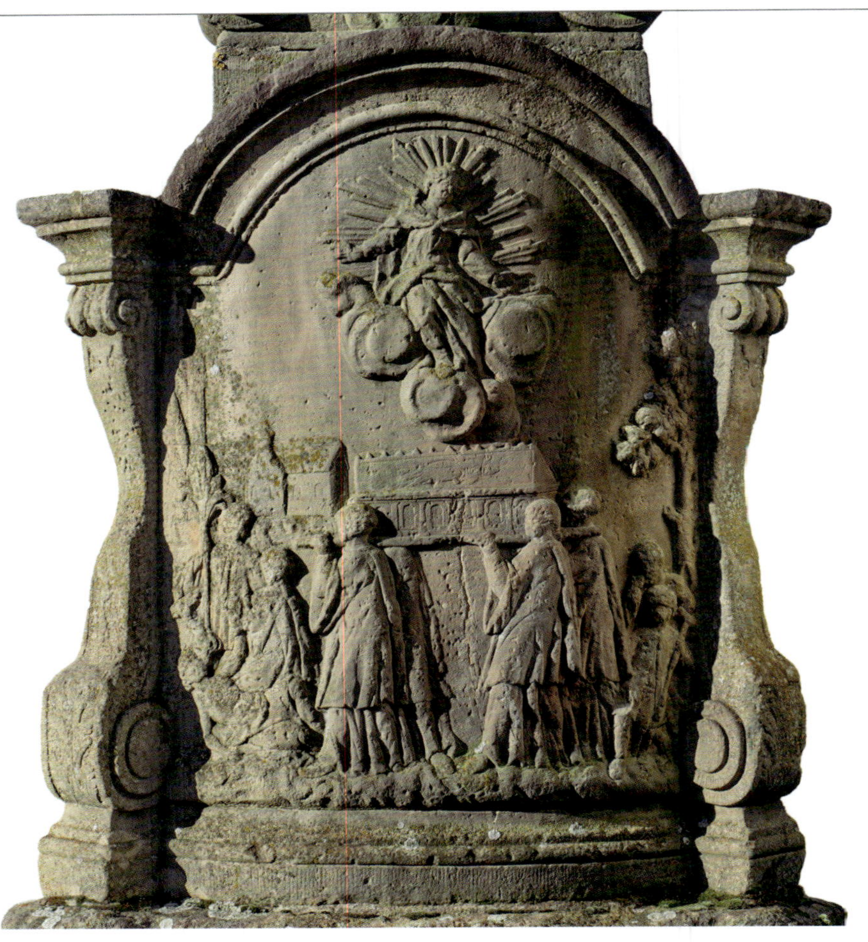

Die zweite Darstellung eines Pfauenschweifs bei der Reliquientranslation 836 auf einem Bildstock in Paderborn-Benhausen, Ecke Lippspringer Straße/ Hinter den Höfen, 1750 (AH)

schrieben wird, befindet sich die erste zaghafte bildliche Darstellung des dem Liborischrein vorangetragenen Pfauenwedels.[228] In Paderborn-Benhausen steht an der Ecke Lippspringer Straße/Hinter den Höfen ein Bildstock aus dem Jahr 1750, auf dem der Pfauenwedel deutlicher zu erkennen ist als auf dem Bildstock an der Liborikapelle.[229] Aufgrund seiner starken Symbolkraft fand der Pfauenschweif auch Aufnahme in die Wappen der Paderborner Erzbischöfe Lorenz Kardinal Jaeger (1892-1975) und Hans-Josef Becker (* 1948) .

Der Hohe Dom kann mit Stolz auf die nahezu 1200-jährige beständige Tradition der Nutzung des Pfauenwedels blicken, weil er die einzige Kirche des Abendlandes ist, in der ein solches *Flabellum* in der Liturgie Verwendung findet.[230]

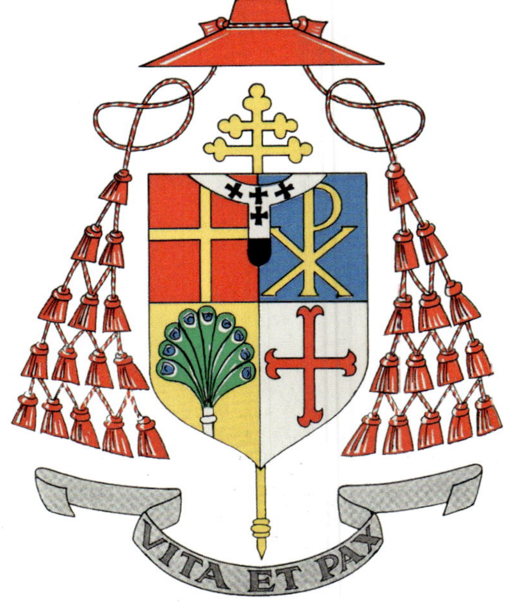

Wappen von Erzbischof Lorenz Kardinal Jaeger (Repro AH)

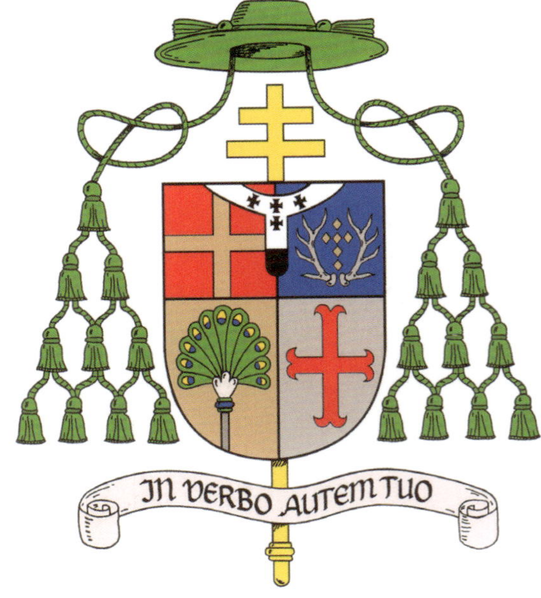

Wappen von Erzbischof Hans-Josef Becker (Repro AH)

228 Liedtke 1993, S. 24-25; Stiegemann 1986b, S. 174, hat den Pfauenschweif in der dargestellten Szenerie nicht erkannt. Das Errichtungsjahr des Bildstocks ergibt sich aus der Inschrift und dem darin enthaltenen Chronogramm *„Anno ab ADVentV S. LIborII PatronI tVteLarIs NongentesIMO Vto eXtrVCta"*.

229 Liedtke 1993, S. 74-75; Stiegemann 1986b, S. 176, meint irrtümlich, auf diesem Bildstock sei der Pfauenschweif zum ersten Mal dargestellt.

230 Mertens 1973, S. 273-279; Freiherr von Fürstenberg 1979, S. 182-185; Honselmann 1924; ders. 1986.

Die Pfauensage und das Pfauenmotiv

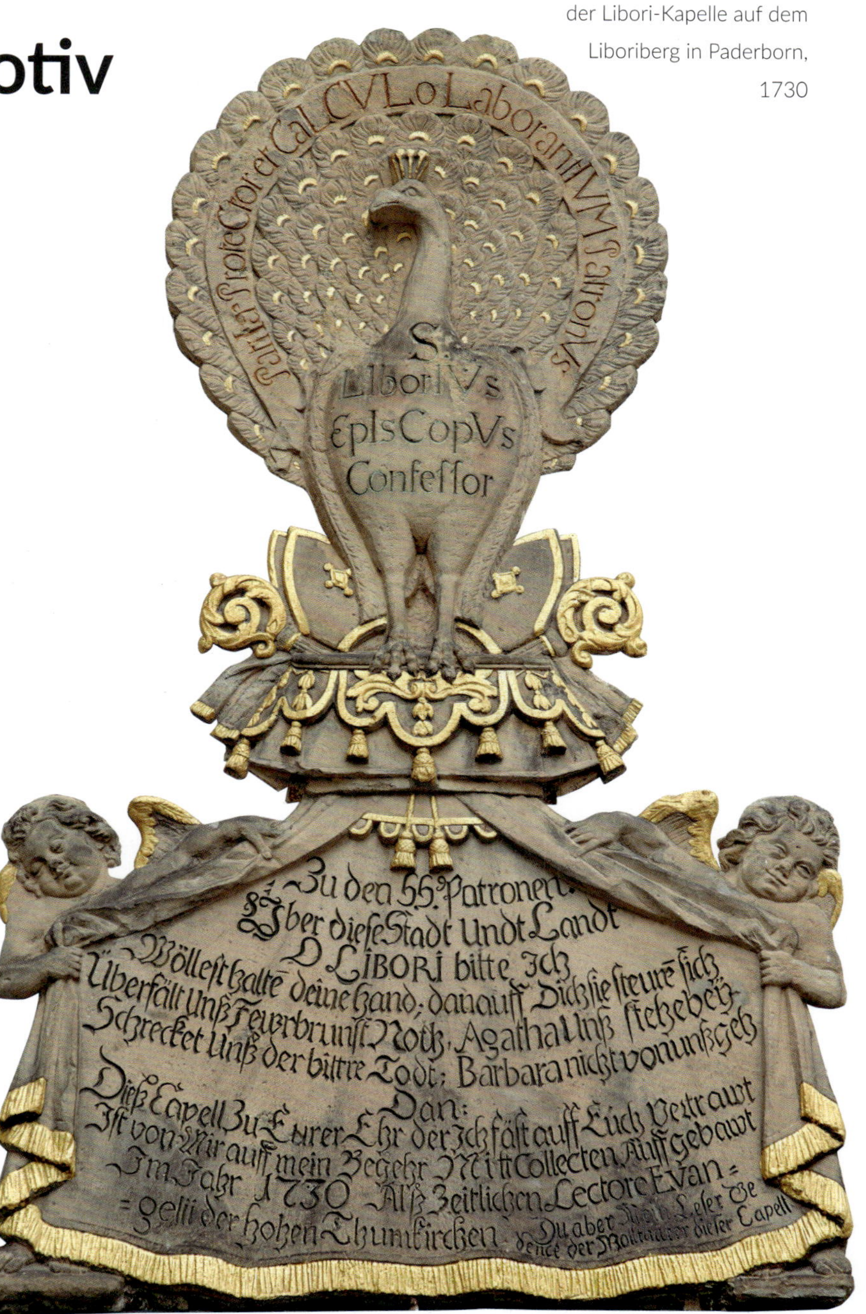

Der Pfau an der Fassade der Libori-Kapelle auf dem Liboriberg in Paderborn, 1730

Da im Laufe der Jahrhunderte nach der *Translatio* das Wissen um den Ursprung der Tradition des *Flabellums* aus Pfauenfedern verloren gegangen war, entstand die erstmals 1702 in Rom veröffentlichte Legende[231], dass dem Schrein im Jahre 836 auf dem Weg von Le Mans nach Paderborn ein Pfau vorangeflogen sei, um der Delegation den Weg zu weisen. Beim Einzug der Reliquien in den Dom sei er tot zu Boden gestürzt, da seine Aufgabe erfüllt war. Seine Federn seien zur beständigen Erinnerung zu einem *Flabellum* verarbeitet worden.

Einen der frühesten künstlerischen Belege für die Verknüpfung der Liborius-Verehrung mit dem Pfauenmotiv stellt die Widmungsinschrift auf der Fassade der 1730 durch den Dombenefiziaten Johannes Büssen (1684-1746)[232] initiierten Liborikapelle auf dem Liboriberg in Paderborn dar. Die Inschriftenkartusche wird gekrönt von der Frontalansicht eines Pfaus mit aufgerichtetem Federnkranz. Auf der Brust und im Federnrad trägt er die Inschrift *S. LIborIVs EpIsCopVs Confessor Pariter ProteCtor CaLCVLo LaborantIVM PatronVs* (= Heiliger Liborius, Bekennerbischof, zugleich Schutzpatron der am Stein Leidenden).[233] Das Chronogramm ergibt die Jahreszahl 1729.[234]

1743 greift ein Deckelpokal, der von Hermann Werner von der Asseburg (1702-1779)

231 Clementini 1702, S. 56-57; nachgedruckt: Mertens 1873, S. 339; Rade 2023f, S. 150-151.

232 Der am 11. November 1746 gestorbene *Lector Evangelii* und Förderer der Liborius-Verehrung, Johannes Büssen, wird in seinem Sterbeeintrag nicht nur als Erbauer der Libori-Kapelle, sondern als Urheber der Planierung und Bepflanzung des Liboriberges mit Bäumen gerühmt (EBAP, KB Gaukirche, Bd. 2, S. 555). Er empfing die Taufe am 4. Februar 1684 in der Gaukirche (EBAP, KB Gaukirche, Bd. 1, S. 72). Am 22. Juli 1727 wurde er in die Kryptenkommunität der Paderborner Dombenefiziaten aufgenommen (EAB PB, SFA PB, Pa 73, S. 62, Nr. 183).

233 Schmitz 1986, S. 19.

234 Es scheint, als habe sich der Steinmetz beim Wort *Pariter* vertan. Der Buchstabe „*t*" ist überlang geraten. Wahrscheinlich wollte er stattdessen das „*t*" als Großbuchstaben ausführen, damit das Chronogramm das Jahr 1730 ergibt.

in Augsburg in Auftrag gegeben wurde, das Pfauenmotiv auf. Seit 2008 gehört er zur Sammlung des Paderborner Diözesanmuseums[235].

Der aufgeklärte protestantische *Edukationsrat* und Schriftsteller Joachim Heinrich Campe (1746-1818) präsentierte in seinem 1790 veröffentlichten achten Band der *Reisebeschreibungen für die Jugend* eine andere Variante der Pfauensage, die ihm dazu diente, die Verehrung des heiligen Liborius verächtlich zu machen. Demnach seien die Knochen des heiligen Liborius nach ihrer Ankunft in Paderborn zufällig mit anderen, die nicht von Heiligen stammten, vermischt worden. Der Bischof habe keinen Rat gewusst, doch ein weißer Pfau habe begonnen, die heiligen von den nicht-heiligen Knochen zu trennen. Aus Dankbarkeit und zum Erweis sei beschlossen worden, bei den Prozessionen mit den Liborius-Reliquien die Pfauenschwanzfedern dem Schrein, den J. H. Campe als prächtig und *wirklich ungemein schön* bezeichnet, vorauszutragen. Er schloss die Wiedergabe der Pfauensage mit dem bösen Satz: *Dies geschieht denn auch zur Erbauung der frommen Paderborner noch jetzt, ohngeachtet die profanen Motten den heiligen Schwanz schon so sehr zernagt haben, daß er kaum mehr kenntlich ist.*[236]

Bereits seit der Antike galt der Pfau als Symbol der Auferstehung und der Unsterblichkeit, da sein Fleisch als unverweslich erachtet

Der 1743 im Auftrag von Freiherr Hermann Werner von der Asseburg in Augsburg geschaffene Deckelpokal greift das Pfauenfedernmotiv auf. Er ist zudem mit Gedenkmedaillen geschmückt, die aus Anlass des 900-jährigen Jubiläums der Ankunft der Liborius-Reliquien in Paderborn im Auftrag des Kölner Kurfürsten und Paderborner Fürstbischofs Clemens August von Wittelsbach geprägt worden sind.

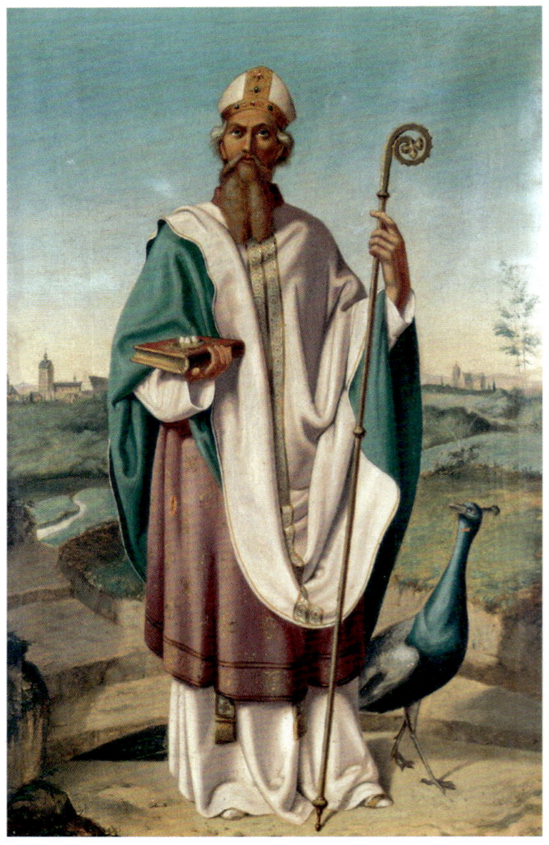

Gemälde des heiligen Liborius vom Düsseldorfer Historienmaler Andreas Müller von 1853, in dem erstmals ein Pfau als Begleittier abgebildet worden ist. Das Bild hängt in der Rendantur des Paderborner Metropolitankapitels.

235 Erzbischöfliches Diözesanmuseum Paderborn, Inv.-Nr. PR 635. Stiegemann 2014, S. 229-232.

236 Campe 1790, S. 30-31. Campe, S. 31, gibt die Künstlerinschrift des Schreins einschließlich des Fertigungsjahres falsch wieder.

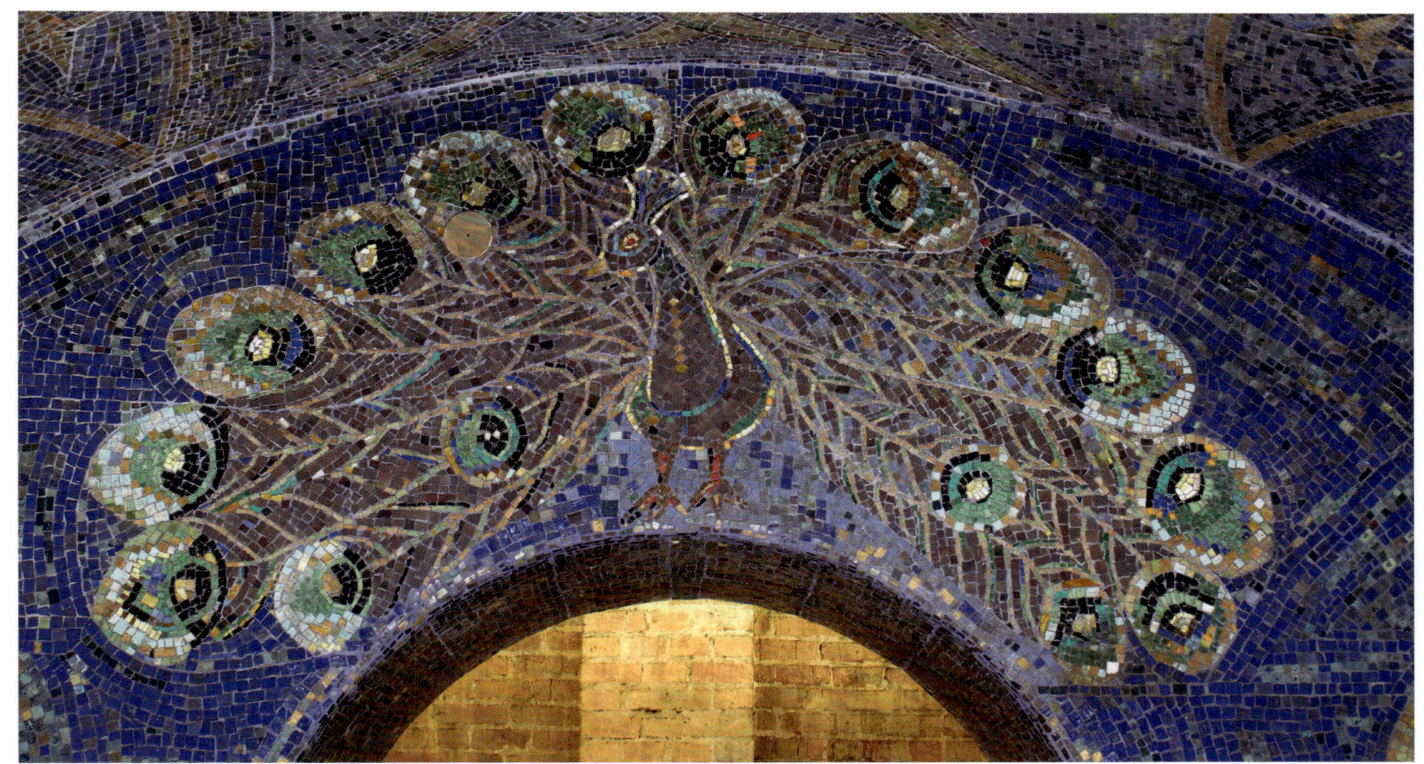

Der Pfau von Bernd Terhorst auf dem Rundbogen über dem Durchgang vom Vorraum zur Bischofsgruft im Hohen Dom zu Paderborn, 1935

wurde. Es erstaunt deswegen, dass der heilige Liborius erst 1853 zum ersten Mal mit einem Pfau als Attribut dargestellt wurde. Im Auftrag des 1851 gegründeten Paderborner Diözesan-Kunstvereins schuf der zur ersten Riege zählende Düsseldorfer Historienmaler und Nazarener Andreas Müller (1811-1890) ein Liborius-Gemälde, auf dem der Heilige von einem Pfau zu seinen Füßen begleitet wird.[237] Rasch wurde der Pfau in der Folge zum Begleit- und Identifikationstier des heiligen Liborius, auch wenn er auf dem ab 1856 vom *Verein zur Verbreitung religiöser Bilder* vertriebenen Stahlstich zunächst nicht übernommen wurde.[238] Mehrfach sind heute Pfauendarstellungen im Hohen Dom zu finden. Seit 1935 ziert ein Pfau-Mosaik nach den Entwürfen von Bernd Terhorst (1893-1986)[239] als Sinnbild

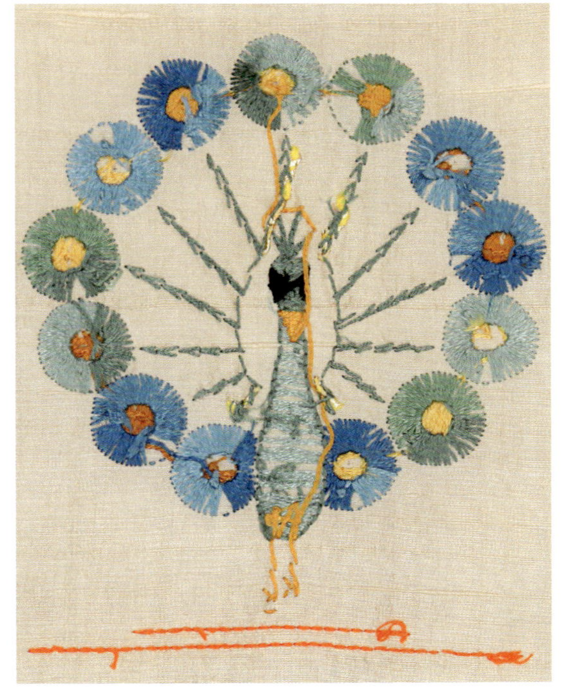

Ein Pfau auf dem Libori-Ornat von Edith Ostendorf, 1940

237 Stiegemann 1986d, S. 207; Stork 2023, S. 35-36.
238 Stork 2020, S. 163-169.
239 Steinmann / Schwieters / Assmann 1994, S. 267-269.

Liborius-Statue auf der Nordseite des Chorgestühls im Hohen Dom von Heinrich Gerhard Bücker

für die Auferstehung den Rundbogen des Durchgangs vom Vorraum zur Bischofsgruft.[240] Den radschlagenden Pfau bzw. die Pfauenfederaugen wählte die Paderborner Textilkünstlerin Edith Ostendorf ab 1939 als tragendes Motiv eines Libori-Ornates für den Hohen Dom.[241] Auch die Statue des heiligen Liborius des Bildhauers Heinrich Gerhard Bücker (1922-2008) auf dem Chorgestühl ziert ein Pfau auf dem Messgewand. Bei der Neugestaltung des Chorraumes von 1978 bis 1982 erhielt das Bronzegeländer über der Kathedra des Erzbischofs einen radschlagenden Pfau als Mittelpunkt. Die zeitgleich entstandenen Treppengeländer an den seitlichen Aufgängen zum Altarraum und zum Hochchor werden von Bronzepfauen geschmückt, die aufgrund der vielfachen Berührungen zu glänzen begonnen haben. Seit 1983 krönt zudem ein Pfau, geschaffen von den Gebrüdern Michael (* 1937) und Christof (* 1940) Winkelmann, Möhnesee-Günne, einen Brunnen auf dem Kapitelsfriedhof vor dem Dreihasenfenster im Inneren des Domkreuzganges.[242] 2014 schuf der Wiener Bühnen- und Kostümbildner Christof Cremer (* 1969) im Auftrag des Metropolitankapitels einen neuen Libori-Ornat, für das er wie zuvor Edith Ostendorf das Pfauenfederauge als gestalterisches Grundmotiv aufgriff[243] .

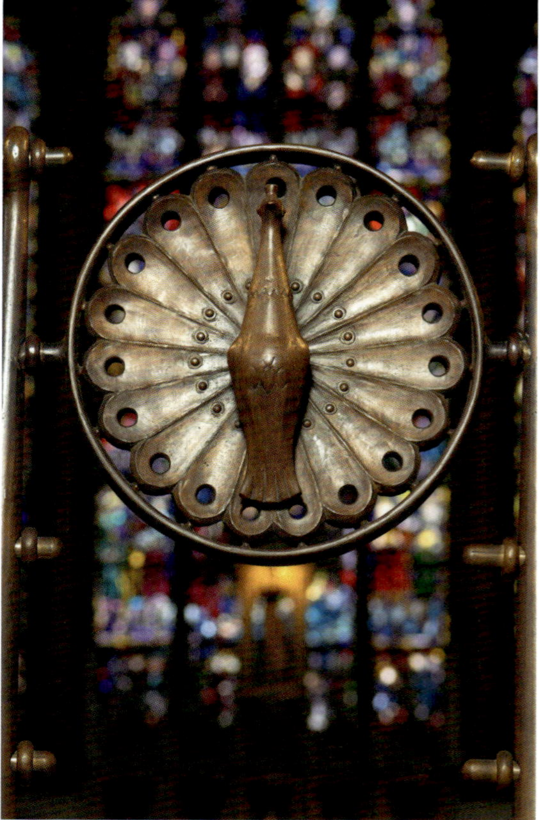

Ein radschlagender Pfau des Bronzegeländers über der Kathedra im Hohen Dom

240 Stiegemann 2018, S. 413.
241 Stiegemann 2018, S. 419-420; Jablonski 2020.
242 Stiegemann 1986e, S. 331.
243 Göbel 2014.

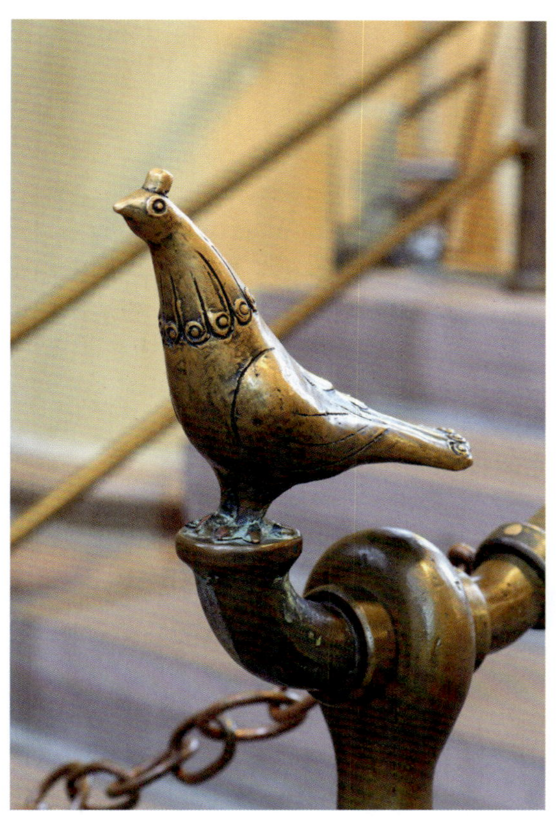

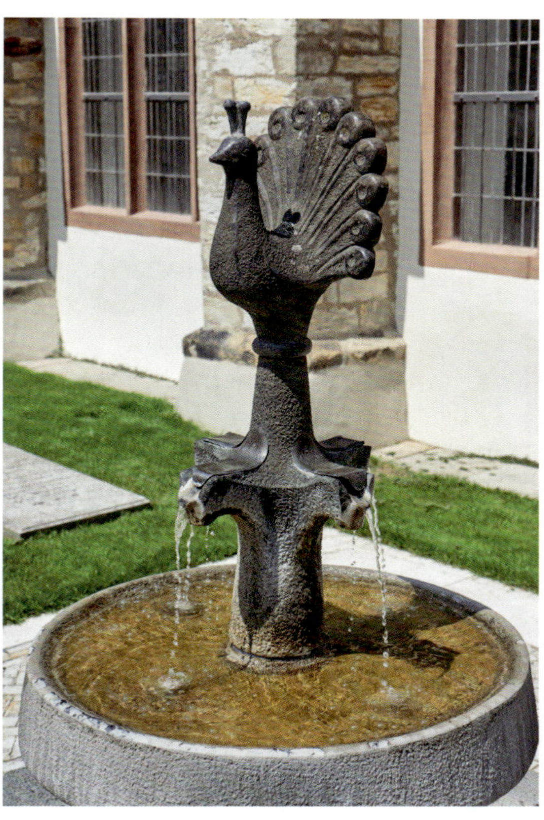

links: Ein glänzender Bronzepfau auf den seitlichen Treppengeländern zum Chorraum bzw. Hochchor

rechts: Der Pfau auf dem Brunnen auf dem Kapitelfriedhof

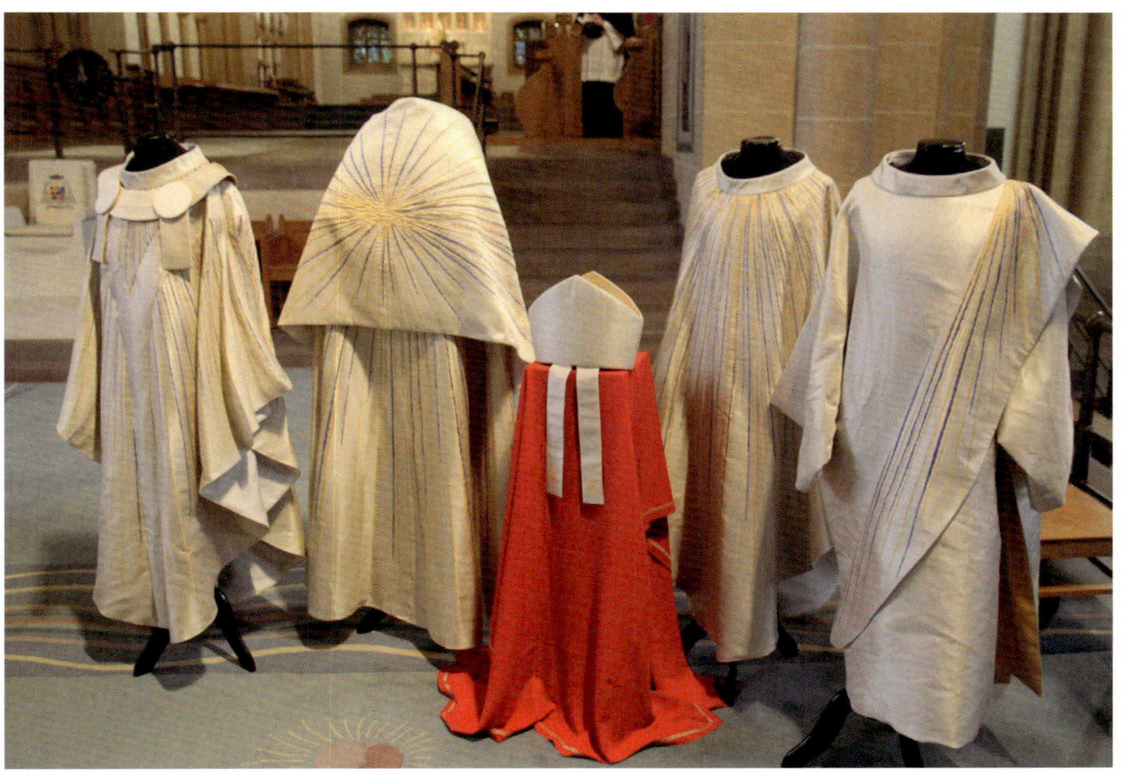

Der am 22. Juli 2014 gesegnete Libori-Ornat von Christof Cremer kam während des Liborifestes 2014 erstmals zum Einsatz. (EGVT)

Die Liborischreinträger

Das Tragen des Liborischreins[244] während der Prozessionen stellte und stellt eine hohe Ehre dar, die wohl bis ins beginnende 19. Jahrhundert hinein den niederen Domklerikern, den Vikaren und Benefiziaten, bisweilen aber auch der hohen Geistlichkeit und den Mitgliedern der Regierung des Hochstifts Paderborn und des Paderborner Stadtrats zugestanden wurde. Während des 900-jährigen Jubiläums der Ankunft der Reliquien in Paderborn 1736 trugen vier Weihbischöfe, zwei Prälaten und zwei Domkapitulare den Schrein vom Hoch- zum Festaltar, der mitten im Dom errichtet worden war, sowie während der Prozession am folgenden Tag aus dem Dom heraus und bis zur Grenze des Domplatzes, wo er einer anderen Trägergruppe übergeben wurde. Als das Domkapitel 1810 im Zuge der Säkularisation aufgelöst wurde und die Benefiziaten der Domkirche zwangsweise pensioniert

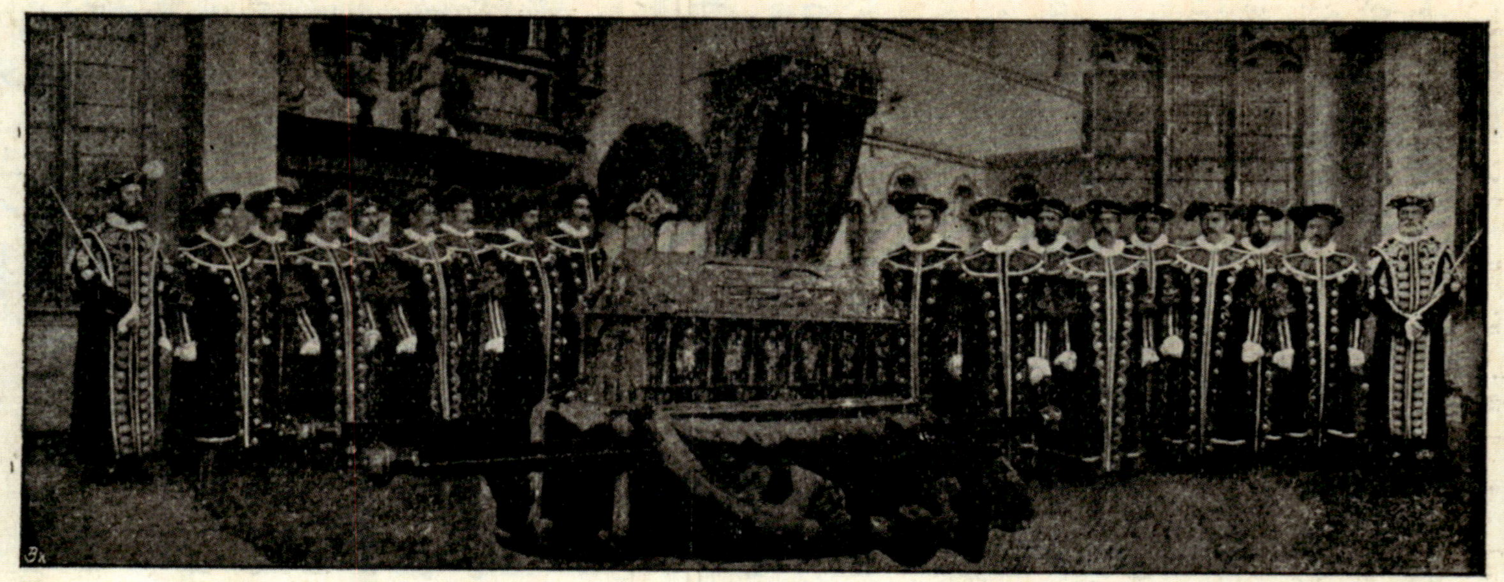

Der Libori-Schrein

mit seinen Trägern im Paderborner Dom beim Libori-Jubiläum, 1897.

Anlässlich der Neuanschaffung der Gewänder der Schreinträger zum 1500. Todestag des heiligen Liborius 1897 wurden die Schreinträger erstmals fotografiert und in einer Fotomontage mit einer Fotografie des Schreins zusammengefügt. Die Abbildung entstammt der zweiten Auflage des Buches „Dr. Hubertus Simar, Erzbischof von Köln. Ein Lebensbild", Köln 1900. EAB, 158 41 (EAB PB)

244 Rade 2023e, S. 145-147.

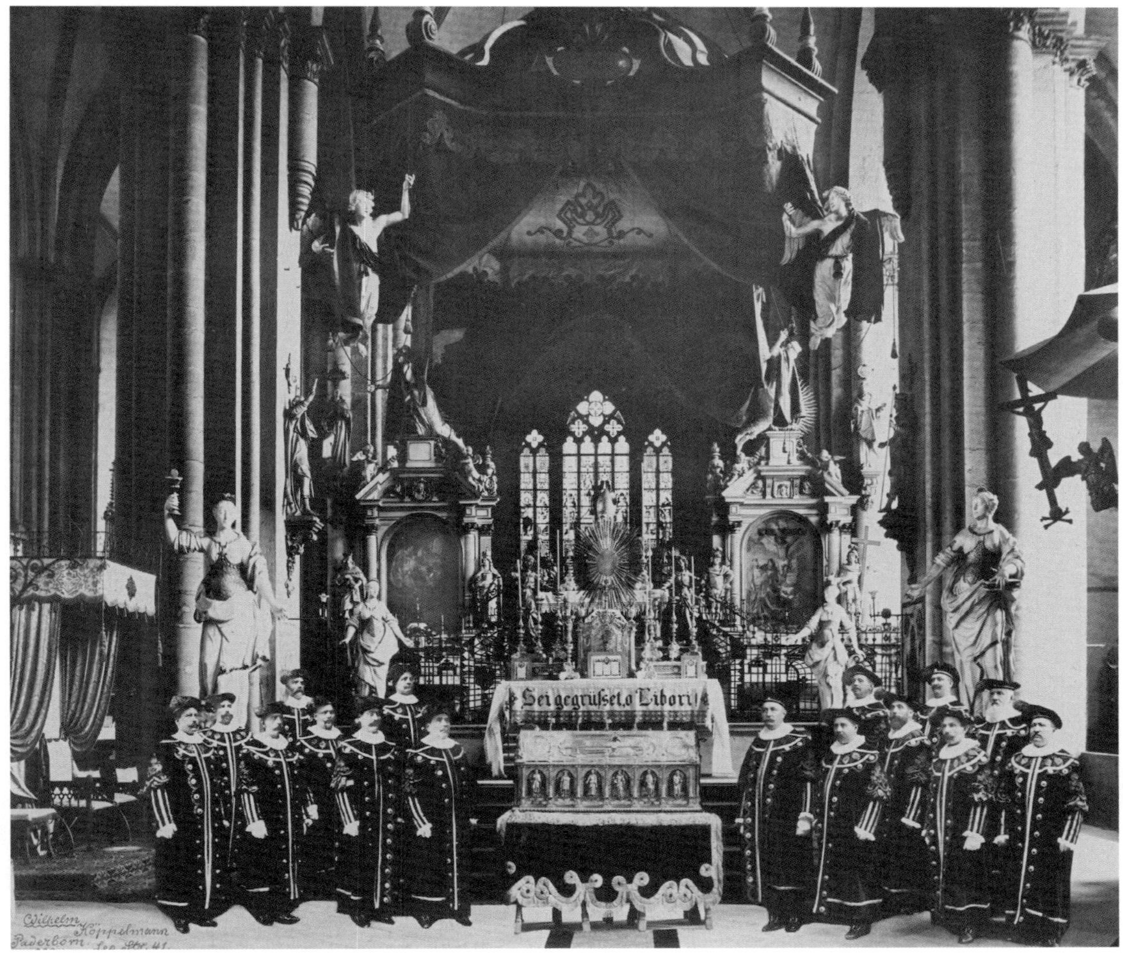

Die Schreinträger seitlich des Liborius-Festaltars 1904. EBAP, MK PB, BR, Bd. VII,6 (EBAP)

wurden, mussten Laien das zuvor weitgehend den Klerikern vorbehaltene Tragen des Schreins gänzlich übernehmen. 1873 war es längst selbstverständlich geworden, dass nicht ausschließlich Mitglieder des Paderborner Magistrats, sondern Bürger, denen die Verehrung des heiligen Liborius ein Anliegen war, der ehrenvollen Aufgabe nachkamen, den Schrein während der Prozessionen mitzuführen.[245] Hierzu trugen sie ab 1849 besondere Mäntel, deren Aussehen leider unbekannt ist. Die Stoffe für die 16 *Libori-Mäntel* lieferte der Paderborner Kaufmann Everken. Die Anfertigung übernahm der Schneider Willeke.[246] Am Christi-Himmelfahrts-Fest 1857 fehlten plötzlich vier jener kostbaren 16 Mäntel, die laut Bericht des Domvikars Franz Beuing (1805-1886) etwa acht Jahre zuvor eigens und ausschließlich für die Träger des *Liborikastens* angeschafft worden waren. Deswegen waren vier der Reliquienträger gezwungen, ohne Mäntel an der Prozession teilzunehmen. Eine Untersuchung ergab, dass sie von den Domküstern für andere liturgische Zwecke ausgeliehen und nicht zurückgebracht worden waren.[247] 1890 beschloss das Domkapi-

245 Mertens 1873, S. 116; Stambolis 1996, S. 96.

246 EBAP, MK PB, Domkirchenkasse 1844-1876, hier: Jahresrechnung von 1849: *„dem Kaufmann Everken für Stoffe zu 16 Libori-Mäntel 56 Taler 21 Silbergroschen 8 Deut. Dem Schneider Willeke für Anfertigung dieser Mäntel 144 Taler 26 Silbergroschen."*

247 EBAP, MK PB, BR, Bd. VII,2, unpag. (23. Mai 1857).

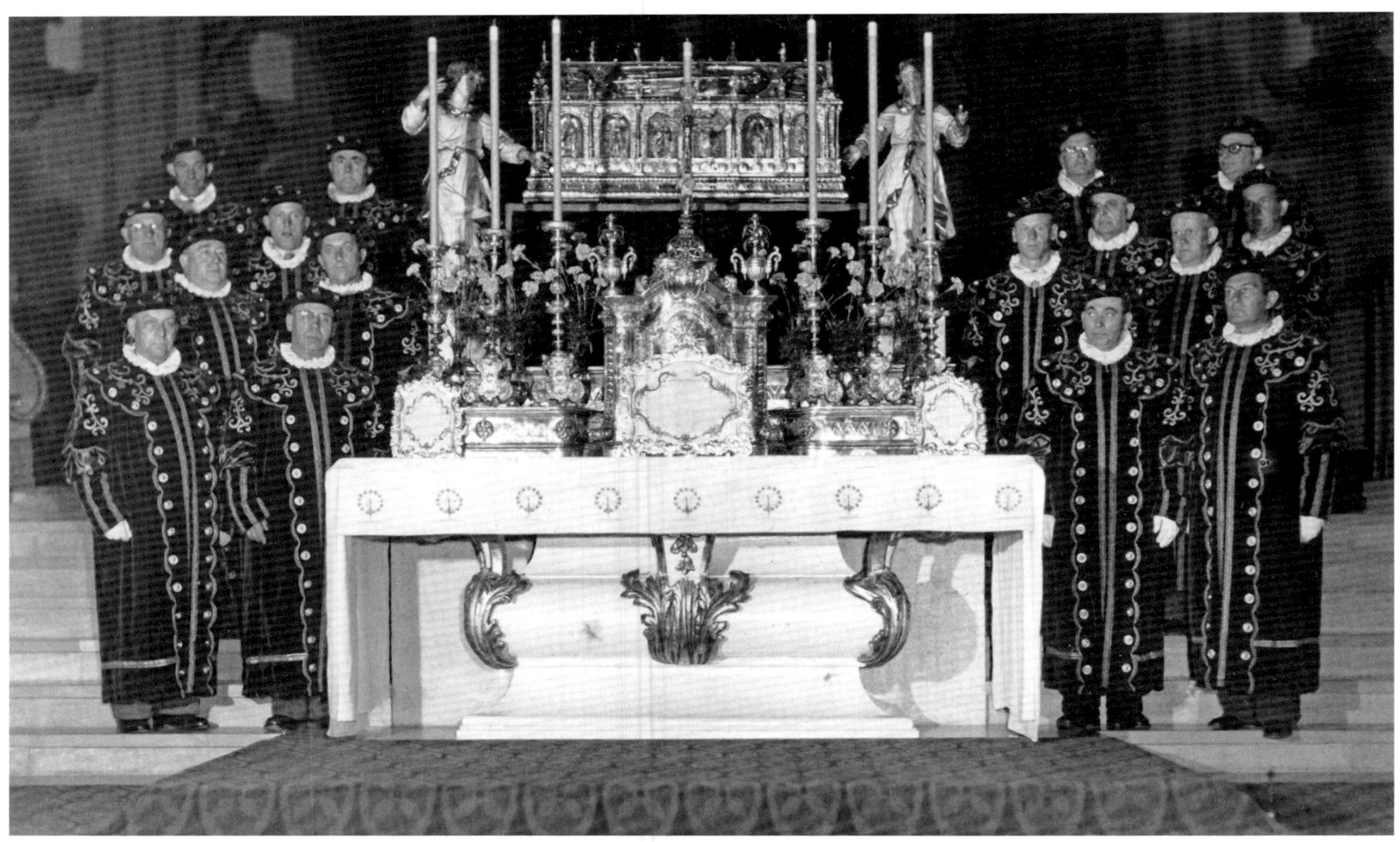

Die Schreinträger um den Festaltar zu Kleinlibori am 21. Oktober 1956. Foto: Rolf Ertmer (Sgl. RS)

tel, sie färben zu lassen.[248] Um die Würde des Schreinträger-Amtes auch äußerlich sichtbar zu machen, beschloss das Domkapitel anlässlich des beim Liborifest 1897 groß begangenen Gedächtnisses des 1500-jährigen Todestages des heiligen Liborius die Anschaffung neuer Gewänder, damit die Träger *wie seit Alters üblich war, in entsprechenden würdigen historischen Costümen ihres Amtes walten.* Für die Entscheidungsfindung nahm das versammelte Kapitel eigens ein Gewand in Augenschein.[249] Schließlich erwarb das Domkapitel bei der Paderborner Fahnen- und Kostümfabrik Martin Filter 18 neue Gewänder für die 16 Träger des Schreins und für zwei Stabträger zum Preis von 1582,50 Mark.[250] Die Kosten wurden aus Kollekten der Dompfarrei bestritten. Die älteste fotografische Darstellung des Schreins, der Schreinträger und der beiden Stabträger in ihrer neuen würdevollen Gewandung wurde anlässlich des Libori-Jubiläumsjahrs 1897 aufgenommen.[251] Eine Aufnahme von 1904 zeigt die Liborischreinträger seitlich des Festaltars mit dem Schrein im Hohen Dom. 1945 wurden die 18 Talare und zugehörigen Barette bei den Bombenangriffen auf Paderborn ein Raub der Flammen. 1951 stand die Wiederbeschaffung von *18 Trachtenmäntel[n] mit Baretts für Schweizer und Träger des Liborischreins aus rotem Sammet* noch aus.[252] 1953

248 EBAP, MK PB, BR, Bd. III,2b (Protokolle 1887-1894), unpag. (6. November 1890).
249 EBAP, MK PB, Protokollbuch des Domkapitels 1894-1924, S. 40 (12. Juni 1897).
250 EBAP, MK PB, GR, Bd. XIV, Bl. 316.
251 Schmitz 1899, S. 57.
252 Sgl. Robert Schäfers, Paderborn: „Auszug aus einem Bericht des Metropolitankapitels über den Stand des Dombaues Juni 1951".

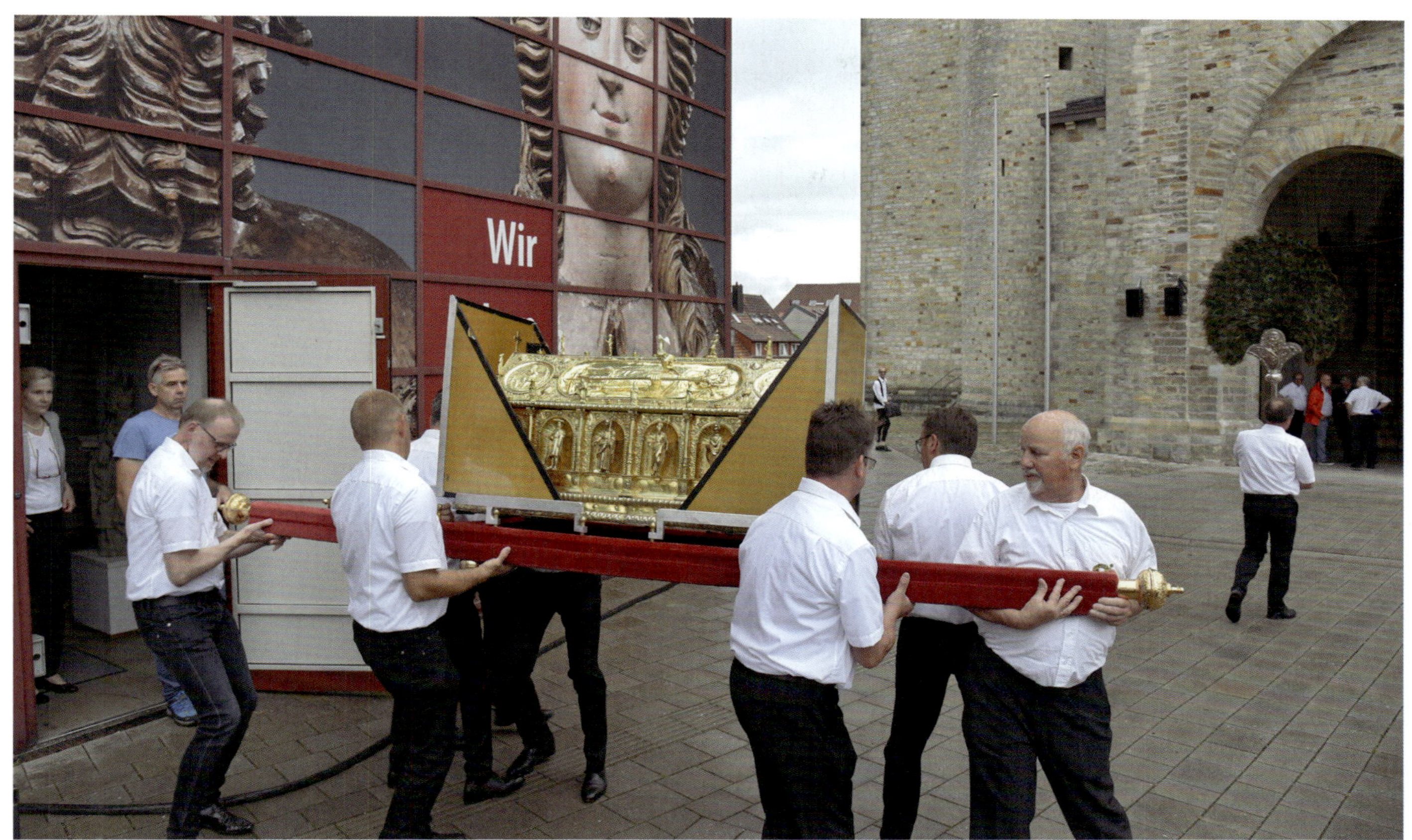

Zum Liborifest Ende Juli und zum Kleinliborifest Ende Oktober wird der Schrein aus dem Diözesanmuseum in den Dom überführt, 21. Juli 2022. (EGVT)

erstellte Erna Filter nach Fotografien neue Gewänder für die Schreinträger, die in diesem Jahr erstmals zum Einsatz kamen.[253] Der Gesamtpreis der Gewänder belief sich auf 2.000 DM.[254] Zur Gewandung der Schreinträger gehören ein Untergewand zum Auffangen des Schweißes, der Talar, eine Halskrause, weiße Handschuhe und ein Barett.

Der Schrein wird jeweils von sechszehn Trägern begleitet, von denen je acht den Schrein eine gewisse Strecke tragen und danach abgelöst werden. 1961 gründeten die Schreinträger die Liborizunft, der ein Bruderschaftsmeister vorsteht. Dieser wird von den Liborischreinträgern gewählt. Er ordnet den Einsatz der Mitglieder, die mit dem 65. Lebensjahr zwar aus dem aktiven Tragedienst ausscheiden müssen, der Zunft aber weiter angehören, im Hintergrund den Aktiven helfend zur Seite stehen und weiterhin mit ihnen eine Gebetsgemeinschaft bilden.[255]

Der Dienst der Schreinträger beginnt zu Groß- wie zu Kleinlibori mit der Überführung des Schreins aus dem Diözesanmuseum in die Krypta des Domes. An den Abenden von der Erhebung bis zum Vorabend der Repositio am Liborifest ist jeweils ein Team der Träger dafür verantwortlich, den Schrein in die Schatzkammer des Domes zu bergen und ihn an nächsten Morgen von dort wieder zum Hochchor zurückzubringen. Am Liborisonntag tragen sie den Schrein in der Prozession

253 Stambolis 1998, S. 66.
254 EBAP, MK PB, Journal der Domkasse vom 1. Juli 1951 bis 31. Juli 1954, Bl. 79v (25. April 1953).
255 Kersting / Meilwes / Palsmeier 1997, S. 15-31; Stambolis 1998, S. 67.

zum Rathaus und von dort zum Dom zurück. Am Liboridienstag werden die Reliquien im Schrein am Ende der Andacht über den Markt in die Krypta zurückgeführt. Der Einsatz der Schreinträger endet mit dem Rücktransport des Schreins ins Erzbischöfliche Diözesanmuseum. Danach lassen die Träger ihr schweißtreibendes Engagement gemütlich im Kapitelsaal ausklingen. Im Herbst beschränkt sich ihr Dienst auf den letzten Sonntag im Oktober, an dem der Rückführung der Reliquien des heiligen Liborius im Jahr 1627 gedacht wird. Vor dem Pontifikalamt überführen sie den Schrein aus dem Museum in die Krypta, tragen ihn mit den Reliquien zu Beginn der Feier in Prozession in den Hochchor und nachmittags nach der Libori-Bruderschaftsandacht zurück in die Krypta und anschließend wieder ins Diözesanmuseum. Im Zuge des Sommer-Liborifestes feiern sie mit dem Schreinträgerkaplan als Gemeinschaft eine heilige Messe in der Krypta vor den Reliquien. Stets ist eine große Zahl der aktiven und ehemaligen Schreinträger während der fünf Mal im Jahr stattfindenden Libori-Bruderschaftsandachten in den Gewändern im Hochchor präsent. Zwei von ihnen übernehmen während der Andachten liturgische Dienste als Kerzenträger und Lektoren. Alle Liborischreinträger verrichten ihren Dienst ehrenamtlich. Sie verstehen ihren Einsatz zum Lobe Gottes und zur Ehre des heiligen Liborius als Dienst an der Gemeinschaft der Glaubenden.

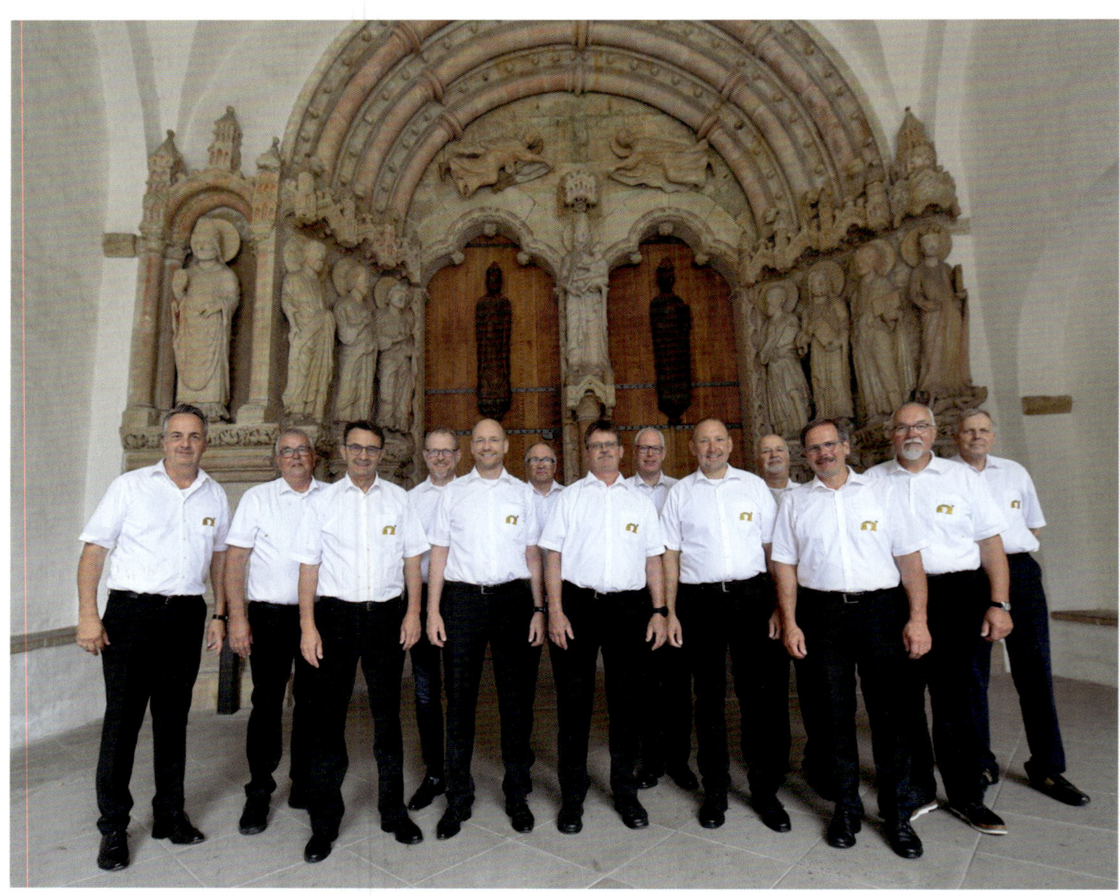

Die Schreinträgergruppe, 22. Juli 2022 (EGVT)

Fortwährende Libori-Verehrung

Der Name ‚Libori' steht heute zuallererst für das jährlich Ende Juli gefeierte zehntägige Liborifest, das den Jahr- und Pottmarkt rund um den Dom sowie die Kirmes auf dem Liboriberg und ein umfangreiches Kulturprogramm umfasst. Mit rund 1,5 Millionen Besucherinnen und Besuchern gehört ‚Libori' zu den größten Volksfesten Deutschlands. In einer einzigartigen Mischung verknüpfen sich die kirchlichen Libori-Feiern, bei denen alle Augen auf den Schrein des Heiligen gerichtet sind, mit den weltlichen Vergnügungen und Geschäften.[256]

Der Hohe Dom, das Erzbistum und die Stadt Paderborn sind zurecht stolz auf den Liborischrein. Sein kunstgeschichtlicher und historischer Wert wie seine bis heute lebendige und identitätsfördernde Funktion sind evident. Seine bleibende Bedeutung bezieht er dennoch nicht allein und primär aus der Tradition, sondern aus der Bestimmung, für die er gestiftet und geschaffen wurde: den Reliquien des heiligen Dom-, Bistums- und Stadtpatrons Liborius eine würdige Ruhestatt zu bieten.

Seit 1917 werden die Reliquien des Heiligen nicht mehr dauerhaft im Liborischrein, sondern in dem Stipes des Kryptaaltares aufbewahrt, um allen Gläubigen einen unmittelbaren Zugang zu ihnen zu ermöglichen und die ganzjährige Verehrung des Heiligen durch das private wie gemeinschaftliche Gebet zu fördern.[257] Der jetzige, 2023 im Zuge einer grundlegenden Renovierung der Krypta durch Helmut Langhammer (* 1940) geschaffene Altar wurde am 16. Juli 2023 durch Weihbischof Matthias König (* 1959) ge-

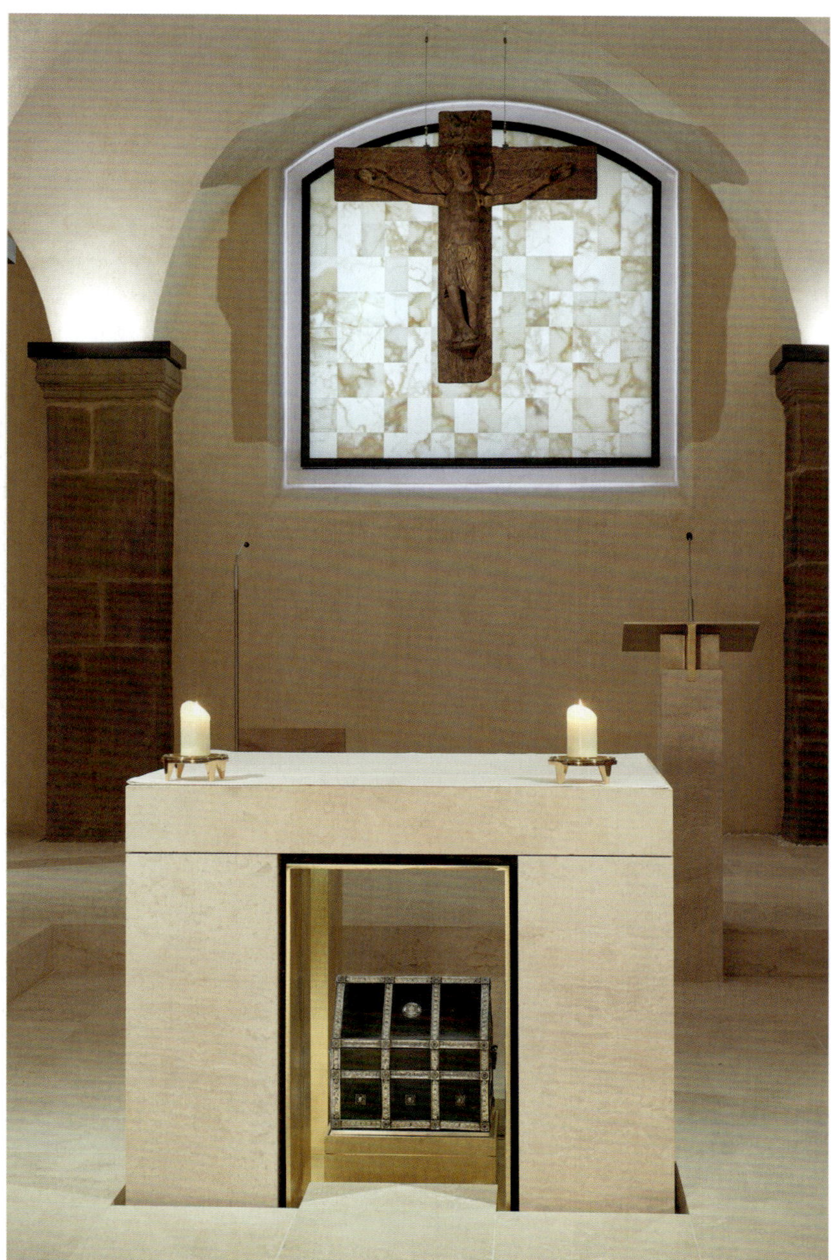

Der am 16. Juli 2023 geweihte Altar der Krypta des Paderborner Domes ist so gestaltet, dass er von allen Seiten eine freie Sicht auf den Ebenholzschrein mit den Reliquien des heiligen Liborius ermöglicht. Die goldene Fassung des Altarinnenraums verweist auf den Liborischrein.

256 Rade 2023b und 2023c.
257 Rade 2023k, S. 118-122.

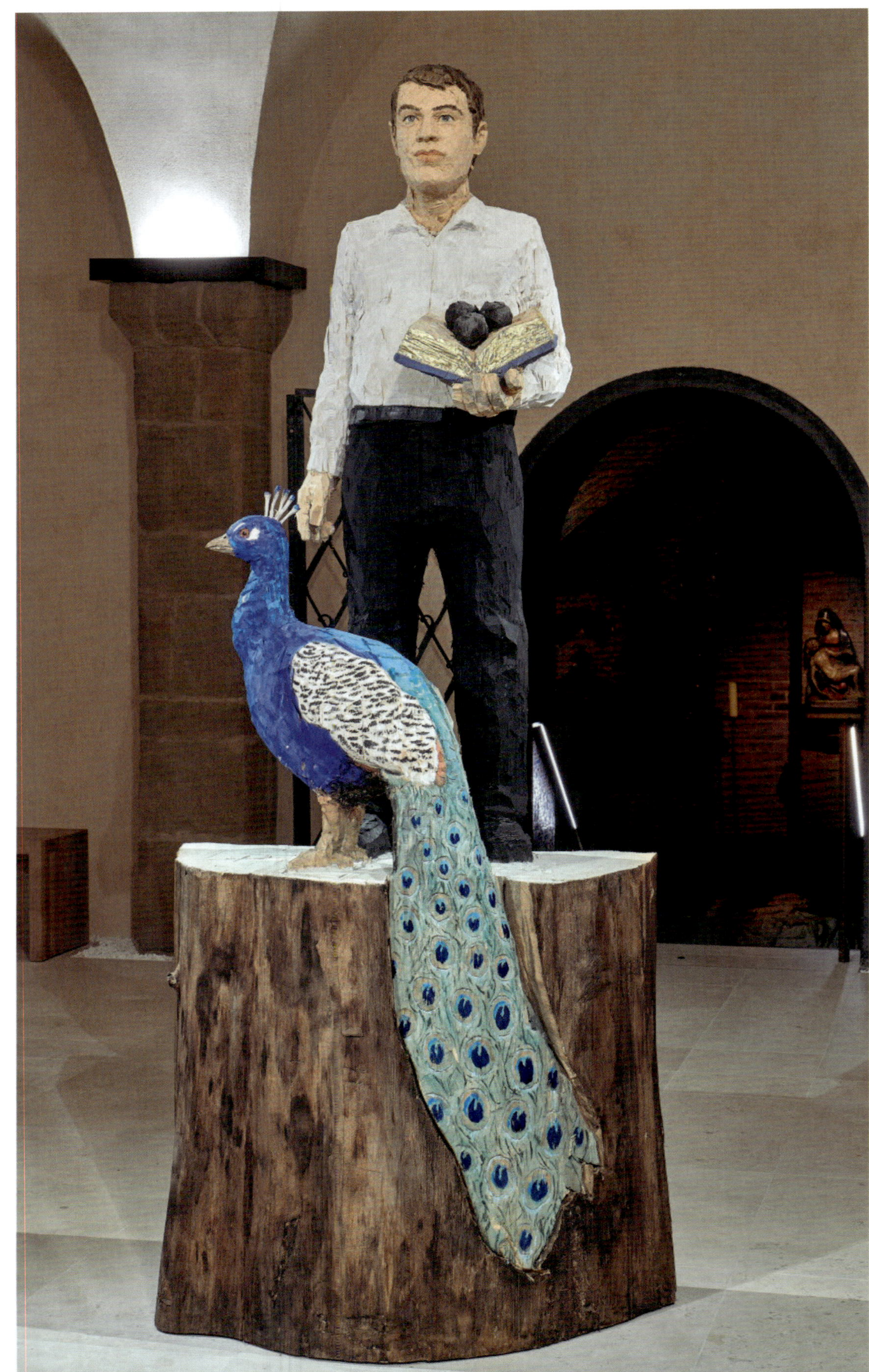

Die 2023 aus einem Zedernholzstamm geschaffene Liboriusstatue von Stephan Balkenhol. Der Heilige, der aussieht wie ein Mensch der Gegenwart, ist an seinen Attributen, dem Buch mit den Steinen und dem Pfau zu seinen Füßen, zu erkennen. Der Blick der Statue ist auf den Altar mit den Liborius-Reliquien ausgerichtet.

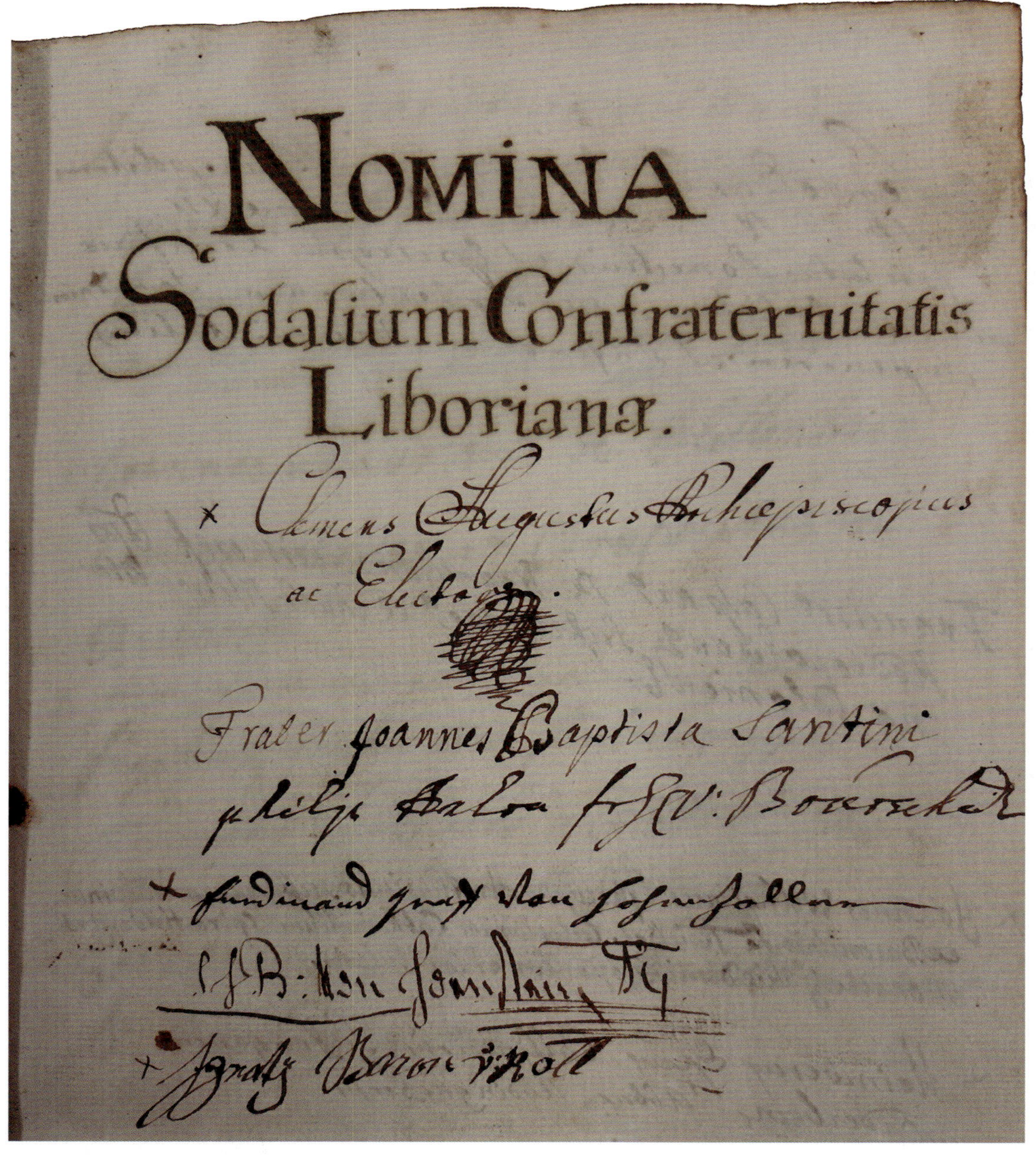

Nomina
Sodalium Confraternitatis
Liborianæ.

× Clemens Augustus Archiepiscopus
ac Elector.

Frater Joannes Baptista Santini

Die erste Seite des Mitgliederverzeichnisses der 1736 gegründeten Libori-Bruderschaft trägt die eigenhändigen Eintragungen der Namen des Kölner Kurfürsten und Paderborner Fürstbischofs Clemens August von Wittelsbach und seiner Räte. EBAP, MK PB, Handschrift B I 9. (HJR)

weiht. Während der feierlichen Weiheliturgie wurde der Ebenholzschrein wie zuvor in die beiden Vorgängeraltäre von 1915 und 1975 hineingeschoben. Die ebenfalls 2023 entstandene und im Eingangsbereich der Krypta platzierte Liboriusfigur, von Stephan Balkenhol (* 1957) aus einem Zedernholzstamm herausgearbeitet, blickt in die Richtung des Altars, um auf die Präsenz der Reliquien hinzuweisen. Durch die Statue hat die Krypta als Ruhe- und Verehrungsort des Heiligen einen starken Akzent erhalten, der zur Begegnung mit dem Dompatron anregt.

Darüber hinaus lädt die 1736 durch den Kölner Kurfürsten und Paderborner Oberhirten Clemens August von Wittelsbach (1700-1761) begründete Libori-Bruderschaft, die entgegen ihrer historischen Selbstbezeichnung von Anfang an allen Geschlechtern offensteht, fünf Mal im Jahr alle Gläubigen, seien sie Mitglieder oder (noch) nicht, zu den Libori-Bruderschaftsandachten in den Hohen

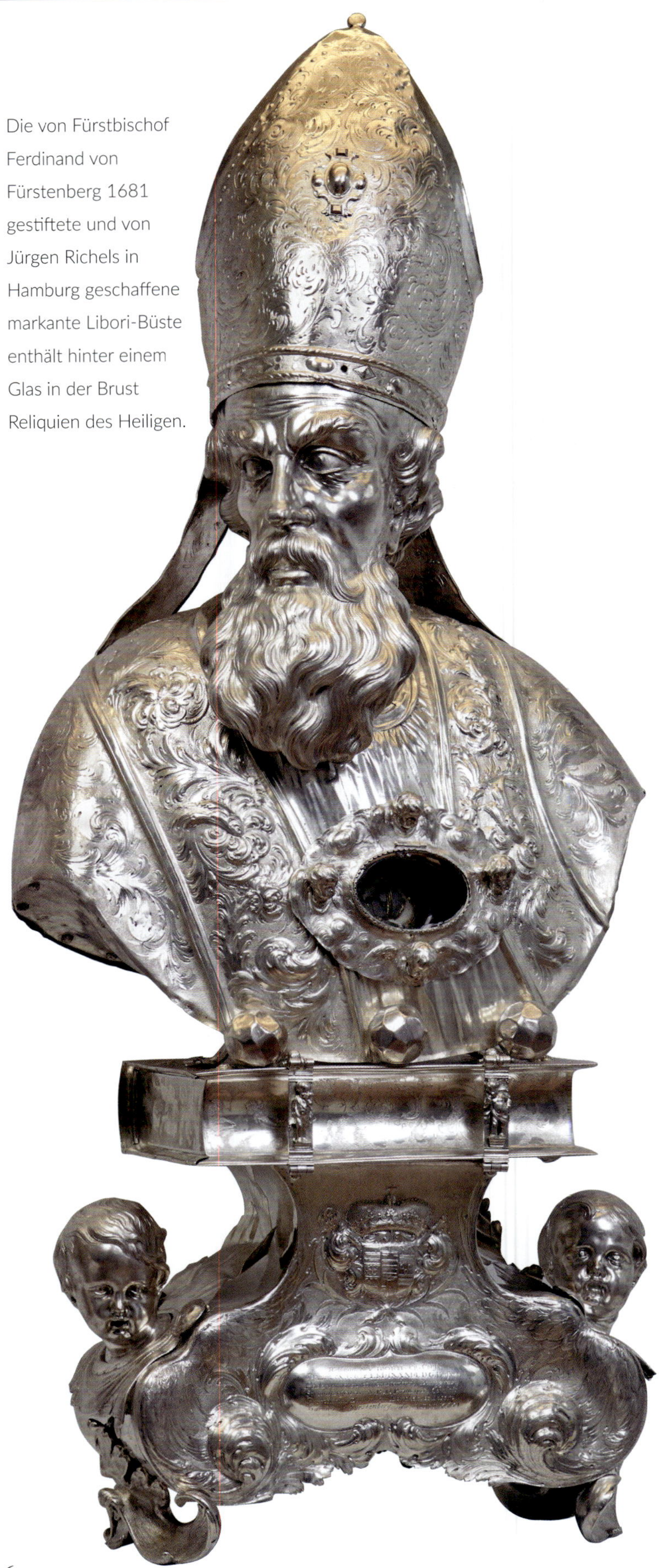

Die von Fürstbischof Ferdinand von Fürstenberg 1681 gestiftete und von Jürgen Richels in Hamburg geschaffene markante Libori-Büste enthält hinter einem Glas in der Brust Reliquien des Heiligen.

Dom ein.[258] Die festen Termine orientieren sich an Gedenktagen, die mit der Geschichte und der Verehrung des heiligen Liborius in Verbindung stehen. Der letzte Sonntag im Januar nimmt Bezug auf den Gedenktag des heiligen Julian, des ersten Bischofs und Patrons des Paderborner Partnerbistums Le Mans am 27. Januar; der Ostermontag bezieht sich auf den Tag der Erhebung der Reliquien des heiligen Liborius am 28. April 836 in Le Mans; Christi Himmelfahrt verweist auf den Tag der Ankunft seiner Gebeine am 28. Mai 836 in Paderborn; der erste Liborisonntag im Sommer ehrt den Sterbetag des Heiligen im Jahre 397; der letzte Sonntag im Oktober schließlich gedenkt der Rückführung der Reliquien 1627 nach dem Raub 1622. Zu den Bruderschaftsandachten wird, außer an den Liborisonntagen im Sommer und Herbst, an denen der Schrein im Hochchor die Reliquien birgt, eine 1681 von Fürstbischof Ferdinand von Fürstenberg gestiftete und vom Hamburger Goldschmied Jürgen Richels († 1710) geschaffene expressive Silberbüste mit einer Liborius-Reliquie im Altarraum präsentiert[259], um die Nähe des bei Gott vollendeten Heiligen für die versammelten Gläubigen visuell erfahrbar zu machen. Die Büste zeigt den heiligen Liborius gemäß dem Ideal der Entstehungszeit als prophetisch-kämpferische Bischofsgestalt.

Heiliger Liborius, bitte für uns!

258 Rade 2023g, S. 152-153.
259 Domschatz, Inv.-Nr. 12. Stiegemann 1986a, S.62-63, Nr. 6.

Dank

Ohne vielfältige Unterstützung und Zuarbeit hätte dieses Buch nicht entstehen können. Der erste Dank gilt dem Fotografen Ansgar Hoffmann, der die ausgezeichneten Aufnahmen beigesteuert hat. Ebenso danke ich vielmals den Mitarbeiterinnen und Mitarbeitern des Erzbistumsarchivs Paderborn, des Erzbischöflichen Diözesanmuseums Paderborn, der Erzbischöflichen Akademischen Bibliothek Paderborn, dem Landesarchiv Nordrhein-Westfalen, Abteilung Westfalen, und dem Stadt- und Kreisarchiv Paderborn für ihre geduldige, hilfsbereite und kenntnisreiche Unterstützung. Ein besonderer Dank gilt allen, die Bildmaterial zur Verfügung gestellt und die Abdruckrechte erteilt haben. Domkapitular Msgr. Prof. Dr. Rüdiger Althaus bin ich für eine kritische Sichtung, Wilhelm Krüggeler und Prof. Dr. Volker de Vry für zahlreiche Hinweise ebenfalls zu großem Dank verpflichtet. Ich freue mich, dass das Paderborner Metropolitankapitel die Herausgeberschaft übernommen und der Bonifatius Verlag das Projekt realisiert hat.

Abkürzungsverzeichnis

A MK PB:	Archiv des Metropolitankapitels Paderborn
amt.:	Amtszeit
AV PB:	Verein für Geschichte und Altertumskunde Westfalens, Abteilung Paderborn
Bd.:	Band
BR:	Blaue Registratur
Cod.:	Codex
Dep.:	Depositum
DK PB:	Domkapitel Paderborn
EAB PB:	Erzbischöfliche Akademische Bibliothek, Paderborn
EBAP:	Erzbistumsarchiv Paderborn
Fstb. PB:	Fürstbistum Paderborn
GR:	Gelbe Registratur
H.:	Höhe
Hs.:	Handschriften
KB:	Kirchenbücher
LAV NRW W:	Landesarchiv Nordrhein-Westfalen, Abteilung Westfalen
MK PB:	Metropolitankapitel Paderborn
SFA PB:	Studienfondsarchiv Paderborn
Sgl.:	Sammlung
SKAP:	Stadt- und Kreisarchiv Paderborn
Urk.:	Urkunden

Quellen- und Literaturverzeichnis

Ungedruckte Quellen

Archiv des Metropoliankapitels Paderborn (= A MK PB)
Protokollbuch 1924-1954

Biblioteca Apostolica Vaticana
Codex Palatinus Latinus 482

Erzbischöfliche Akademische Bibliothek Paderborn (= EAB PB)
Archiv des Vereins für Geschichte und Altertumskunde in Westfalen, Abteilung Paderborn (= AV PB), Codex 139; Codex 177; Acta 12; Acta 694
Studienfondarchiv Paderborn (= SFA PB), Pa 73; Pa 107, Bd. 5

Erzbistumsarchiv Paderborn (= EBAP)
Archiv der Dompfarrei, Ordner „Chronik"
Kirchenbücher (= KB) der Gaukirche, Paderborn (Dep.), Bd. 1; 2
Metropolitankapitel Paderborn (= MK PB),
Urkunden, Nr. 49a; 81; 86
Handschriften (= Hs.), B I 9; B I 18
Blaue Registratur (= BR), Bände III,1a; III,1c; III,2b; VII,2; VII,6
Gelbe Registratur (= GR), Bände XIV; XVII
Protokollbuch 1894-1924
Domkirchenkasse 1844-1876
Journal der Domkasse 1947-1949
Journal der Domkasse 1951-1954

Landesarchiv Nordrhein-Westfalen, Abteilung Westfalen (= LAV NRW W)
B 501/Domkapitel Paderborn (= DK PB), Akten, Nr. 36.39; 124.66; 125.3; 145.2; 1956; 1958; 1981; 2227.1
B 401u/Fürstbistum Paderborn, Urkunden, Nr. 667; 2433
B 408/Fürstbistum Paderborn, Rechnungen, Nr. 1058; 1059
B 801u/Herrschaft Büren, Urkunden, Nr. 639
B 151/Studienfonds Münster, Haus Geist, Akten, Nr. 5909

Pfarrarchiv St. Mariä Geburt, Dringenberg
Ratsprotokolle Dringenberg 1666-1695

Sammlung Robert Schäfers, Paderborn (= Sgl. Schäfers)
  Fotoordner „Dom und Liborifest"

Stadtarchiv Köln
  Bestand 300/Auswärtiges, A 252
  Bestand 1161 (Sammlung Lückger), U 2/22

Stadtarchiv Krefeld
  9/1 Urkunden/Uerdinger Urkunden, Nr. 9-Urkunde 61

Stadt- und Kreisarchiv Paderborn (= SKAP)
  S-A 5000; S-A 5053; S-A 5054

The Walters Art Museum, Baltimore, Maryland
  W 922 – Liber Amicorum of Joannes Carolus Erlenwein

Internetquellen

https://data.matricula-online.eu/de/deutschland/paderborn/
  Kirchenbücher (= KB) St. Walburga, Meschede, Bd. 1.
https://www.thedigitalwalters.org/Data/WaltersManuscripts/html/W922/

Literaturverzeichnis

ANGENENDT 2010: Arnold ANGENENDT, Die Gegenwart von Heiligen und Reliquien, Münster 2010.

ASSHAUER 2010: Maria ASSHAUER, Verbesserte Schrein-Trage. Wissenschaftler unterstützen Liborischrein-Träger, in: Dom-Magazin. Libori 2010, S. 4-7.

BOLLANDUS 1648: Johannes BOLLANDUS SJ, Vita S. Liborii Episcopi, calcvlo Laborantium, Patroni, E veteribus MSS, eruta, & commentario historico illustrata, Antwerpen 1648.

BRAND 1827: F[ranz]. J[oseph]. BRAND, Der Dom zu Paderborn in historischer und artistischer Hinsicht dargestellt, Lemgo 1827.

BRAND 1844: DERS., Der Kasten des heil. Liborius im Dome zu Paderborn, in: Kölner Domblatt, Nr. 129, 8. Dezember 1844.

BRANDT / HENGST 1984: Hans Jürgen BRANDT / Karl HENGST, Die Bischöfe und Erzbischöfe von Paderborn, Paderborn 1984.

CAMPE 1790: Joachim Heinrich CAMPE, Sammlung interessanter und durchgängig zweckmäßig abgefaßter Reisebeschreibungen für die Jugend, Achter Theil, Reutlingen 1790.

CLEMENTINI 1702: Girolamo Muzio CLEMENTINI D'AMELIA, Notitie della vita, morte, mircacoli e translatione del corpo di S. Liborio, Roma 1702.

DECKER 2018: Rainer DECKER, Wappen und Wahlsprüche. Aus dem Stammbuch eines Fuldaer Studenten um 1615, in: Die Warte. Heimatzeitschrift für die Kreise Paderborn und Höxter, Nr. 177 (2018), S. 10-13.

DETHLEFS 2000a: Gerd DETHLEFS, Der heilige Liborius und der Westfälische Friede, in: Westfälische Zeitschrift, 150 (2000), S. 247-284.

DETHLEFS 2000b: DERS., Die Pfaffenfeindmünzen des Herzogs Christian von Braunschweig 1622, in: Numismatisches Nachrichtenblatt, 49. Jg., Nr. 3/2000, S. 92-112.

DE VRY 1997: Volker DE VRY, Liborius. Brückenbauer Europas. Die mittelalterlichen Viten und Translationsberichte, Paderborn-München-Wien-Zürich 1997.

ESSER 1959: Josef ESSER, Die Wahrheit um den Paderborner Liborius-Schrein im Jahre 1945, in: Die Warte. Heimatzeitschrift für die Kreise Paderborn und Höxter, 20. Jg., Heft 6 (1959), S. 84-85.

EVERS 1855: F[ranz]. A[nton]. EVERS, Die stickstoffreichen Mineral-Quellen auf der Insel zu Paderborn nebst Anleitung zu einem richtigen Verhalten vor, während und nach dem Bade im Freien, im warmen Bade und im russischen Dampfbade, Paderborn 1855. Online: UB Digital / Die stickstoffreichen Mineralquellen auf der Insel zu Paderborn (uni-paderborn.de) (Zugriff: 07.07.2021).

FABER 1850: Friedrich FABER (Hg.), Conversations-Lexikon für Bildende Kunst, Bd. 5, Leipzig 1850.

FAHLBUSCH 1985: Friedrich Bernward FAHLBUSCH, Vom Dortmunder Abkommen zum Klever Vertrag 1609-1666, in: Wilfried EHBRECHT (Hg.), Lippstadt. Beiträge zur Stadtgeschichte, Teil I, Lippstadt 1985, S. 455-484.

FREIHERR VON FÜRSTENBERG 1979: Michael FREIHERR VON FÜRSTENBERG, Das Flabellum in der Kirche des Westens, in: Westfälische Zeitschrift 129 (1979), S. 157-192.

FREITAG 2020: Matthäus FREITAG, Das Paderborner Proprium. Liturgischer Eigenkalender und gebotene Feiertage im Bistum Paderborn seit 1699, in: Clemens BRODKORB / Norbert FIEDLER (Hg.), Jahrbuch für mitteldeutsche Kirchen- und Ordensgeschichte 16 (2020), S. 13-64.

FUCHS 1914: Alois FUCHS, Der Paderborner Domschatz, Paderborn 1914.

FUCHS 1915: DERS., Der hl. Liborius in der bildenden Kunst, in: Dritter Jahresbericht des Diözesan-Museumsvereins der Diözese Paderborn über das Vereinsjahr 1914, Paderborn 1915, S. 7-24.

FUCHS 1933: DERS., Der Schrein des hl. Liborius, in: Die Warte. Zeitschrift für Volkstum, Geschichte, Natur, Kunst und Verkehr im südöstlichen Westfalen, 1 (1933), Heft 7, S. 106-107; gekürzter Nachdruck: Die Brücke19 (1988), S. 4-5.

FUCHS 1936: DERS., Zur Geschichte des Paderborner Domschatzes, in: Paul SIMON (Hg.), Sankt Liborius. Sein Dom und sein Bistum, Paderborn 1936, S. 299-354.

FUCHS 1963: DERS., Die Chorlampe von Hans Krako in Dringenberg, in: Die Warte. Heimatzeitschrift für die Kreise Paderborn und Höxter 24 (1963), S. 90-91.

GAIDT 2006: Andreas GAIDT, Die Anfänge der Photographie in Paderborn, in: Westfälische Zeitschrift 156 (2006), S. 319-361.

Gocke 1986: Hildegard Gocke, Der Liboritusch, die festliche Bläsermusik, in: Klemens Honselmann (Hg.), Liborius. Bischof und Schutzpatron. Eine Sammlung von Beiträgen zu Festen des Heiligen, Paderborn 1986, S. 26-28.

Göbel 2014: Joachim Göbel (Hg.), Der neue Libori-Ornat für die Hohe Domkirche zu Paderborn von Christof Cremer, Paderborn 2014.

Gottfried 1702: Johann Lodewig Gottfried, Historische Kronyk of algemeene historische gedenck boecken, Bd. 3, Leiden 1702.

Grabe 2023a: Wilhelm Grabe, Liborius und Paderborn: Eine Annäherung in drei Schritten, in: Andreas Gaidt / Wilhelm Grabe / Hans Jürgen Rade (Hg.), 500 Jahre Libori, Paderborn 2023, S. 8-31.

Grabe 2023b: ders., Der Liboritusch, in: Andreas Gaidt / Wilhelm Grabe / Hans Jürgen Rade (Hg.), 500 Jahre Libori, Paderborn 2023, S. 88-91.

Grabe 2023c: ders., „Wachet auf, ruft uns die Stimme“. Der Liboritusch und sein Schöpfer Otto Gerke, in: Die Warte. Heimatzeitschrift für die Kreise Paderborn und Höxter, Nr. 198 (2023), S. 2-7.

Heggen 1983: Alfred Heggen, Ein bislang unbekannter Reisebericht über Paderborn aus dem Jahre 1794, in: Westfälische Zeitschrift 133 (1983), S. 77-83.

Honselmann 1924: Klemens Honselmann, Der Pfauenschweif in der Libori-Prozession, in: Westfälisches Volksblatt, Paderborn, 25. Oktober 1924.

Honselmann 1977: ders., Vor 350 Jahren: Die geraubten Liborius-Reliquien kehrten nach Paderborn zurück, in: Der Dom, 32 (1977), Nr. 42, S. 14-15.

Honselmann 1986: ders., Der Pfauenwedel in der Liboriprozession, in: ders. (Hg.), Liborius. Bischof und Schutzpatron. Eine Sammlung von Beiträgen zu Festen des Heiligen, Paderborn 1986, S. 21-26.

Honselmann 1965: Wilhelm Honselmann, Zur älteren Geschichte des Bildhauerfamilie Gröninger in Paderborn und Münster, in: Westfälische Zeitschrift 115 (1965), 437-457.

Humperdinck 1891: Gustav Humperdinck, Zeitbuch der Entstehung und Verzweigung der Familie Humperdinck – Riccius – Tyrell, Bonn 1891. Online: Digitale Sammlungen / Zeitbuch der Entstehung und Verzweigung der Familie Humperdinck-Riccius-Tyrell (uniduesseldorf.de) (Zugriff: 07.07.2021).

Jablonski 2020: Alicia Jablonski, Paramente – Wirkung und Bedeutung in der römisch-katholischen Liturgie. Eine kulturanthropologische Untersuchung des Libori-Ornats Edith Ostendorfs (= Kontext Kunst – Vermittlung – Kulturelle Bildung 25), Baden-Baden 2020.

Kampmann 1986: Theodor Kampmann, Plünderer am Liborischrein Juni 1945, in: Klemens Honselmann (Hg.), Liborius. Bischof und Schutzpatron. Eine Sammlung von Beiträgen zu Festen des Heiligen, Paderborn 1986, S. 157-164.

Kersting / Meilwes / Palsmeyer 1997: Hans Kersting / Klaus Meilwes / Werner Palsmeier, Die Liborischreinträger, Paderborn 1997.

Kleineidam 2000: Michael Kleineidam, Aus einer spontanen Idee geboren. Die Prozession am Liboridienstag, in: Die Warte. Heimatzeitschrift für die Kreise Paderborn und Höxter, Nr. 106 (2000), S. 32-34.

Kümper 2010: Hiram Kümper, Ein drittes, bisher unbekanntes Liborius-Flugblatt des Jahres 1622 als Beispiel konfessioneller Umdeutung der Flugblattpropaganda des Dreißigjährigen Krieges, in: Westfälische Zeitschrift 160 (2010), S. 171-185.

Kurte 2021: Andreas Kurte, Necrologium Paderbornense II. Totenbuch Paderborner Priester 1930 bis 2020, Paderborn 2021.

Lahrkamp 1955: Helmut Lahrkamp, Die Annalen des Jesuiten Turck. Ein Beitrag zur Geschichtsforschung der Barockzeit, in: Westfälische Zeitschrift 105 (1955), S. 105-148.

Leesch 1958: Wolfgang Leesch, Matrikel der Bürgerrechtsverleihungen im Brakeler Rats- und Bürgerbuch, in: Beiträge zur westfälischen Familienforschung, XVI (1958).

Liedtke 1993: Gerhard Liedtke, Bildstöcke und Wegekreuze in Paderborn, Paderborn 1993.

Linneborn 1931: Johannes Linneborn, Die katholischen Feiertage in Preußen, in: Theologie und Glaube. Zeitschrift für den katholischen Klerus, 23. Jg., Paderborn 1931, S. 141-164.

Lobbedey 1986: Uwe Lobbedey, Der Westchor des hl. Liborius im Dom zu Paderborn, in: Hans Jürgen Brandt / Karl Hengst, Felix Paderae Civitas. Der heilige Liborius 836-1986 (= Studien und Quellen zur westfälischen Geschichte 24), Paderborn 1986, 205-213.

Löer 1939: Paul Löer, Moritz von Büren. 1604-1661. Ein Zeitbild aus der Geschichte der katholischen Restauration des 17. Jahrhunderts, Paderborn 1939.

Ludorff 1914: Albert Ludorff, Die Bau- und Kunstdenkmäler des Kreises Höxter (= Die Bau- und Kunstdenkmäler von Westfalen 37), Paderborn 1914.

Meinhardt / Meumann 2021: Matthias Meinhardt / Markus Meumann, Christian d. J. von Braunschweig-Lüneburg, der „tolle Halberstädter". Militärische Karriere, Selbstinszenierung und Fremddarstellung eines fürstlichen Kriegsunternehmers im Dreißigjährigen Krieg, in: dies. (Hg. / Eds.), Die Kapitalisierung des Krieges. The Capitalisation of War. Kriegsunternehmer im Spätmittelalter und in der frühen Neuzeit. Military Entrepreneurs in the Late Middle Ages and the Early Modern Period (= Herrschaft und soziale Systeme in der frühen Neuzeit 13), Münster (et al.) 2021, S. 378-423.

Mertens 1873: Conrad Mertens, Der heilige Liborius. Sein Leben, seine Verehrung und seine Reliquien, Paderborn 1873.

Michels 1950: Paul Michels, Paderborner Künstlerfamilien des 18. Jahrhunderts, in: Wilhelm Tack (Hg.), Festgabe Alois Fuchs, Paderborn 1950, S. 217-235.

Michels 1957: ders., Paderborner Inschriften, Wappen und Hausmarken, Paderborn MCMLVII.

Michels 1967: ders., Heraldik am Liborischrein zu Paderborn, in: Westfalen 45 (1967), S. 265-278.

Nachtmann / Schwede 1998: Hans Joachim Nachtmann / Arnold Schwede, Der Schrein des hl. Liborius und seine Münzen, in: Die Warte. Heimatzeitschrift für die Kreise Paderborn und Höxter, Nr. 98 (1998), S. 31-33.

Niggemeyer 1997: Margarete Niggemeyer, Verehrt im Goldschrein – der wahre Domschatz, in: Günter Beaugrand, Sankt Liborius – Schutzpatron im Strom der Zeit, Paderborn 1997, S. 83-90.

N. N. 1917: N. N., Ein neuer Liborischrein, in: Westfälisches Volksblatt, Nr. 296 (1917), 31. Oktober 1917.

NORDHOFF 1881: Joseph Bernhard NORDHOFF, Meister Eisenhuth, in: Jahrbücher des Vereins von Altertumsfreunden im Rheinlande, LXX (1881), S. 113-132.

PIEPER 2021a: Roland PIEPER, Johann Theodor Axer: Figuren und Wappen eines fürstbischöflichen Hofbildhauers, in: Andreas NEUWÖHNER / Lars WOLFRAM (Hg.), Leben am Hof zu Neuhaus. Biographische Skizzen zur Hofkultur einer fürstbischöflichen Residenz, Paderborn 2021, S. 224-247.

PIEPER 2021b: DERS., Franz Christoph Nagel: Architekt, Ingenieur und Gartengestalter, in: Andreas NEUWÖHNER / Lars WOLFRAM (Hg.), Leben am Hof zu Neuhaus. Biographische Skizzen zur Hofkultur einer fürstbischöflichen Residenz, Paderborn 2021, S.248-273.

PÖPPEL 1980: Diether PÖPPEL, Dringenberg. Stadt, Burg und Kirche im Wandel der Jahrhunderte, Dringenberg 1980.

PÖPPEL 1989: DERS., Der St.-Liborius-Schrein, Paderborn 1989.

RADE 2020: Hans Jürgen RADE, Der „verspätete" Libori-Schrein. Die Rückkehr der Libori-Reliquien 1627 und die Einsetzung in den neuen Schrein 1628, in: Die Warte. Heimatzeitschrift für die Kreise Paderborn und Höxter, Nr. 187 (2020), S. 30-32.

RADE 2023a: DERS., Der kirchliche Beginn: Die Erhebung der Reliquien, in: Andreas GAIDT / Wilhelm GRABE / Hans Jürgen RADE (Hg.), 500 Jahre Libori, Paderborn 2023, S. 84-87.

RADE 2023b: DERS., Der Liborimarkt – Vom Magdalenenmarkt 1521 bis zum Liborifest Mitte des 20. Jahrhundert, in: Andreas GAIDT / Wilhelm GRABE / Hans Jürgen RADE (Hg.), 500 Jahre Libori, Paderborn 2023, S. 112-131.

RADE 2023c: DERS., Liborimarkt und Pottmarkt von der Mitte des 20. bis zum 21. Jahrhundert, in: Andreas GAIDT / Wilhelm GRABE / Hans Jürgen RADE (Hg.), 500 Jahre Libori, Paderborn 2023, S. 132-139.

RADE 2023d: DERS., Die Liboriprozession, in: Andreas GAIDT / Wilhelm GRABE / Hans Jürgen RADE (Hg.), 500 Jahre Libori, Paderborn 2023, S. 140-143.

RADE 2023e: DERS., Der Liborischrein und die Schreinträger, in: Andreas GAIDT / Wilhelm GRABE / Hans Jürgen RADE (Hg.), 500 Jahre Libori, Paderborn 2023, S. 144-147.

RADE 2023f: DERS., Der Pfauenwedel und die Pfauensage, in: Andreas GAIDT / Wilhelm GRABE / Hans Jürgen RADE (Hg.), 500 Jahre Libori, Paderborn 2023, S. 148-151.

RADE 2023g: DERS., Die Liboribruderschaft und -andacht, in: Andreas GAIDT / Wilhelm GRABE / Hans Jürgen RADE (Hg.), 500 Jahre Libori, Paderborn 2023, S. 152-153.

RADE 2023h: DERS., Die Beisetzung der Reliquien, in: Andreas GAIDT / Wilhelm GRABE / Hans Jürgen RADE (Hg.), 500 Jahre Libori, Paderborn 2023, S. 230-231.

RADE 2023i: DERS., Libori in der Literatur, in: Andreas GAIDT / Wilhelm GRABE / Hans Jürgen RADE (Hg.), 500 Jahre Libori, Paderborn 2023, S. 278-281.

RADE 2023j: DERS., Herbstlibori, in: Andreas GAIDT / Wilhelm GRABE / Hans Jürgen RADE (Hg.), 500 Jahre Libori, Paderborn 2023, S. 282-287.

RADE 2023k: DERS., Die Paderborner Domkrypta als Ruheplatz und Verehrungsort der Reliquien des Dom-, Stadt- und Bistumspatrons Liborius, in: Norbert BÖRSTE / Martin FISCHER / Stefan KOPP (Hg.), In der Herzkammer des Erzbistums. Die Paderborner Domkrypta in Geschichte und Gegenwart, Paderborn 2023, S. 108-120.

RADE 2023l: DERS., Aufgrund ihrer Abstammung während der Herrschaft des Nationalsozialismus gefährdete Mitglieder des Paderborner Domkapitels, in: METROPOLITANKAPITEL PADERBORN (Hg.)., 200 Jahre Domkapitel zu Paderborn 1823-2023, Paderborn 2023, S. 267-287.

RADE 2023m: DERS., Die jüdische Abstammung des Paderborner Domkapitulars und Schloß Neuhäuser Pfarrers Dr. Hermann Joseph Wurm und die Verschleierung seiner Herkunft, in: HEIMATVEREIN SCHLOSS NEUHAUS 1909 E. V., Die Residenz 131 (2023), S. 29-40.

RICHTER 1899: Wilhelm RICHTER, Geschichte der Stadt Paderborn. Erster Band. Mit Urkunden und Statuten, bearbeitet von Carl Spancken, Paderborn 1899.

RICK 1977: Hermann-Josef RICK, Zur Ehre des Heiligen – zum Wohl des Vaterslandes. Vor 350 Jahren: Rückführung der Reliquien des heiligen Liborius, in: Die Warte. Heimatzeitschrift für die Kreise Paderborn und Höxter, Nr. 15 (1977), S. 13-15.

ROSENBERG 1906: Marc ROSENBERG, Krako, Hans, in: Allgemeine Deutsche Biographie 51 (1906), S. 359.

ROTTHOFF 1968: Guido ROTTHOFF (Bearb.), Urkundenbuch der Stadt und des Amtes Uerdingen, Krefeld 1968.

SANDERS 2011: Johannes SANDERS S. J. (1596-1674), Geschichte des Jesuitenkollegs in Paderborn 1580-1659. Textedition und Übersetzung von Gerhard Ludwig Kneißler. Mit Anmerkungen versehen von Friedrich Gerhard Hohmann (= Studien und Quellen zur westfälischen Geschichte 64), Paderborn 2011.

SCHATEN 1775: Nicolaus SCHATEN, Annalium Paderbornensium Pars Secunda. Complectens inprimis fusiorem Episcoporum Paderbornensium, deinde succinctiorem historiam reliquiorum per Westphaliam saxoniam antistitum, tum res gestas aliorum in eadem hac regione clarorum virorum, postremo Pontificium, Imperatorum, Principium acta et bella, maxime ea, quæ Westphaliam contingunt. Ab anno Christi 1228 usque ad annum 1500, Monasterii Westphalorum MDCCLXXV.

SCHEFFLER 1973: Wolfgang SCHEFFLER, Goldschmiede Rheinland-Westfalen. Daten, Werke, Zeichen, 2. Halbband, Coesfeld-Zülpich, Berlin-New York 1973.

SCHIEPEK 2009: Hubert SCHIEPEK, Der Sonntag und kirchlich gebotene Feiertage nach kirchlichem und weltlichem Recht. Eine rechtshistorische Untersuchung (Adnotationes in Ius Canonicum 27), Frankfurt am Main ²2009.

SCHMALOR 2008: Hermann-Josef SCHMALOR, Der Zeichenlehrer Franz Joseph Brand (1790-1869). Eine biographische Skizze unter besonderer Berücksichtigung seiner Arbeiten zum Paderborner Dom, in: Rüdiger ALTHAUS / Franz KALDE / Karl-Heinz SELGE (Hg.), Saluti hominum providendo. Festschrift für Offizial und Dompropst Dr. Wilhelm Hentze (Münsterischer Kommentar zum Codex Iuris Canonici Beiheft 51), Essen 2008, S. 647-666.

SCHMITZ 1899: Ignaz Hubert Aloysius SCHMITZ, Bischof Dr. Hubertus Simar, der erwählte Erzbischof von Köln. Ein Lebensbild, Köln 1899; DERS., Dr. Hubertus Simar, Erzbischof von Köln. Ein Lebensbild, Köln ²1900.

SCHMITZ 1973: Karl Josef SCHMITZ, Alois Fuchs – Leben und Werk, in: Alte und neue Kunst 19/20 (1971/72), Paderborn 1973, S. 10-24.

SCHMITZ 1985: DERS., Theatrum sacrum. Der Libori-Festaltar von 1736, Paderborn 1985.

SCHMITZ 1986: DERS., Liborius im Hochstift Paderborn. Seine Verehrung in Werken der Architektur und der bildenden Kunst, in: DERS. (Hg.), Liborius im Hochstift Paderborn. Seine Verehrung in Werken der Architektur und der bildenden Kunst, Paderborn 1986, S. 8-52.

SCHRÖDER 1936: Friedrich SCHRÖDER, Die Verehrung des hl. Liborius im Erzbistum Paderborn, in: Paul SIMON (Hg.), Sankt Liborius. Sein Dom und sein Bistum, Paderborn 1936, S. 37-70.

SCHULTE 1975: Kaspar SCHULTE, Libori – das war schon immer ein Zauberwort für die Kinder. Erinnerungen an das große Paderborner Fest um die Jahrhundertwende, in: Westfälisches Volksblatt, 26. Juli 1975.

SOBIECH 2021: Frank SOBIECH, Friedrich Spee als Gefängnisseelsorger und die Neuhäuser Drostenfamilie Oeynhausen, in: Andreas NEUWÖHNER / Lars WOLFRAM (Hg.), Leben am Hof zu Neuhaus. Biographische Skizzen zur Hofkultur einer fürstbischöflichen Residenz, Paderborn 2021, S. 86-103.

STAMBOLIS 1996: Barbara STAMBOLIS, Libori. Das Kirchen- und Volkfest in Paderborn. Eine Studie zu Entwicklung und Wandel historischer Festkultur (Beiträge zur Volkskultur in Nordwestdeutschland 92), Münster / New York 1996.

STAMBOLIS 1998: DIES., Libori. Geschichte des Kirchen- und Volksfestes (= Paderborn. Geschichte in Bildern – Dokumenten – Zeugnissen 12), Paderborn 1998.

STEINBACH 2014: Sebastian STEINBACH, Gottes Frevndt / der Pfaffen Feindt. Protestantisch-reformatorische Propaganda im Münzbild des Dreißigjährigen Krieges (1618-1648) am Beispiel der „Pfaffenfeindtaler", in: Elisabeth DOERK (Hg.), Reformation in Nummis. Luther und die Reformation auf Münzen und Medaillen. Katalog zur Sonderausstellung auf der Wartburg 4. Mai bis 31. Oktober 2014, Regensburg 2014, S. 68-77.

STEINMANN / SCHWIETERS / ASSMANN 1994: Friederike STEINMANN / Karl Josef SCHWIETERS / Michael ASSMANN, Paderborner Künstlerlexikon. Lexikon Paderborner Künstlerinnen und Künstler des 19. und 20. Jahrhunderts in der Bildenden Kunst, Paderborn 1994.

STEINMETZ 2010: Jutta STEINMETZ, Tragekomfort für kostbare Kiste, in: Neue Westfälische, Paderborn, 24. Juli 2010.

STIEGEMANN 1986a: Christoph STIEGEMANN, Goldschmiedekunst, in: Karl Josef SCHMITZ (Hg.), Liborius im Hochstift Paderborn. Seine Verehrung in Werken der Architektur und der bildenden Kunst, Paderborn 1986, S. 53-83.

STIEGEMANN 1986b: DERS., Skulptur, in: Karl Josef SCHMITZ (Hg.), Liborius im Hochstift Paderborn. Seine Verehrung in Werken der Architektur und der bildenden Kunst, Paderborn 1986, S. 85-178.

STIEGEMANN 1986c: DERS., Imago Sancti Liborii. Zur Ikonographie des Paderborner Diözesanpatrons, in: Hans Jürgen BRANDT / Karl HENGST, Felix Paderae Civitas. Der Heilige Liborius 836-1986 (Studien und Quellen zur westfälischen Geschichte 24), Paderborn 1986, S. 266-291.

STIEGEMANN 1986d: DERS., Malerei und Graphik, in: Karl Josef SCHMITZ (Hg.), Liborius im Hochstift Paderborn. Seine Verehrung in Werken der Architektur und der bildenden Kunst, Paderborn 1986, S. 179-208.

Stiegemann 1989: ders., Heinrich Gröninger, u, 1578-1631. Ein Beitrag zur Skulptur zwischen Spätgotik und Barock im Fürstbistum Paderborn (Studien und Quellen zur westfälischen Geschichte 26), Paderborn 1989.

Stiegemann 2014: ders., Diözesanmuseum Paderborn. Werke in Auswahl, Petersberg 2014.

Stiegemann 2018: ders., Die Ausstattung des Paderborner Domes im Wandel vom Frühmittelalter bis heute, in: Metropolitankapitel Paderborn (Hg.), Der Paderborner Dom. Geschichte – Architektur – Ausstattung, Petersberg 2018, S. 281-441.

Stiegemann 1986e: Heinrich Stiegemann, Die Gesamtrestaurierung des Paderborner Domes 1978 bis 1986 – Eine Dokumentation, in: Hans Jürgen Brandt / Karl Hengst, Felix Paderae Civitas. Der heilige Liborius 836-1986 (= Studien und Quellen zur westfälischen Geschichte 24), Paderborn 1986, S. 323-334.

Stork 1993: Hans-Walter Stork, Liborius in Trier und der Paderborner Domdechant Christoph Graf von Kesselstatt, in: Die Warte. Heimatzeitschrift für die Kreise Paderborn und Höxter, 78 (1993), S. 29-31.

Stork 2020: ders., Sei gegrüßet, o Libori. Andachtsbilder und Gebetstexte zum Liborifest von 1622 bis 2020. Ein Auswahlkatalog (Veröffentlichungen der Erzbischöflichen Akademischen Bibliothek Paderborn 23), Paderborn 2020.

Stork 2023: ders., Der heilige Liborius in der graphischen Kunst, in: Andreas Gaidt / Wilhelm Grabe / Hans Jürgen Rade (Hg.), 500 Jahre Libori, Paderborn 2023, S. 32-37.

Strunck 1736: Michael Strunck, Epitome Historica De Vita, Reliquiis & Beneficiis admirabilibus S. Liborii Episcopi, Paderanæ Urbis ac Diœcesis Patroni tutelaris, in doloribus calendi, morbisque aliis, magni Opitulatoris. In solemni Jubilæo Sæculi noni, ab adventu Liborianarum Reliquiarum feliciter complete, unà cum Officio Parvo de eodem Sancto, ad augendem Populi devotionem proposita, Paderbornæ [1736].

Tack 1934: Wilhelm Tack, Die Ruhestätte der Reliquien des hl. Liborius im Dome zu Paderborn, in: Die Warte. Heimatzeit für die Kreise Paderborn und Höxter, 2 (1934), Heft 11, S. 187-189.

Tack 1957: ders., Der Reliquien-Hochaltar des Paderborner Domes, in: Alte und neue Kunst im Erzbistum Paderborn, 7 (1957), S. 5-32.

Tack 1958: ders., Die Monstranz der St.-Michaelskirche zu Paderborn, in: N. N., Die Paderquellen. Festausgabe zum 300jährigen Bestehen des St. Michaelsklosters in Paderborn 1658-1958, Heft 17, Paderborn 1958 S. 167-171.

Tönsmeyer 2017: Hans-Dieter Tönsmeyer, Gerhado quondam dux, in: Zeitschrift des Vereins für hessische Geschichte und Landeskunde, 122 (2017), S. 1-24.

Völkel / Fässler 2012: Jana Völkel / Peter E. Fässler, Die Ottilienquelle, das Inselbad und die „Curanstalt Inselbad bei Paderborn“. Eine Dokumentation, Paderborn 2012. Online: https://kw.uni-paderborn.de/fileadmin/fakultaet/Institute/historisches-institut/Zeitgeschichte/downloads/dok-ottilienquelle.pdf (Zugriff: 07.07.2021).

von Rüden 1997a: Wilfried von Rüden, 1622-1627: Irrfahrt mit glücklichem Ausgang, in: Günter Beaugrand, Sankt Liborius – Schutzpatron im Strom der Zeit, Paderborn 1997, S. 73-78.

von Rüden 1997b: ders., 1631-1650: Mittler zum Frieden auch in Münster, in: Günter Beaugrand, Sankt Liborius – Schutzpatron im Strom der Zeit, Paderborn 1997, S. 91-98.

Werminghoff 1908: Albert Werminghoff, Concilia Aevi Karolini, Tomus I, Pars II (= MGH, Concilia 2/2), Hannover und Leipzig 1908.

Westfälisches Volksblatt, Paderborn, 28. Juli 1892; 22. Juli 1960.

Abbildungsnachweise

Soweit nicht anders in der Bildunterschrift bezeichnet, entstammen die Abbildungen der Inventarisation im Erzbistum Paderborn, Fachstelle Kunst, Fotograf Ansgar Hoffmann.

Register der in den Bildunterschriften genannten Abbildungsnachweise:

AH	Ansgar Hoffmann, Schlangen
Baltimore	The Walters Art Museum, Baltimore, Maryland
BAV	Bibliotheca Apostolica Vaticana, Vatikan
Bpk	Bpk Bildagentur / Herzog Anton Ulrich-Museum
EAB PB	Erzbischöfliche Akademische Bibliothek, Paderborn
EBAP	Erzbistumsarchiv Paderborn
EGV	Erzbischöfliches Generalvikariat Paderborn, Abt. Kommunikation
EGVT	Erzbischöfliches Generalvikariat Paderborn, Abt. Kommunikation, Fotograf Thomas Throenle
HJR	Hans Jürgen Rade, Paderborn
LA	Leonid Andronov/adobeStock
Lech	Andreas Lechtape, Münster
London	The British Library, London
LWL	LWL-Archäologie für Westfalen/LWL-Museum in der Kaiserpfalz, Paderborn
Salm	Fürst zu Salm-Salm, Wasserburg Anholt, Isselburg-Anholt, Fotograf Andreas Lechtape
Sgl. RS	Sammlung Robert Schäfers, Paderborn
SKAP	Stadt- und Kreisarchiv Paderborn
Trier	Bischöfliches Dom- und Diözesanmuseum Trier
Ulm	Stadtarchiv Ulm